职业教育"十四五"规划教材·**数智财经系列**

U0781009

税收基础与纳税实务

梁秋云　　万庆平　　王建领 / 主　编

张　莉　　姜振凤　　陈　晨　　秦元金 / 副主编

立信会计 出版社

LIXIN ACCOUNTING PUBLISHING HOUSE

图书在版编目(CIP)数据

税收基础与纳税实务 / 梁秋云主编. —上海:立
信会计出版社,2023.7
职业教育"十四五"规划教材. 数智财经系列
ISBN 978-7-5429-7411-2

Ⅰ. ①税… Ⅱ. ①梁… Ⅲ. ①税收管理-中国-职业
教育-教材 Ⅳ. ①F812.423

中国国家版本馆 CIP 数据核字(2023)第 167147 号

策划编辑　　陈　旻
责任编辑　　陈　旻
美术编辑　　吴博闻

税收基础与纳税实务

SHUISHOU JICHU YU NASHUI SHIWU

出版发行	立信会计出版社	
地　　址	上海市中山西路 2230 号	邮政编码　200235
电　　话	(021)64411389	传　　真　(021)64411325
网　　址	www.lixinaph.com	电子邮箱　lixinaph2019@126.com
网上书店	http://lixin.jd.com	http://lxkjcbs.tmall.com
经　　销	各地新华书店	

印　　刷	上海盛通时代印刷有限公司
开　　本	787 毫米×1092 毫米　　1/16
印　　张	18.75
字　　数	480 千字
版　　次	2023 年 7 月第 1 版
印　　次	2023 年 7 月第 1 次
书　　号	ISBN 978-7-5429-7411-2/F
定　　价	49.00 元

如有印订差错,请与本社联系调换

前　言

本教材以党的二十大精神为引领,以新修订的《中华人民共和国职业教育法》提出的普职协调发展和产教融合教育为理念,紧密结合职教高考最新考试大纲,兼顾职业教育技能培养,引领学生践行社会主义核心价值观。

"税收基础与纳税实务"是职教高考财税类专业的主干课程,也是中高职财经类专业的核心课程。本教材普遍适用于职教高考财税、会计事务、纳税事务、电子商务和金融事务等专业教学。

本教材体现国家颁布的最新税收政策,以税收分类为主线,按照项目导向、任务驱动来设计体例及安排教学内容,共分为七个项目(包括税收基本理论、纳税工作流程、增值税、消费税、企业所得税、个人所得税和其他税种),每一项目均设"税收溯源"知识模块,突出税收、税种、税制和税法等变革,以引领学生"学史增信",并重点对现行主要的15个税种进行了全面阐述。

本教材主要有以下几个特点:

(1)结构完整。本教材涵盖了税收基础、中国税制与税收征管三大部分内容。

(2)实用性强。本教材突出学做结合,强化理实一体,充分融入仿真案例,创建税收征纳情境,结合真实纳税申报表,让学生在模拟纳税申报中实现课堂学习与实际工作的零距离对接,有利于培养学生对现实问题的分析能力和职业核心素养。

(3)形式新颖。本教材采用项目任务驱动法,每个任务均设任务背景、任务要求、任务指导、任务实施、任务评价和任务拓展6个环节,各环节紧密相连、不断深入,有利于激发学生的学习兴趣。

本教材由济宁市高级职业学校的梁秋云、万庆平和王建领担任主编,张莉、姜振凤、陈晨以及山东外贸职业学院的秦元金担任副主编;济宁市任城区财政局税政科王海涛、曲阜市职业中等专业学校王增艳等参编。全书由梁秋云统稿,马承金审定。

本教材在编写过程中,得到了税务部门和企业同行的支持和帮助,还借鉴了相关教材、专著以及网络媒体等内容,在此一并表示感谢!

由于编者水平有限,税收法律政策变化较快,教材中的疏漏之处,恳请同行专家和读者批评指正,以便进一步修订与完善。对此,我们不胜感激!

　　为方便教师教学和学生自主学习,本教材中有关任务背景、任务实施和任务拓展的参考答案,可通过 734506182@qq.com 邮箱或微信扫码,向编者索取。

编　者

2023 年 9 月

目　　录

项目一　税收基本理论

党的二十大精神专栏

从现在起,中国共产党的中心任务就是团结带领全国各族人民全面建成社会主义现代化强国、实现第二个百年奋斗目标,以中国式现代化全面推进中华民族伟大复兴。

学习目标

➤ **知识目标**

1. 掌握税收的概念和特征
2. 理解税收的职能
3. 掌握税法的基本要素
4. 了解税制与税法的关系
5. 理解税收的分类

➤ **能力目标**

1. 提高对后续税收知识的理解能力
2. 提高对经济运行的理解分析能力

➤ **素养目标**

1. 树立税收国家治理和增进人民福祉意识
2. 培养家国情怀
3. 树立凡事基础需夯实意识

知识导航

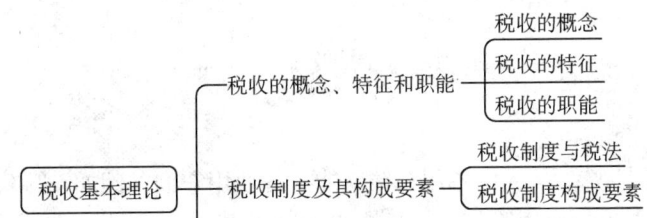

```
                                    按征税对象分类
                                    按税收管理和使用权限分类
                         税收的分类   按计税标准分类
                                    按税收与价格的关系分类
                                    按税负是否转嫁分类
```

 引 子

税 收 溯 源

　　税收随着国家的产生而产生,是政府收入的重要来源,是政府实现其职能的重要形式。马克思指出:"赋税是政府机器的经济基础,而不是其他任何东西。"

　　"税"在《说文解字》中的解释是:"租也,从禾,兑声",禾字旁表形,代表"税"的字义,即田禾,农作物。兑,表声。《广雅》有言:"租,税也。"税的本义是田赋,国家征收的农产品。有历史典籍可查的,对土地产物的直接征税,始于公元前594年鲁国实行的"初税亩",它标志着我国税收制度的正式形成。

　　随着历史的发展,"税"的内容也有了变化,"禾"已经不能概括这个概念了。《汉书·食货志》载:"税谓公田什一及工商虞衡之入也。"意思是说,除了农业,工、商乃至运输等业也一律纳税。清康熙年间,形成以农业税和工商业税为主、房屋及车船等财产税为辅的税收制度。民国时期,国家在工商业税收领域增设了商品税和所得税等现代税种。现代社会,征税范围更加广泛。2006年,随着农业税的取消,我国税收制度进一步转变为商品税、所得税和财产税并行的现代税收制度。

　　关于税款的用途,《汉书·食货志》说得也很清楚:"税给郊社宗庙百神之祀,天子奉养百官禄食庶事之费。"也就是说,税款用于祭祀、官吏的工资和国家的其他开支,如基建和战争。现在,税收不仅为政府执行国防事务和法律事务等职能提供财力支撑,更是国家经济建设和社会发展的血液,税款"取之于民、用之于民",已被广泛应用于关系国计民生的方方面面。税收政策也成为政府调控经济、促进社会发展的重要经济政策。

任务一／税收的概念、特征和职能

● 任务背景

　　在日常生活中,有些产品,人们不用花钱就能共同使用它们。例如,道路、桥梁、路灯、公园、公用健身设施、博物馆和图书馆等。这些产品被称为公共产品。提供这些公共产品需要花费巨大的人力、物力和财力,任何社会组织或个人都没有能力支付足够的钱来提供,只能由政府提供。

● 任务要求

1. 理解税收的概念
2. 掌握税收的特征
3. 理解税收的职能

● 任务指导

一、税收的概念

税收是国家为了满足社会公共需要,凭借政治权力,按照法律所规定的标准和程序,参与国民收入分配,强制地、无偿地取得财政收入的一种方式。从本质上看,它体现的是一种分配关系。

税收的概念可以从以下几个方面来理解:

第一,国家征税的目的是满足社会成员获得公共产品的需要。

第二,国家征税凭借的是政治权力。

第三,征税主体只能是代表全体社会成员行使政治权力的政府,其他任何社会组织或个人无权征税。

第四,税收是国家筹集财政收入的主要方式。

第五,税收必须借助法律形式实现。

二、税收的特征

税收作为政府筹集财政收入的一种规范形式,具有区别于其他财政收入形式的特征。税收的特征可以概括为强制性、无偿性和固定性,简称税收的"三性"。

（一）税收的强制性

税收的强制性是指国家凭借其公共权力以法律、法令形式对税收征纳双方的权利与义务进行规范,既不是由纳税主体按照个人意志自愿缴纳,也不是由征税主体随意征税,而是依据法律进行征税。纳税人必须依法纳税,否则就要受到法律的制裁。

（二）税收的无偿性

税收的无偿性是指国家征税后,税款一律纳入国家财政预算,由财政统一分配,而不直接向具体纳税人返还或支付报酬。税收的无偿性是对个体纳税人而言的,其享有的公共利益与其缴纳的税款不一定对等;但就纳税人整体而言是对等的,政府使用税款的目的是向全体社会成员提供社会需要的公共产品和公共服务。

（三）税收的固定性

税收的固定性是指国家通过法律形式预先规定了统一的征税标准,包括纳税人、课税对象、税率、纳税期限和纳税地点等。这些标准一经确定,在一定时间内是相对稳定的。

税收的"三性"是统一的整体,相互联系、缺一不可。其中,强制性是实现税收无偿征收的强有力的保证,无偿性是税收本质的体现,固定性则是保证强制、无偿征收的适当限度的必然要求。

三、税收的职能

税收的职能是指税收所具有的内在功能,是税收本质的具体体现。一般来说,税收具有组织收入、调节经济、调节收入分配和监督反映四项职能。

(一)组织收入职能

税收是财政收入的主要来源。组织财政收入是税收的最基本职能。税收具有强制性、无偿性和固定性的特点,筹集财政收入稳定可靠,而且税收课征不受产权关系、经济性质和地域条件的限制,收入来源充裕,征税范围广泛。税收的这项职能,使其成为世界各国政府组织财政收入的基本形式。

(二)调节经济职能

税收是调控经济运行的重要手段。经济决定税收,税收反作用于经济。这既反映了经济是税收的来源,又体现了税收对经济的调控作用。税收作为经济杠杆,通过增税与减免税等手段来影响社会成员的经济利益,引导企业和个人的经济行为,对资源配置和社会经济发展产生影响,从而达到调控经济运行的目的。政府运用税收手段,既可以调节宏观经济总量,又可以调节微观经济结构。

(三)调节收入分配职能

税收作为国家参与国民收入分配最主要、最规范的形式,能够规范政府、企业和个人之间的分配关系,不同的税种在分配领域发挥着不同的作用。例如,个人所得税中的综合所得实行超额累进税率,具有高收入者适用高税率、低收入者适用低税率或不征税的特点,有助于调节个人收入分配,促进社会公平。

(四)监督反映职能

税收还具有监督经济活动的作用。税收涉及社会生产、流通、分配和消费各个领域,能够综合反映国家经济运行的质量和效率。它既可以通过税收收入的增减及税源的变化,及时掌握宏观经济的发展变化趋势,又可以在税收征管活动中了解微观经济状况,发现并纠正纳税人在生产经营及财务管理中存在的问题,从而促进国民经济持续健康发展。

● 任务实施

请同学们分析,政府提供公共产品的收入来源是什么? 它是通过什么方式取得的?

● 任务评价

评价项目	掌握情况	完成情况	未掌握情况
任务指导			
任务实施			

● **任务拓展**

　　请同学们思考自己所享受的义务教育、中职学费减免和助学金等,资金由谁提供? 国家财政收入来源是什么?

任务二／税收制度及其构成要素

● **任务背景**

　　十里香酒业公司职工张文的个人所得税由公司按月预缴,于次年3月1日至6月30日,张文在个税App办理汇算清缴。2023年1月,张文的工资薪金为8 171元("三险一金"已扣除),且无其他收入和扣除项。按规定,张文的工资薪金在做每月5 000元的费用扣除后,其个税预缴税率为10%,速算扣除数为210元,属于个人所得税税率表(居民个人工资、薪金所得预扣预缴适用)第二级次。1月份,张文预缴所得税107.1元,并由十里香酒业有限公司预扣预缴。

● **任务要求**

　　1. 理解税收制度的概念
　　2. 掌握税收制度的构成要素
　　3. 了解税收制度与税法的关系

● **任务指导**

一、税收制度与税法

(一) 税收制度

　　税收制度的简称是税制,是国家以法律程序规定的征税依据和规范。它是税务机关向纳税单位和个人征税的法律依据和工作规程,也是纳税单位和个人履行纳税义务的法定准则。税收制度从法律上规范了政府与纳税人之间的征纳关系,也规定了各级政府之间的税收管理权限。

　　税收制度的内容有广义和狭义之分。广义的税收制度是指税收的各种法律制度的总称,包括国家的各种税收法律法规、税收管理体制、税收征收管理制度以及税务机关内部管理制度等。狭义的税收制度是指国家的各种税收法规和征收管理制度,包括各种税法条例、实施细则、征收管理办法和其他有关税收规定等,税收制度的核心是税法。

(二) 税法

税法即税收法律制度,是调整税收关系的法律规范的总称,是国家法律体系的重要组成部分。它以宪法为依据,调整国家与社会成员在税收征纳上的权利与义务关系,维护社会经济秩序和税收秩序,保障国家利益和纳税人合法权益,是国家税务机关和一切纳税单位和个人依法征税、依法纳税的行为规则。

按照职能作用不同,税法可分为税收实体法和税收程序法。税收实体法是规定税收法律关系主体的权利和义务的法律规范的总称。其主要内容包括纳税主体、征税客体、计税依据、税率和减免税等。税收程序法是税收实体法的对称,是指以国家税收活动中所发生的程序关系为调整对象的税法。其内容主要包括税收确定程序、税收征收程序、税收检查程序和税务争议的解决程序。

(三) 税收制度与税法的关系

税收制度与税法都是调整国家和纳税人之间征纳关系的法律规范,它们在调整对象和构成要素方面都是一致的,两者的区别主要体现在法律级次和法律效力方面。

(1) 从法律级次来看,只有由我国最高权力机关——全国人民代表大会及其常务委员会通过并发布的才能称为税法,而由权力机关授权行政机关制定并发布的,则称为行政法规和行政规章。

(2) 从法律效力来看,税法的地位和效力较高,仅次于宪法;行政法规次之,但高于行政规章。一般来说,所有的税收法律规范都可以称为税收制度,而税法则仅仅指税收法律这一种形式。

二、税制构成要素

税收制度构成要素也称税法要素,是指构成税收法律制度的共同因素。每一种税都有其相应的税收法律制度,尽管各个时期的各个税种有着不同的内容和特点,但构成税收制度的要素是相同的,即任何一部税法不仅要规定对什么征税、向谁征税、征多少税,而且还要规定征纳的程序和征管的方法。税收制度的构成要素一般包括纳税人、征税对象、税率、纳税环节、纳税地点、纳税期限、减免税和法律责任等。其中,纳税人、征税对象和税率是税收制度的三个基本要素。

(一) 纳税人

1. 纳税人的概念

纳税人是纳税义务人的简称,又称纳税主体或课税主体,是税法规定的直接负有纳税义务的单位和个人。

从法律角度划分,纳税人包括法人和自然人两种。法人是指基于法律规定享有权利能力和行为能力,具有独立的财产和经费,依法独立承担民事责任的社会组织。我国的法人主要有机关法人、事业法人、企业法人和社团法人四种。自然人是指依法享有民事权利并承担民事义务的公民,既包括本国公民,又包括外国人和无国籍人。

2. 与纳税人相关的两个概念

(1) 扣缴义务人。扣缴义务人是税法规定的,在其经营活动中负有扣缴税款义务的单位和个人。扣缴义务人可分为代扣代缴义务人和代收代缴义务人。代扣代缴义务人是指在向纳税人支付款项时有义务扣除应纳税款并代为缴纳的单位和个人。代收代缴义务人是指在向纳税人收取款项时有义务收取应纳税款并代为缴纳的单位和个人。

（2）负税人。负税人是指税款的最终承担者或实际负担者。纳税人和负税人可能一致，也可能不一致。纳税人和负税人是否一致主要取决于税种的性质。

（二）征税对象

1.征税对象的概念

征税对象又称课税对象或课税客体，是税法中规定征纳双方权利义务所共同指向的客体或标的物，即对什么征税。

征税对象是税法最基本的要素之一，因为它体现着征税的最基本界限，决定着某一种税的基本征税范围。征税对象包括物或行为，不同的征税对象是区别不同税种的主要标志。

2.与征税对象相关的两个概念

（1）计税依据。计税依据又称税基，是计算应纳税额所依据的标准，是征税对象的量的表现，不同税种有不同的计税依据。

（2）税目。税目是各个税种所规定的具体征税项目，它是征税对象的具体化，体现征税的广度。规定税目有两个目的：一是明确征收的具体范围；二是对不同的征税项目加以区分，从而制定高低不同的税率。不是所有的税种都规定税目。一般情况下，无税目的税种有统一的税率，有税目的税种无统一税率。

（三）税率

税率是税法规定的对征税对象的征收比率或征收额度，是计算应纳税额的尺度。税率的高低直接体现国家的政策要求，是衡量税负轻重的重要标志，关系到国家财政收入的多少和纳税人负担的轻重，体现征税的深度。

税率的表示方法主要有两种，一种是根据计税依据的百分比表示，适用于从价计征的税种，主要有比例税率和累进税率。另一种是根据计税依据的绝对量表示，适用于从量计征的税种，为定额税率。比例税率、累进税率和定额税率是我国最常用的税率形式。

1.比例税率

比例税率是对同一征税对象，不分数额大小，规定相同的比例征税的税率。税率本身是应征税额与计税金额之间的比例。比例税率在具体运用中可分为单一比例税率、差别比例税率（产品差别比例税率、行业差别比例税率和地区差别比例税率）和幅度比例税率等类型。我国税收法律制度大量采取比例税率，如增值税和企业所得税等。

2.累进税率

累进税率是根据征税对象数额的逐渐增大，按不同等级逐步提高的税率。即征税对象数额越大，税率越高。累进税率分为全额累进税率、超额累进税率和超率累进税率。

（1）全额累进税率。全额累进税率是以征税对象的全部数额为基础计征税款的累进税率。凡税基超过某个级距，即以其全额适用相应级距的税率征税。目前，我国的税收法律制度中已不采用这种税率。

（2）超额累进税率。超额累进税率是以征税对象的超额部分为基础计征税款的累进税率。凡税基每超过一个级距时，即分别以其超额的部分适用相应级距的税率征税。我国个人所得税对综合所得和经营所得均采取超额累进税率,如表 1-1 所示。

表 1-1 个人所得税税率表(综合所得适用)

级数	全年应纳税所得额	税率	速算扣除数
1	不超过 36 000 元的部分	3%	0
2	超过 36 000 元至 144 000 元的部分	10%	2 520
3	超过 144 000 元至 300 000 元的部分	20%	16 920
4	超过 300 000 元至 420 000 元的部分	25%	31 920
5	超过 420 000 元至 660 000 元的部分	30%	52 920
6	超过 660 000 元至 960 000 元的部分	35%	85 920
7	超过 960 000 元的部分	45%	181 920

【学以致用 1-1 计算题】 2022 年小赵全年综合所得应纳税所得额为 144 001 元,计算小赵 2022 年综合所得应缴纳的个人所得税额。

【学以致用 1-1 解析】

(1) 根据表 1-1 按级次计算的应纳税额如下:

第一级次:36 000×3%=1 080(元)

第二级次:(144 000−36 000)×10%=10 800(元)

第三级次:(144 001−144 000)×20%=0.2(元)

所以,小赵的应纳税额=1 080+10 800+0.2=11 880.2(元)

超额累进税率按级次计算税额,计算过程比较复杂。为了简化计算,在实际工作中通常采用速算扣除法。

应纳税额=应纳税所得额×适用税率−速算扣除数

(2) 根据表 1-1 采用速算扣除法计算如下:

小赵的应纳税额=144 001×20%−16 920=11 880.2(元)

两种计算方法的计算结果是相同的。

(3) 超率累进税率。超率累进税率是按征税对象的某种递增比例划分若干等级,按等级规定相应的递增税率,对每个等级分别计算税额。我国的土地增值税采用四级超率累进税率,如表 1-2 所示。

表 1-2 土地增值税税率表

级数	增值额与扣除项目金额的比率	税率	速算扣除系数
1	不超过 50% 的部分	30%	0
2	超过 50% 至 100% 的部分	40%	5%
3	超过 100% 至 200% 的部分	50%	15%
4	超过 200% 的部分	60%	35%

3. 定额税率

定额税率又称固定税额,是指按照征税对象的计量单位直接规定固定的税额。定额税率对于税收收入而言,不受价格水平影响,只与征税对象的实物量有关。采用定额税率征税,税额的多少同征税对象的数量成正比。定额税率一般适用于从量计征的税种。例如,现行税制的车船税中乘用车以辆为计量单位,船舶以吨为计量单位;消费税中啤酒、黄酒以吨为计量单位,汽油、柴油以升为计量单位。定额税率的类型包括:

(1)地区差别定额税率,是指对同一征税对象按照不同地区分别规定不同的征税数额,具有调节不同地区之间级差收入的作用。

(2)分类分级定额税率,是指把征税对象按一定标志分为类、项或级,然后按不同的类、项或级分别规定不同的征税数额。

(3)幅度定额税率,是指在统一规定的征税幅度内根据纳税人拥有的征税对象或发生课税行为的具体情况,确定纳税人的具体适用税率。

(4)地区差别、分类分级和幅度相结合的定额税率,是指对同一征税对象在按照地区差别或分类分级定率的前提下,实行有幅度的定额税率。

(四)纳税环节

纳税环节是指税法规定的征税对象在从生产到消费的流转过程中应当缴纳税款的环节。

通常情况下,按照纳税环节的多少,课征制度可划分为两类,即一次课征制和多次课征制。其中,一次课征制是指一种税收在各个流转环节只选择一个环节征收一次税。多次课征制是指一种税收在各个流转环节选择两个或两个以上的环节征税。

(五)纳税期限

纳税期限是纳税义务、扣缴义务发生后,纳税人、扣缴义务人向国家缴纳或者解缴税款的法定期限。

与纳税期限相关的三个概念:

(1)纳税义务发生时间。纳税义务发生时间是指纳税人依照规定承担纳税义务的时间。由于纳税人的一些应税行为与应税收入的发生时间不一致,为了正确确定税务机关与纳税人之间的征收关系和职责,一般明确规定了纳税义务的发生时间。

(2)计税期限。计税期限又称纳税间隔期限,是指每隔一段固定时间汇总一次纳税义务发生时间,用来计算税款的期限。

(3)缴库期限。缴库期限是指税法规定的纳税期满后,纳税人将应纳税款缴入国库的期限。

计税期限和缴库期限是纳税期限的两个不同时间阶段。

纳税人的具体纳税期限,由主管税务机关根据纳税人应纳税额的大小分别核定;不能按照固定期限纳税的,可以按次纳税。

(六)减免税

减免税又称税收优惠,是指税法规定对某些纳税人和征税对象给予减征部分税款或者全部免予征税的特殊规定。减免税能够较好地体现国家的税收政策,有较强的政策目的性和针对性。减免税的具体形式包括税基式减免、税率式减免和税额式减免。

（1）税基式减免。税基式减免是通过缩小计税依据的方式来实现税收减免,具体包括起征点、免征额、项目扣除和跨期结转等,如表1-3所示。

表1-3　　　　　　　　　　　　　　税基式减免形式

税基式减免形式	描　述
起征点	起征点是指税法规定的对征税对象开始征税的起点。征税对象的数额达到或超过起征点的就其全部数额征税,未达到起征点的不征税
免征额	免征额是指税法规定的对征税对象全部数额中免予征税的数额。它是按照一定标准从征税对象总额中预先减除的数额。免征额部分不征税,只对超过免征额部分征税
项目扣除	项目扣除是指在征税对象中扣除一定项目的数额,以其余额作为依据计算税额
跨期结转	跨期结转是指将以前纳税年度的经营亏损从本纳税年度经营利润中扣除

（2）税率式减免。税率式减免是通过降低税率的方式来实现税收减免,包括零税率、低税率和暂定照顾性税率等。

（3）税额式减免。税额式减免是通过直接减免应纳税额的方式来实现税收减免,包括全额免征、减半征收、核定减征率和核定减征额等。

（七）纳税地点

纳税地点是指纳税人根据税法规定向税务机关申报纳税的具体地点。

税法对纳税地点规定的总原则是纳税人在其所在地就地申报纳税。同时考虑到某些纳税人生产经营和财务核算的不同情况,本着方便征纳和税款源泉控制的原则,对纳税地点也作了不同规定。纳税地点的主要方式包括:

（1）所在地纳税。即纳税人向其所在地主管税务机关申报纳税,如增值税和企业所得税（另有规定者除外）等。

（2）营业行为所在地纳税。即跨地区经营和临时经营的纳税人,如固定工商业户总、分支机构不设在同一县（市）的,分别在其营业行为所在地纳税。

（3）集中纳税。即少数中央部、局实行统一核算的生产经营单位,由主管部、局集中纳税。

（4）口岸纳税。此种方式主要适用于关税。进出口商品的应纳关税,在商品进出口岸地,由收、发货人或其代理人向口岸地海关纳税。

（八）法律责任

法律责任是指行为人因实施了违反国家税法规定的行为而应承受的不利的法律后果。法律责任是税收强制性在税收制度中的体现,纳税人必须按期足额地缴纳税款,凡有拖欠税款、逾期未缴税和偷税逃税等违反税法行为的,都将依法承担法律责任（包括行政责任和刑事责任）。

 任务实施

1. 请同学们以小组为单位分析任务背景中所涉及的税收制度要素,并说出个人所得税

适用的税率种类。

2. 请分析张文是自然人还是法人。其享受的减免税属于哪种形式？

3. 请分析任务背景中的纳税人与负税人是否一致。

任务评价

评价项目	掌握情况	完成情况	未掌握情况
任务指导			
任务实施			

任务拓展

1. 我国城镇土地使用税每平方米年税额如下：①大城市 1.5 元至 30 元。②中等城市 1.2 元至 24 元。③小城市 0.9 元至 18 元。④县城、建制镇、工矿区 0.6 元至 12 元。请同学们分析城镇土地使用税的税率种类。

2. 请同学们上网查询所在城市的城镇土地使用税税率。

任务三 税收的分类

任务背景

十里香酒业有限公司 2022 年 8 月缴纳增值税 46 517.5 元、消费税 92 403.5 元和企业所得税 4 456 400 元。

任务要求

1. 掌握税收的不同分类方式

2. 理解不同税种的类别

任务指导

税收分类是指按照一定的标准对各种税收所进行的归类。一个国家的税收体系通常由许多不同税种构成，每个税种都具有自身的特点和功能。为便于实施有效的税收征管，有必要按照不同的标准对税种进行归类。

一、按征税对象分类

按照征税对象分,税收可分为流转税、所得税、资源税、财产税和行为税五大类。这是税种分类最基本和最主要的方法。

(一)流转税

流转税又称商品和劳务税,是指以商品或劳务的流转额为征税对象征收的一类税。流转税是我国的主体税种,它对保证国家及时、稳定、可靠地取得财政收入有着重要的作用,同时也对经济的调节作用比较显著。我国现行税制中属于流转税的税种主要有增值税、消费税和关税。

(二)所得税

所得税是指以纳税人的所得额为征税对象征收的一类税。所得税实行"量能课税"原则,即所得多者多征、所得少者少征和无所得者不征。因此,它对调节国民收入水平、缩小收入差距有着特殊的作用。所得税是世界各国普遍征收的税种,是发达国家的主要财政收入来源。在我国,随着经济的发展、人民收入的增加,所得税已成为近年来收入增长较快的一类税。我国现行税制中属于所得税的税种主要有企业所得税和个人所得税。

(三)资源税

资源税是指以各种应税自然资源为征税对象征收的一类税。自然资源是指未经人类加工而可以利用的天然物资资源,包括地下资源、地上资源和空间资源。各国主要对重要资源品征收资源税,目的是调节资源级差收入,避免资源浪费,合理开发利用国有资源。我国现行税制中属于资源税的税种有资源税、城镇土地使用税、土地增值税和耕地占用税。

(四)财产税

财产税是指以纳税人拥有和归其支配的财产为征税对象征收的一类税。这里的财产是指经过人类劳动所创造的物质财富,包括动产和不动产两大类。动产包括有形资产和无形资产。前者如耐用消费品、家具、车辆等;后者如股票、公债、借据等。不动产是指土地和土地上的改良物,如附着于土地上的工矿企业、商店和住宅等。从世界各国税收实践看,税法一般将土地和土地上的各种附属物、设施、室外的车船等都列入征税范围;对室内财产及无形资产一般不予征税。我国现行税制中属于财产税的税种有房产税、契税和车船税等。

(五)行为税

行为税是指以纳税人的某些特定行为为征税对象征收的一类税。它是对特定行为征收的,即对某些行为进行监督、限制和管理而开征。我国现行税制中属于行为税的税种有印花税、城市维护建设税、环境保护税、车辆购置税和烟叶税。

二、按税收管理和使用权限分类

按照税收管理和使用权限分,税收可分为中央税、地方税和中央地方共享税。

(一)中央税

中央税是指由中央立法、收入划归中央并由中央政府征收管理的税收。这类税收入规模大、征税范围广、政策上需要全国统一。我国现行税制中属于中央税的有关税、消费税、海关代征的进口环节增值税和车辆购置税等。

（二）地方税

地方税是指由中央统一立法或授权立法、收入划归地方并由地方负责征收管理的税收。这类税收入较稳定，与地方经济联系密切。我国现行税制中属于地方税的税种有城镇土地使用税、耕地占用税、房产税、车船税、契税、土地增值税和烟叶税。

（三）中央地方共享税

中央地方共享税是指税收收入由中央和地方按比例或法定方式分享的税收。我国现行税制中属于中央地方共享税的主要有增值税、企业所得税、个人所得税、资源税和印花税等。

三、按计税标准分类

按照计税标准不同，税收可划分为从价税、从量税和复合税。

（一）从价税

从价税是指以征税对象的价值或价格为计税依据征收的一种税，一般采用比例税率和累进税率。我国现行税制中属于从价税的税种有增值税、企业所得税、个人所得税和房产税等。

（二）从量税

从量税是指以征税对象的数量、重量和体积等作为计税依据的一种税。从量税一般采用定额税率，我国现行税制中属于从量税的税种有耕地占用税和城镇土地使用税等。

（三）复合税

复合税是指对征税对象采取从量和从价相结合的计税方式征收的一种税，如对白酒、卷烟所征收的消费税。

四、按税收与价格的关系分类

按照税收与价格的关系划分，税收可分为价内税和价外税。

（一）价内税

价内税是指将税金作为价格组成部分、按含税价计征的一类税，其价格组成为成本、利润和税金。价内税税款能够随商品价格的实现而实现，有利于国家调节生产和消费。我国现行税制中属于价内税的税种有消费税和关税等。

（二）价外税

价外税是指将税金附加在价格之外、按不含税价计征的一类税，其价格组成为成本和利润。价外税价税分离，其对价格形成机制的影响较小，有利于规范税收与价格的关系。我国现行税制中属于价外税的税种有增值税。

五、按税负是否转嫁分类

按照税负是否易于转嫁分，税收可分为直接税和间接税。税负转嫁是指纳税人依法缴纳税款后，通过各种途径将所缴税款的一部分或全部转移给他人负担的经济现象和过程，表现为纳税人与负税人的非一致性。

（一）直接税

直接税是指税款由纳税人直接负担、不易转嫁的一类税。在这种情况下，纳税人即负税人。我国现行税制中属于直接税的税种有企业所得税和个人所得税等。

（二）间接税

间接税是指由纳税人将税负转嫁给他人的一类税。间接税的税负最终由消费者负担。我国现行税制中属于间接税的税种有增值税、消费税和关税等。

● 任务实施

请同学们对任务背景中所涉及的三种税按不同标准进行分析，判断其分别属于什么类型。

● 任务评价

评价项目	掌握情况	完成情况	未掌握情况
任务指导			
任务实施			

● 任务实施

1. 请同学们思考，你和税收有没有关系。
2. 请同学们上网搜集世界各国曾经出现的税种名称。

项目二　纳税工作流程

 党的二十大精神专栏

深化简政放权、放管结合、优化服务改革。

学习目标

➢ 知识目标

1. 了解税务登记流程
2. 熟悉发票管理规定
3. 熟悉纳税申报流程
4. 了解税款征收方式
5. 熟悉纳税人权利和义务
6. 熟悉税收法律责任
7. 了解税收法律救济途径

➢ 能力目标

1. 能办理税务登记
2. 会开具和领购发票

➢ 素养目标

1. 树立改革创新、为民服务的意识
2. 树立纳税人依法纳税意识
3. 具备爱岗敬业的职业道德修养

知识导航

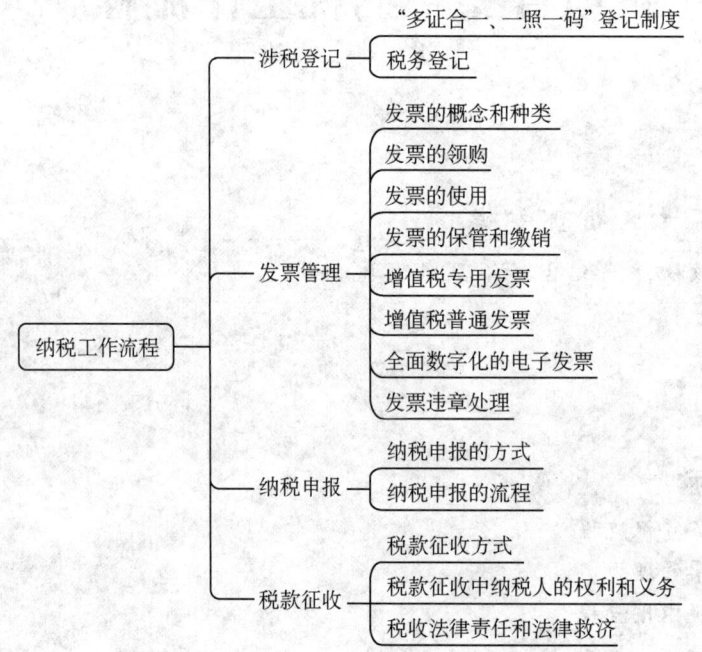

纳税工作流程
- 涉税登记
  - "多证合一、一照一码"登记制度
  - 税务登记
- 发票管理
  - 发票的概念和种类
  - 发票的领购
  - 发票的使用
  - 发票的保管和缴销
  - 增值税专用发票
  - 增值税普通发票
  - 全面数字化的电子发票
  - 发票违章处理
- 纳税申报
  - 纳税申报的方式
  - 纳税申报的流程
- 税款征收
  - 税款征收方式
  - 税款征收中纳税人的权利和义务
  - 税收法律责任和法律救济

引 子

税收征管溯源

税收征管是税务机关根据税法规定，对税收工作实施管理、征收和检查等活动的总称。

1949年到20世纪80年代中期，我国税收征管实行的是"一员进户，各税统管"的税收专管员模式。专管员对企业的纳税事宜实行统一负责办理，收税、开票和记账等征收环节都是手工操作。

20世纪90年代，随着计算机技术的发展和计算机网络的普及，税收征管环节的手工操作减少，手写的征管资料档案逐渐被纸质打印资料所代替。1986年，国务院发布《中华人民共和国税收征收管理暂行条例》，税收征管由专管员管户模式向职能分工模式转变，初步实现各征收环节的相互制约。1992年，全国人大常委会议审议并通过《中华人民共和国税收征收管理法》（以下简称《税收征管法》），成为我国税收程序法制建设的里程碑。1997年，税务机关全面推行"以申报纳税和优化服务为基础，以计算机网络为依托，集中征收，重点稽查"的30字征管新模式。

进入21世纪，税收征管模式不断向信息化、科学化和精细化管理迈进，征管体制改革成了税收工作的重要组成部分。全国人大、国务院历次修订《税收征管法》和《中华人民共和国税收征收管理法实施细则》。顺应"互联网+"的蓬勃发展势头，税务部门将互联网、大数据等信息技术引入税收征管领域,开发全国统一的核心征管软件,建设全国统一的税务云等征管服务平台,税收征管步入了一个全新的时期——"互联网＋税务"时期。

任务一 / 涉 税 登 记

◉ 任务背景

2022 年 8 月,张程和朋友在甲省 A 市新注册一家科技有限公司(鹏程科技有限公司),领取了营业执照,主要从事计算机、软件及辅助设备、计算机技术、网络技术、技术咨询和服务。

◉ 任务要求

1. 了解"多证合一、一照一码"登记制度
2. 熟悉税务登记事项

◉ 任务指导

一、"多证合一、一照一码"登记制度

自 2016 年 10 月 1 日起,我国正式实施"五证合一、一照一码"登记制度。

"五证合一"登记制度是指将企业登记时依次申请,分别由工商部门核发工商营业执照、质监部门核发组织机构代码证、税务部门核发税务登记证、社保部门核发社会保险登记证、统计部门核发统计登记证,改为一次申请、由工商(市场监管)部门核发一个加载法人和其他组织统一社会信用代码的营业执照,即"一照一码"登记模式。营业执照成为企业唯一的"身份证",统一社会信用代码成为企业唯一的身份代码,实现企业"一照一码"走天下。

2017 年 5 月 12 日,国务院办公厅发布了《关于加快推进"多证合一"改革的指导意见》,全国很多省市已经实行"多证合一"的模式,各地的实际情况不同,合一的证照数量也不一样。

二、税务登记

税务登记是纳税人纳税程序的首要环节,是税务机关对纳税人的生产、经营等基本情况进行登记并据此对纳税人实施税务管理的一项基本制度。征收机关通过查阅纳税人的税务登记资料,了解和掌握纳税人的基本情况,是税款征收的基础工作。对于纳税人来讲,税务登记意味着被税务征收机构纳入监督管理范围,但同时也享有了依法获得税务服务、领购发

票、行政复议和减免税优惠待遇等方面的权利。《税收征管法》及其实施细则对税务登记作了明确规定。

税务登记包括开业税务登记、变更税务登记、注销税务登记和停业复业税务登记四种。

(一)开业税务登记

已实行"多证合一、一照一码"登记模式的纳税人在首次办理涉税事宜时,需对市场监管等部门共享信息进行确认,无需再单独办理税务登记。

领取加载统一社会信用代码营业执照的新开业企业和农民专业合作社(以下统称"企业"),应当在首次发生纳税义务时持营业执照到税务机关办理涉税事宜,依法履行纳税义务,按期申报、缴纳税款。

新办纳税人通过电子税务局办理涉税事宜的,选择进入"新办纳税人套餐服务",办理电子税务局注册开户、登记信息确认、财务会计制度及核算软件备案、纳税人存款账户账号报告、增值税一般纳税人登记、发票票种核定、增值税专用发票最高开票限额审批、实名办税、增值税税控系统专用设备初始发行、发票领用等业务。具体办理时,纳税人可依据自身情况,登录电子税务局,按照相关提示,有选择地完成上述事项。

(二)变更税务登记

1. 变更税务登记的情形

变更税务登记的情形包括:

(1)纳税人市场监管登记信息发生变更(除了生产经营地、办税人员和核算方式等信息)的,应向市场监管机关办理变更登记,市场监管机关核准后将变更信息即时共享至信息交换平台。纳税人上门(或网上税务局)申请后,税务机关根据市场监管传递的变更信息和纳税人填报的变更信息,更新税务系统内纳税人对应信息。

符合以上条件的纳税人在网上税务局填写并提交变更税务登记表,主管税务机关受理并审核通过后在线将结果通知书推送给纳税人。

(2)对非市场监管变更信息,如生产经营地、核算方式和办税人员等信息发生变化时,纳税人向主管税务机关申请变更。

2. 变更税务登记的办理前提

变更税务登记的办理前提包括:

(1)纳税人登记状态为正常并持有 CA 证书。

(2)经办人已经完成实名认证。

(3)纳税人生产经营地址(同一行政区划内)、办税人员和核算方式等信息发生变更。

(4)纳税人在工商部门完成信息变更且工商部门已将变更信息共享至信息交换平台。

(三)注销税务登记

已实行"一照一码"登记模式的纳税人向市场监督管理等部门申请办理注销登记前,须先向税务机关申报清税。清税完毕后,税务机关向纳税人出具《清税证明》,纳税人持《清税证明》到原登记机关办理注销。所需材料包括《清税申报表》和经办人身份证件原件。

对向市场监管部门申请简易注销的纳税人,符合未办理过涉税事宜的或办理过涉税事宜但未领用发票、无欠税(滞纳金)及罚款的,可免予到税务机关办理清税证明,直接向市场监管部门申请办理注销登记。

(四) 停业复业税务登记

1. 停业登记

实行定期定额征收方式的个体工商户需要停业的,应当在停业前向税务机关申报办理停业登记。纳税人的停业期限不得超过 1 年。定期定额户发生停业的,应当在停业前向税务机关书面提出停业报告;提前恢复经营的,应当在恢复经营前向税务机关书面提出复业报告;需延长停业时间的,应当在停业期满前向税务机关提出书面延长停业报告。个人独资企业的税款征收管理比照执行。

2. 复业登记

纳税人应当于恢复生产经营之前,向税务机关申报办理复业登记,如实填写《停业复业报告书》,领回并启用税务登记证件、发票领购簿及其停业前领购的发票。

● 任务实施

请同学们说出"五证合一"中的五证是什么?"五证合一"后营业执照加载的代码名称是什么?

● 任务评价

评价项目	掌握情况	完成情况	未掌握情况
任务指导			
任务实施			

● 任务拓展

通过从事相关业务的毕业生或者去办税大厅了解新设企业注册(开业税务登记)及办理涉税事宜流程,增加实际体验。

任务二 发 票 管 理

● 任务背景

2021 年年初,深圳税务部门依托智慧稽查系统发现一起涉嫌虚开电子普通发票案件的线索,警税联合成立专案组开展查处,运用信息化战法快速锁定异地虚开窝点。2021 年2 月,深圳警税同时在深圳和广东陆丰、普宁等地开展"护航 1 号"收网行动,成功打掉电子普通发票虚开团伙 1 个,抓获犯罪嫌疑人 5 名,摧毁犯罪窝点 4 个。经初步查明,该犯罪团伙控制了 580 余家注册在深圳的空壳企业,利用电子普通发票便利属性,采取异地开票的手段,对外虚开增值税普通发票 15.8 万余份,涉案金额 10 亿多元。其中,虚开电子普通发票 37 734 份,虚开金额 2.35 亿元。

国家税务总局稽查局有关负责人表示,税务部门将全面贯彻落实中共中央办公厅、国务院办公厅印发的《关于进一步深化税收征管改革的意见》,会同公安机关精准有效打击"假企业"虚开发票、"假出口"骗取退税、"假申报"骗取税费优惠等行为,对损害国家利益的税收违法犯罪个人或团伙,坚持以零容忍的态度"露头就打"。同时,充分发挥税收大数据作用,实现对虚开骗税等违法犯罪行为的惩处,从事后打击向事前、事中精准防范转变,保障国家税收安全。

● 任务要求

1. 开具增值税普通发票
2. 开具增值税专用发票
3. 开具增值税红字发票

● 任务指导

一、发票的概念和种类

发票是指在购销商品、提供或者接受劳务以及从事其他经营活动中,开具、收取的收付款凭证。

按照是否从增值税发票管理新系统中开具划分,发票分为两大类:

(1) 增值税发票管理新系统开具,包括:①增值税专用发票(其样式有折叠式、电子形式);②增值税普通发票(其样式有折叠式、卷式、电子形式);③机动车销售统一发票;④二手车销售统一发票。

(2) 非增值税发票管理新系统开具,包括:①定额发票;②通用机打发票(领用人通常是没有达到起征点的纳税人或某些特殊行业的企业);③其他特殊发票(如客运发票、出租车发票、火车票、飞机行程单和门票等)。

税务机关是发票的主管机关,负责发票印制、领购、开具、取得、保管和缴销的管理和监督。

增值税专用发票由国务院税务主管部门确定的企业印制;其他发票,按照国务院税务主管部门的规定,由省、自治区、直辖市税务机关确定的企业印制。禁止私自印制、伪造、变造发票。

二、发票的领购

纳税人需领用发票的,持《纳税人领用发票票种核定表》、加载统一社会信用代码的营业执照原件、经办人身份证原件向主管税务机关申请办理发票领用手续。主管税务机关根据纳税人的经营范围和规模,确认领用发票的种类、数量和开票限额等事宜。已办理发票票种核定的纳税人,当前领用发票的种类、数量或者开票限额不能满足经营需要的,可以向主管税务机关提出调整。

(一) 纳税信用为 A 级、B 级的纳税人

纳税信用 A 级的纳税人可一次领取不超过 3 个月的增值税发票用量,纳税信用 B 级的纳税人可一次领取不超过 2 个月的增值税发票用量。以上两类纳税人生产经营情况发生变化,需要调整增值税发票用量的,可向税务机关申请办理。

(二) 新办纳税人

新办纳税人首次申领增值税发票主要包括发票票种核定、增值税专用发票(增值税税控系统)最高开票限额审批、增值税税控系统专用设备初始发行、发票领用等涉税事项。税务机关为符合条件的首次申领增值税发票的新办纳税人办理发票票种核定,增值税专用发票最高开票限额不超过 10 万元,每月最高领用数量不超过 25 份;增值税普通发票最高开票限额不超过 10 万元,每月最高领用数量不超过 50 份。各省税务机关可以在此范围内结合纳税人税收风险程度,自行确定新办纳税人首次申领增值税发票票种核定标准。

(三) 辅导期纳税人

实行纳税辅导期管理的增值税一般纳税人,领用增值税专用发票实行按次限量控制,可以根据纳税人的经营情况核定每次专用发票的供应数量,但每次发放专用发票数量不得超过 25 份。

(四) 纳税信用为 D 级的纳税人

对纳税信用评价为 D 级的纳税人,增值税专用发票领用按辅导期一般纳税人政策办理,普通发票的领用实行交(验)旧供新、严格限量供应。

(五) 临时到市省、自治区、直辖市以外从事经营活动的单位或者个人

临时到本省、自治区、直辖市以外从事经营活动的单位或者个人,凭所在地税务机关的证明,向经营地税务机关领用经营地的发票。税务机关对外省、自治区、直辖市来本辖区从事临时经营活动的单位和个人领用发票的,可以要求其提供保证人或者根据所领用发票的票面限额以及数量缴纳不超过 1 万元的保证金,并限期缴销发票。按期缴销发票后,解除保证人的担保义务或者退还保证金。提供保证人或者缴纳保证金的具体范围由省税务机关规定。

三、发票的使用

任何单位和个人应当按照发票管理规定使用发票,不得有下列行为:

(1)转借、转让、介绍他人转让发票、发票监制章和发票防伪专用品。

(2)知道或者应当知道是私自印制、伪造、变造、非法取得或者废止的发票而受让、开具、存放、携带、邮寄和运输。

(3)拆本使用发票。

(4)扩大发票使用范围。

(5)以其他凭证代替发票使用。

除了国务院税务主管部门规定的特殊情形,任何单位和个人不得跨规定的使用区域携带、邮寄、运输空白发票。禁止携带、邮寄或者运输空白发票出入境。

【学以致用2-1】 启明公司购买了一批办公桌,是否可以要求销售方开具发票时在"货物名称"一栏填写"办公用品"?

【学以致用2-1解析】 根据《中华人民共和国发票管理办法》第二十条规定,所有单位和从事生产、经营活动的个人在购买商品、接受服务以及从事其他经营活动支付款项,应当向收款方取得发票。取得发票时,不得要求变更品名和金额。

因此,启明公司不得要求票面笼统填写"办公用品",销售方应据实开具发票。

四、发票的保管和缴销

开具发票的单位和个人应当在办理变更或者注销税务登记的同时,办理发票和发票领购簿的变更、缴销手续。

开具发票的单位和个人应当按照税务机关的规定存放和保管发票,不得擅自损毁。已经开具的发票存根联和发票登记簿,应当保存5年。保存期满,报经税务机关查验后销毁。

五、增值税专用发票

增值税专用发票包括以下内容。

(一)开具主体

增值税一般纳税人和小规模纳税人均可开具增值税专用发票。

1. 一般纳税人

增值税一般纳税人发生应税行为,应向购买方开具增值税专用发票(不得开具的情形除外)。

2. 小规模纳税人

自2020年2月1日起,增值税小规模纳税人(其他个人除外)发生增值税应税行为,需要开具增值税专用发票的,可以自愿使用增值税发票管理系统自行开具。选择自行开具增值税专用发票的小规模纳税人,税务机关不再为其代开增值税专用发票。

(二)开具要求

增值税专用发票开具要求如下:

(1)项目齐全,与实际交易相符。

(2)字迹清楚,不得压线、错格。

(3)发票联和抵扣联加盖财务专用章或者发票专用章。

(4)按照增值税纳税义务的发生时间开具。

对不符合上列要求的专用发票,购买方有权拒收。

(三)基市联次

增值税专用发票由基本联次或者基本联次附加其他联次构成,基本联次为发票联、抵扣联和记账联三联。发票联作为购买方核算采购成本和增值税进项税额的记账凭证;抵扣联作为购买方报送主管税务机关认证和留存备查的凭证;记账联作为销售方核算销售收入和增值税销项税额的记账凭证。其他联次用途,由一般纳税人自行确定。

(四) 实行最高开票限额管理

最高开票限额是指单份增值税专用发票开具的销售额合计数不得达到的上限额度。

最高开票限额由一般纳税人申请,税务机关依法审批。最高开票限额为 10 万元及以下的,由区县级税务机关审批;最高开票限额为 100 万元的,由地市级税务机关审批;最高开票限额为 1 000 万元及以上的,由省级税务机关审批。防伪税控系统的具体发行工作由区县级税务机关负责。

(五) 不得开具增值税专用发票的情形

不得开具增值税专用发票的情形如下:

(1) 会计核算不健全,不能向税务机关准确提供增值税销项税额、进项税额、应纳税额数据及其他有关增值税税务资料的。

(2) 有《税收征管法》规定的税收违法行为,拒不接受税务机关处理的。

(3) 有下列行为之一,经税务机关责令限期改正而仍未改正的:①虚开增值税专用发票。②私自印制专用发票。③向税务机关以外的单位和个人买取专用发票。④借用他人专用发票。⑤未按本规定要求开具专用发票。⑥未按规定保管专用发票和专用设备。⑦未按规定申请办理防伪税控系统变更发行。⑧未按规定接受税务机关检查。

(六) 红字增值税专用发票开具

纳税人开具增值税专用发票后,发生销货退回、开票有误、应税服务中止和销售折让等情形,或者开具增值税纸质专用发票后发生发票抵扣联、发票联均无法认证情形,需要开具红字专用发票的,需取得税务机关系统校验通过的《开具红字增值税专用发票信息表》。以下分增值税纸质专用发票和增值税电子专用发票两种情况加以说明。

1. 纳税人开具增值税纸质专用发票

纳税人开具增值税纸质专用发票后,需要开具红字纸质专用发票的,按以下方法处理:

(1) 购买方取得专用发票已用于申报抵扣的,购买方可在增值税发票管理系统中填开并上传《开具红字增值税专用发票信息表》,在填开《开具红字增值税专用发票信息表》时不填写相对应的蓝字专用发票信息,应暂依《开具红字增值税专用发票信息表》所列增值税税额从当期进项税额中转出,待取得销售方开具的红字专用发票后,与《开具红字增值税专用发票信息表》一并作为记账凭证。

(2) 购买方取得专用发票未用于申报抵扣、但发票联或抵扣联无法退回的,购买方填开《开具红字增值税专用发票信息表》时应填写相对应的蓝字专用发票信息。

(3) 销售方开具专用发票尚未交付购买方,以及购买方未用于申报抵扣并将发票联及抵扣联退回的,销售方可在增值税发票管理系统中填开并上传《开具红字增值税专用发票信息表》。销售方填开《开具红字增值税专用发票信息表》时应填写相对应的蓝字专用发票信息。

2. 纳税人开具增值税电子专用发票

纳税人开具增值税电子专用发票后,需要开具红字电子专用发票的,按以下方法处理:

(1) 购买方已将电子专票用于申报抵扣的,由购买方在增值税发票管理系统中填开并上传《开具红字增值税专用发票信息表》,填开《开具红字增值税专用发票信息表》时不填写相对应的蓝字电子专票信息,应暂依《开具红字增值税专用发票信息表》所列增值税税额从当期进项税额中转出,待取得销售方开具的红字电子专用发票后,与《开具红字增值税专用发票信息表》一并作为记账凭证。

(2)购买方未将电子专票用于申报抵扣的,由销售方在增值税发票管理系统中填开并上传《开具红字增值税专用发票信息表》,填开《开具红字增值税专用发票信息表》时应填写相对应的蓝字电子专票信息。

(3)纳税人已使用增值税发票管理系统的,可在开票系统中申请并获取校验结果,即在开票系统中通过上传《开具红字增值税专用发票信息表》,系统自动校验通过后,生成带有"红字发票信息表编号"的《开具红字增值税专用发票信息表》,并将信息同步至纳税人端系统中。

(4)销售方凭税务机关系统校验通过的《开具红字增值税专用发票信息表》开具红字专用发票,在增值税发票管理系统中以销项负数开具。红字专用发票应与《开具红字增值税专用发票信息表》一一对应。

(5)一般纳税人转登记为小规模纳税人,在一般纳税人期间发生的增值税应税销售行为,发生销售折让、中止或者退回等情形,需要开具红字发票的,按照原蓝字发票记载的内容开具红字发票;开票有误需要重新开具的,先按照原蓝字发票记载的内容开具红字发票后,再重新开具正确的蓝字发票。

(6)自行开具增值税专用发票的小规模纳税人以及税务机关为小规模纳税人代开增值税专用发票,需要开具红字专用发票的,按照一般纳税人开具红字专用发票的方法处理。

六、增值税普通发票

增值税普通发票包括以下内容。

(一)增值税普通发票的样式

增值税普通发票的格式、字体、栏次、内容与增值税专用发票完全一致,按发票联次分为两联票和五联票两种,基本联次为两联,第一联为记账联,销货方用作记账凭证;第二联为发票联,购货方用作记账凭证。此外,为满足部分纳税人的需要,在基本联次后添加了三联的附加联次,即五联票,供企业选择使用。

(二)增值税普通发票的开具系统

(1)纳税人可按照《中华人民共和国发票管理办法》(以下简称《发票管理办法》)及其实施细则规定,使用印有本单位名称的增值税普通发票(折叠票),通过增值税发票管理新系统开具。

(2)使用增值税发票开票软件(税务 UKey 版)的纳税人,可通过增值税电子发票公共服务平台开具增值税普通发票(包括纸质发票和电子发票);使用增值税发票开票软件(金税盘版、税控盘版)的纳税人可自愿通过所使用的开票软件在线申请开通公共服务平台,通过公共服务平台生成和交付电子发票版式文件。

(3)纳税人通过增值税电子发票公共服务平台开具的增值税电子普通发票,属于税务机关监制的发票,采用电子签名代替发票专用章,其法律效力、基本用途、基本使用规定等与增值税普通发票相同。

七、全面数字化的电子发票

为全面推进税收征管数字化升级和智能化改造,降低征纳成本,国家税务总局建设了全国统一的电子发票服务平台,24 小时在线免费为纳税人提供全面数字化的电子发票(以下简称"全电发票")开具、交付、查验等服务,实现发票全领域、全环节、全要素电子化,最终实现从"以票管税"向"以数治税"分类精准监管转变。

全电发票设计了 15 种,分别是增值税专用发票、增值税普通发票、稀土电子发票、卷烟电子发票、建筑服务电子发票、旅客运输服务电子发票、货物运输服务电子发票、不动产销售电子发票、不动产经营租赁电子发票、农产品收购电子发票、光伏收购电子发票、代收车船税电子发票、自产农产品销售电子发票、差额征税电子发票(差额开票)和差额征税电子发票(全额开票)。电子发票(普通发票)和电子发票(增值税专用发票)样式,如图 2-1 和图 2-2 所示。

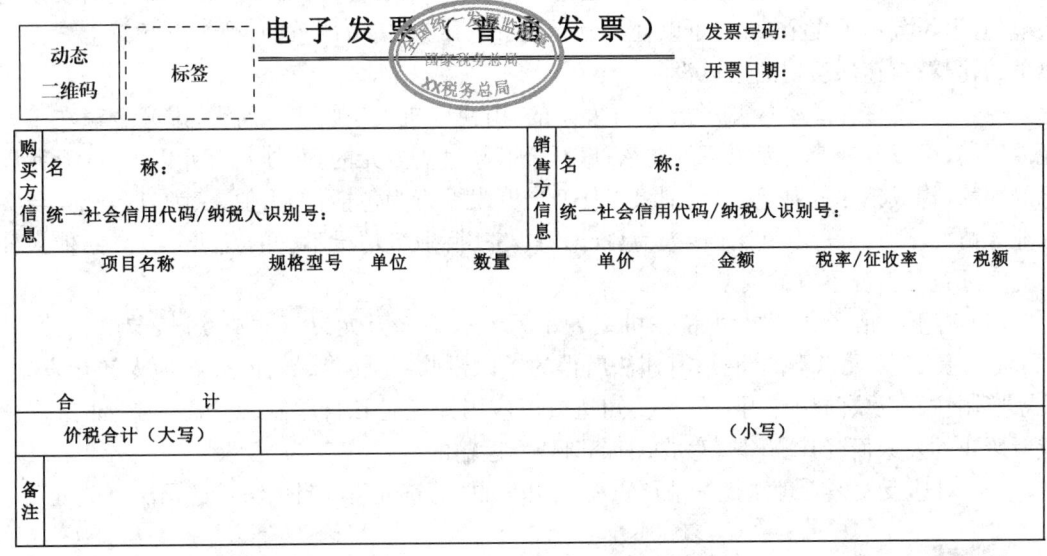

图 2-1　电子发票(普通发票)

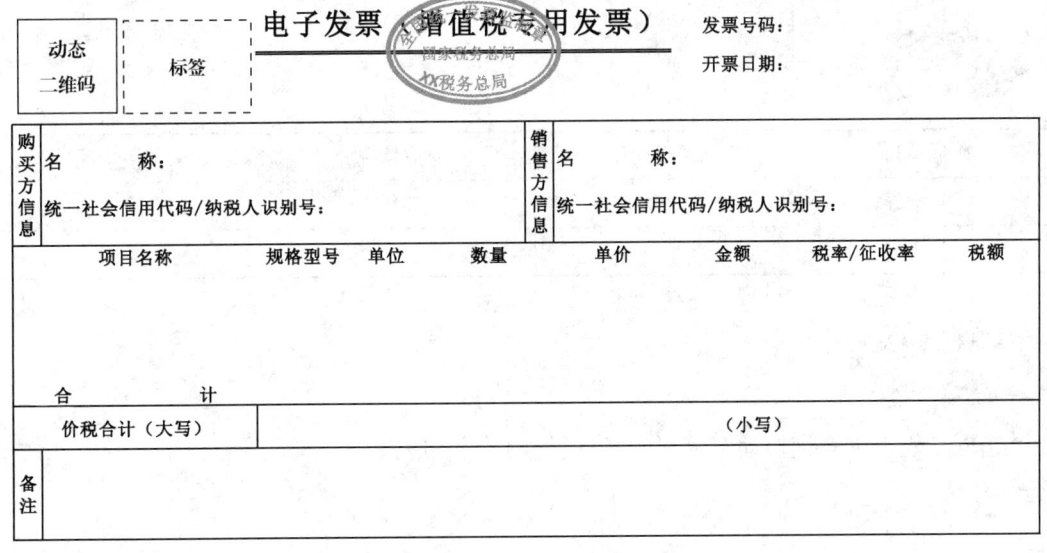

图 2-2　电子发票(专用发票)

八、发票违章处理

（1）违反《中华人民共和国发票管理办法》的规定，有下列情形之一的，由税务机关责令改正，可以处 1 万元以下的罚款；有违法所得的予以没收：①应当开具而未开具发票，或者未按照规定的时限、顺序和栏目，全部联次一次性开具发票，或者未加盖发票专用章的。②使用税控装置开具发票，未按期向主管税务机关报送开具发票的数据的。③扩大发票使用范围的。④以其他凭证代替发票使用的。⑤跨规定区域开具发票的。⑥未按照规定缴销发票的。⑦未按照规定存放和保管发票的。

（2）跨规定的使用区域携带、邮寄、运输空白发票，以及携带、邮寄或者运输空白发票出入境的，由税务机关责令改正，可以处 1 万元以下的罚款；情节严重的，处 1 万元以上 3 万元以下的罚款；有违法所得的予以没收。

（3）违反《发票管理办法》规定虚开发票的，由税务机关没收违法所得；虚开金额在 1 万元以下的，可以并处 5 万元以下的罚款；虚开金额超过 1 万元的，并处 5 万元以上 50 万元以下的罚款；构成犯罪的，依法追究刑事责任。虚开发票行为包括：①为他人、为自己开具与实际业务情况不符的发票。②让他人为自己开具与实际业务情况不符的发票。③介绍他人开具与实际业务情况不符的发票。

（4）有下列情形之一的，由税务机关处 1 万元以上 5 万元以下的罚款；情节严重的，处 5 万元以上 50 万元以下的罚款；有违法所得的予以没收：①转借、转让、介绍他人转让发票、发票监制章和发票防伪专用品的。②知道或者应当知道是私自印制、伪造、变造、非法取得或者废止的发票而受让、开具、存放、携带、邮寄、运输的。

（5）对违反发票管理法规情节严重构成犯罪的，税务机关应当依法移送司法机关处理。

◉ 任务实施

在实训室模拟开具增值税发票。

◉ 任务评价

评价项目	掌握情况	完成情况	未掌握情况
任务指导			
任务实施			

◉ 任务拓展

请同学们上网查询机动车发票的开具、使用要求和规则。

任务三 / 纳 税 申 报

◉ 任务背景

近年来，"非接触式"办税缴费成常态。税务部门发布"全程网上办""最多跑一次"事项清单，近 90％的涉税事项、99％的纳税申报可网上办理。从办税服务厅、税务网站、12366 纳税服务热线，到电子税务局、微信办税等，纳税缴费方式更便捷、税费服务更高效。

◉ 任务要求

1. 熟悉纳税申报方式
2. 了解纳税申报流程

◉ 任务指导

纳税申报是纳税人缴纳税款的又一重要程序。它是纳税人在发生纳税义务后，按照相关税收法律的规定，就有关纳税事项向主管税务机关提交纳税书面报告的行为。纳税人违反税法规定，没有及时、准确地进行纳税申报，就要承担法定的不利后果。

一、纳税申报的方式

纳税人在纳税申报时，可自行申报，也可委托申报。无论是自行申报，还是委托申报，均可采用直接申报、邮寄申报和电子申报的申报方式。

（一）直接申报

直接申报又称上门申报，是纳税人、扣缴义务人在法定的申报期内，根据税法规定如实填写纳税申报表，自行计算应缴税款并附带有关纳税资料，直接到税务机关办税服务厅办理纳税申报，税务局工作人员当场开具相应税票予以征收的一种纳税申报方式。

（二）邮寄申报

邮寄申报是指经税务机关批准的纳税人使用统一规定的纳税申报特快专递专用信封，通过邮政部门办理交寄手续，并向邮政部门索取收据作为申报凭据的一种纳税申报方式。邮寄纳税申报的具体日期以邮政部门收寄邮戳日期为准。

（三）电子申报

电子申报又称数据电文申报，是指在规定的纳税申报期限内，经税务机关批准后，纳税人、扣缴义务人通过电话语音、电子数据交换和网络传输等形式办理纳税申报的一种纳税申报方式。

电子申报是最方便、快捷的一种申报方式,纳税人通过人机对话,便可完成纳税申报。电子申报包括网上申报、专用报税机申报和电话申报等。

二、纳税申报的流程

第一,纳税人应到主管税务机关办税服务厅确定纳税申报方式、时间、内容,领取申报表等有关资料,也可通过电子税务局办理。

第二,如实填写纳税申报表或代扣代缴、代收代缴税款报告表,并在主管税务机关确定的申报期限内办理纳税申报。享受减免税和当期无应纳税额的纳税人,也需按规定期限分别办理免税申报和零申报。

第三,纳税申报时,纳税人、扣缴义务人凭纳税申报表及相关资料申报纳税,税务机关审核无误后予以开票,并在纳税申报表存根联上加盖纳税申报受理专用章。纳税人应在规定的缴款期限内凭税收缴款书办理税款解交事宜。纳税人和扣缴义务人应在规定入库期限前将应纳税款解缴到纳税专户。

纳税人、扣缴义务人在申报纳税时应同时报送相关资料。

【学以致用2-2】 个体工商户陈女士为按季申报户,自2018年3月起未按期办理纳税申报,逾期违规未申报19个季度。某县税务管征分局2022年10月实地走访其生产场所,发现该工商户既无生产经营迹象,又始终无法联系上,遂认定其为非正常户。

近日,陈女士又接到了新业务,想通过手机开具发票,却收到了相关提示。陈女士来到办税服务厅,向税务人员求助。税务工作人员在告知其依法享有的陈述、申辩权利后,对陈女士作出380元的行政处罚。陈女士接受处罚后,工作人员耐心辅导其补办纳税申报,解除其非正常户认定,并提醒她以后要按照规定的期限办理纳税申报和报送纳税资料。

【学以致用2-2解析】《税收征管法》第六十二条规定,纳税人未按照规定的期限办理纳税申报和报送纳税资料的,或者扣缴义务人未按照规定的期限向税务机关报送代扣代缴、代收代缴税款报告表和有关资料的,由税务机关责令限期改正,可以处2 000元以下的罚款;情节严重的,可以处2 000元以上1万元以下的罚款。

● 任务实施

请同学们简要说出纳税申报方式,了解现行主要纳税申报方式及流程。

● 任务评价

评价项目	掌握情况	完成情况	未掌握情况
任务指导			
任务实施			

⬤ 任务拓展

通过了解纳税申报业务流程及注意事项,增加实际体验。

任务四／税款征收

⬤ 任务背景

《个体工商户税收定期定额征收管理办法》(国家税务总局令第 16 号)第二十三条的规定:"定期定额户对税务机关核定的定额有争议的,可以在接到《核定定额通知书》之日起 30 日内向主管税务机关提出重新核定定额申请,并提供足以说明其生产、经营真实情况的证据,主管税务机关应当自接到申请之日起 30 日内书面答复。定期定额户也可以按照法律、行政法规的规定直接向上一级税务机关申请行政复议;对行政复议决定不服的,可以依法向人民法院提起行政诉讼。定期定额户在未接到重新核定定额通知、行政复议决定书或人民法院判决书前,仍按原定额缴纳税款。"

⬤ 任务要求

1. 了解不同税款征收方式及其适用范围
2. 了解税款征收中纳税人所享有的权利和应尽的义务
3. 熟悉税收法律责任,了解税收救济内容

⬤ 任务指导

税款征收是税务机关依照税收法律、行政法规的规定,将纳税义务人应当缴纳的税款组织征收入库的一系列活动的总称。税款征收是税收征收管理工作的中心环节,是税收征收管理的目的所在。对于税务机关来说,税款征收是税务机关履行法定职责,保证税款及时足额入库的法定过程;对于纳税人来说,缴纳税款是纳税人依法履行的义务。当然,在纳税人履行纳税义务时,享有法定权利。

一、税款征收方式

税务机关根据纳税人的生产经营及财务管理状况,本着效率优先、便于征管的原则,对不同的纳税人分别确定税款征收方式。

(一)查账征收

查账征收是指税务机关根据纳税人提供的会计资料所反映的情况,依照税法相关规定

计算征收税款的一种方式。它适用于经营规模较大、财务会计制度健全、能够如实核算和提供生产经营情况，并能正确计算税款，如实履行纳税义务的单位和个人。

（二）查定征收

查定征收是指税务机关根据纳税人的从业人员、生产设备和原材料耗用情况等因素，查实核定其在正常生产经营条件下应税产品的数量和销售额，并据以征收税款的一种方式。

（三）查验征收

查验征收是指税务机关对纳税人的应税商品，通过查验数量，按市场销售价格计算其销售额并据以征税的一种方式。这种方式适用于经营品种比较单一，经营地点、时间和商品来源不固定的纳税人，如城乡集贸市场的临时经营和机场、码头等场外经销商品的税款征收。

（四）定期定额征收

定期定额征收是指对一些营业额和所得额难以计算准确的小型工商户，经其自报评议，由税务机关调查核实其一定期限内的营业额、利润额，按照核定的营业额、利润额确定应纳税款的方式。这种方式适用于规模较小、账证不健全、难以提供完整的纳税资料的小型工商业户的税款征收。

二、税款征收中纳税人的权利和义务

税务机关税款征收的过程是纳税人依法履行纳税义务的过程，在这个过程中，纳税人依法享有相应的权利。

（一）纳税人权利

根据《税收征管法》规定，纳税人享有下列权利：

（1）知情权。纳税人、扣缴义务人有权向税务机关了解有关税收方面的法律、行政法规的规定以及与纳税程序有关的情况。

（2）要求保密权。纳税人、扣缴义务人有权要求税务机关为纳税人、扣缴义务人的情况保密。税务机关应当依法为纳税人、扣缴义务人的情况保密。

（3）依法申请减税、免税、退税权。当纳税人有符合法律规定的减税、免税、退税的情形时，依法享有申请减税、免税、退税的权利，税务机关应当依照法律的规定，为纳税人办理减税、免税、退税手续。

（4）申请退还多缴税款权。纳税人在日常缴纳税款的过程中，由于非故意原因而造成的多缴税款可以依法申请退回。《税收征管法》规定，纳税人超过其应纳税款缴纳的税款，税务机关发现后应当立即退还，纳税人自结算缴纳税款之日起3年内发现的，可以向税务机关要求退还，税务机关查实后应当立即退还。若纳税人自结算缴纳之日起3年后请求退还的，税务机关不予受理。

（5）申请延期申报权、延期缴纳税款权。如果纳税人、扣缴义务人不能按期办理纳税申报或者报送代扣代缴、代收代缴税款报告表的，纳税人、扣缴义务人可在报送期限内提出书面申请报告，经税务机关批准后，可以延期申报。

（6）陈述、申辩权。纳税人、扣缴义务人对税务机关所作的决定，享有陈述权、申辩权。

（7）申请行政复议、提起行政诉讼、请求国家赔偿等权利。

（8）控告和检举权。纳税人、扣缴义务人有权控告和检举税务机关、税务人员的违法违纪行为。

（9）国家法律、行政法规规定的其他权利。

（二）纳税人义务

依照宪法、税收法律和行政法规的规定，纳税人在纳税过程中负有以下义务：

（1）依法进行税务登记的义务。纳税人在发生纳税事宜时，有义务在规定期限内申报办理税务登记；在税务登记内容发生变化时，有义务按规定办理变更或注销税务登记。

（2）依法设置账簿、保管账簿和有关资料以及依法开具、使用、取得和保管发票。

（3）将财务会计制度和会计核算软件报送税务机关备案。

（4）按照规定安装、使用税控装置，不得擅自损毁或改动。

（5）在规定的申报期限如实申报。纳税人纳税期内没有应纳税款时，也应当按照规定办理纳税申报；享受减税、免税待遇的，在减税、免税期间应当按照规定办理纳税申报。

（6）按时缴纳税款。未按照规定期限缴纳税款或者未按照规定期限解缴税款的，除责令限期缴纳外，从滞纳税款之日起，按日加收滞纳税款 5‰的滞纳金。

（7）依照法律、行政法规的规定代扣、代收税款。

（8）接受依法检查，配合税务检查工作。

（9）及时提供相关信息，包括与关联企业之间的业务往来、合并分立情况等。

（10）报告其他涉税信息的义务。

三、税收法律责任和法律救济

（一）税收法律责任

税收法律责任是指税收法律关系主体因违反税收法律制度的行为所引起的不利的法律后果，分为行政责任和刑事责任两种。

1. 违反税务管理规定的法律责任

（1）纳税人有下列行为之一的，由税务机关责令限期改正，可以处 2 000 元以下的罚款；情节严重的，处 2 000 元以上 1 万元以下的罚款：①未按照规定的期限申报办理税务登记、变更或者注销登记的。②未按照规定设置、保管账簿或者保管记账凭证和有关资料的。③未按照规定将财务、会计制度或者财务、会计处理办法和会计核算软件报送税务机关备查的。④未按照规定将其全部银行账号向税务机关报告的；⑤未按照规定安装、使用税控装置，或者损毁或者擅自改动税控装置的；⑥纳税人未按照规定办理税务登记证件验证或者换证手续的。

（2）扣缴义务人未按照规定设置、保管代扣代缴、代收代缴税款账簿或者保管代扣代缴、代收代缴税款记账凭证及有关资料的，由税务机关责令限期改正，可以处 2 000 元以下的罚款；情节严重的，处 2 000 元以上 5 000 元以下的罚款。

（3）纳税人未按照规定的期限办理纳税申报和报送纳税资料的，或者扣缴义务人未按照规定的期限向税务机关报送代扣代缴、代收代缴税款报告表和有关资料的，由税务机关责令限期改正，可以处 2 000 元以下的罚款；情节严重的，可以处 2 000 元以上 1 万元以下的罚款。

（4）纳税人、扣缴义务人编造虚假计税依据的，由税务机关责令限期改正，并处 5 万元以下的罚款。

（5）非法印制、转借、倒卖、变造或者伪造完税凭证的，由税务机关责令改正，处 2 000 元以上 1 万元以下的罚款；情节严重的，处 1 万元以上 5 万元以下的罚款；构成犯罪的，依法追究刑事责任。

（6）银行和其他金融机构未依照税收征管法的规定在从事生产、经营的纳税人的账户中登录税务登记证件号码，或者未按规定在税务登记证件中登录从事生产、经营的纳税人的账户账号的，由税务机关责令其限期改正，处 2 000 元以上 2 万元以下的罚款；情节严重的，处 2 万元以上 5 万元以下的罚款。

（7）扣缴义务人应扣未扣、应收而不收税款的，由税务机关向纳税人追缴税款，对扣缴义务人处应扣未扣、应收未收税款 50% 以上 3 倍以下的罚款。

（8）税务代理人违反税收法律、行政法规，造成纳税人未缴或者少缴税款的，除了由纳税人缴纳或者补缴应纳税款、滞纳金，对税务代理人处纳税人未缴或者少缴税款 50% 以上 3 倍以下的罚款。

2. 偷、逃税行为的法律责任

纳税人伪造、变造、隐匿、擅自销毁账簿、记账凭证，或者在账簿上多列支出或者不列、少列收入，或者经税务机关通知申报而拒不申报或者进行虚假的纳税申报，不缴或者少缴应纳税款的，是偷税。对纳税人偷税的，由税务机关追缴其不缴或者少缴的税款、滞纳金，并处不缴或者少缴的税款 50% 以上 5 倍以下的罚款；构成犯罪的，依法追究刑事责任。

纳税人采取欺骗、隐瞒手段进行虚假纳税申报或者不申报，逃避缴纳税款数额较大并且占应纳税额 10% 以上的，处 3 年以下有期徒刑或者拘役，并处罚金；数额巨大并且占应纳税额 30% 以上的，处 3 年以上 7 年以下有期徒刑，并处罚金。

有逃税行为，经税务机关依法下达追缴通知后，补缴应纳税款，缴纳滞纳金，已受行政处罚的，不予追究刑事责任；但是，5 年内因逃避缴纳税款受过刑事处罚或者被税务机关给予 2 次以上行政处罚的除外。

扣缴义务人采取上述手段，不缴或者少缴已扣、已收税款，由税务机关追缴其不缴或者少缴的税款、滞纳金，并处不缴或者少缴的税款 50% 以上 5 倍以下的罚款；构成犯罪的，依法追究刑事责任。

3. 欠税行为的法律责任

纳税人欠缴应纳税款，采取转移或者隐匿财产的手段，妨碍税务机关追缴欠缴的税款的，由税务机关追缴欠缴的税款、滞纳金，并处欠缴税款 50% 以上 5 倍以下的罚款；构成犯罪的，依法追究刑事责任。

4. 抗税行为的法律责任

以暴力、威胁方法拒不缴纳税款的，是抗税，除了由税务机关追缴其拒缴的税款、滞纳金，依法追究刑事责任。情节轻微，未构成犯罪的，由税务机关追缴其拒缴的税款、滞纳金，并处拒缴税款 1 倍以上 5 倍以下的罚款。

5. 骗税行为的法律责任

以假报出口或者其他欺骗手段，骗取国家出口退税款，由税务机关追缴其骗取的退税款,并处骗取税款1倍以上5倍以下的罚款;构成犯罪的,依法追究刑事责任。

对骗取国家出口退税款的,税务机关可以在规定期间内停止为其办理出口退税。

为纳税人、扣缴义务人非法提供银行账户、发票、证明或者其他方便,导致未缴、少缴税款或者骗取国家出口退税款的,税务机关除了没收其违法所得,可以处未缴、少缴或者骗取的税款1倍以下的罚款。

6. 纳税人、扣缴义务人不配合税务检查的法律责任

纳税人、扣缴义务人逃避、拒绝或者以其他方式阻挠税务机关检查的,由税务机关责令改正,可以处1万元以下的罚款;情节严重的,处1万元以上5万元以下的罚款。

7. 税务行政主体实施税收违法行为的法律责任

(1)渎职行为的法律责任:①税务人员徇私舞弊,对依法应当移交司法机关追究刑事责任的不移交,情节严重的,依法追究刑事责任。②税务人员利用职务上的便利,收受或者索取纳税人、扣缴义务人财物或者谋取其他不正当利益,构成犯罪的,依法追究刑事责任;尚不构成犯罪的,依法给予行政处分。③税务人员徇私舞弊或者玩忽职守,不征或者少征应征税款,致使国家税收遭受重大损失,构成犯罪的,依法追究刑事责任;尚不构成犯罪的,依法给予行政处分。④税务人员滥用职权,故意刁难纳税人、扣缴义务人的,调离税收工作岗位,并依法给予行政处分。⑤税务人员对控告、检举税收违法违纪行为的纳税人、扣缴义务人以及其他检举人进行打击报复的,依法给予行政处分;构成犯罪的,依法追究刑事责任。

(2)其他违法行为的法律责任:①税务机关违反规定擅自改变税收征收管理范围和税款入库预算级次的,责令限期改正,对直接负责的主管人员和其他直接责任人员依法给予降级或者撤职的行政处分。②税务人员在征收税款或者查处税收违法案件时,未按照《税收征管法》规定进行回避的,对直接负责的主管人员和其他直接责任人员,依法给予行政处分。③税务人员与纳税人、扣缴义务人勾结,唆使或者协助纳税人、扣缴义务人实施税收违法行为,构成犯罪的,依法追究刑事责任;尚不构成犯罪的,依法给予行政处分。④税务人员私分扣押、查封的商品、货物或者其他财产,情节严重,构成犯罪的,依法追究刑事责任;尚不构成犯罪的,依法给予行政处分。⑤违反法律、行政法规的规定提前征收、延缓征收或者摊派税款的,由其上级机关或者行政监察机关责令改正,对直接负责的主管人员和其他直接责任人员依法给予行政处分。⑥违反法律、行政法规的规定,擅自作出税收的开征、停征或者减税、免税、退税、补税以及其他同税收法律、行政法规相抵触的决定的,除了依照规定撤销其擅自作出的决定,补征应征未征税款,退还不应征收而征收的税款,并由上级机关追究直接负责的主管人员和其他直接责任人员的行政责任;构成犯罪的,依法追究刑事责任。

(二)税收法律救济

税收法律救济是指行政相对人对行政机关作出的决定,依法享有申请税务行政复议、提起税务行政诉讼、请求税务行政赔偿和请求税务行政补偿等权利。

(1)税务行政复议,是指纳税人和其他税务当事人认为税务机关的具体行政行为侵犯其合法权益,向税务行政复议机关申请行政复议,复议机关根据复议审查结果依法作出行政复议决定并监督有关决定依法执行的过程。税务行政复议包括复议的申请、受理、审查和决定、和解与调解等。

申请人对税务机关下列具体行政行为不服的,可以提出行政复议申请:①征税行为。

②行政许可、行政审批行为。③发票管理行为,包括发售、收缴和代开发票等。④税收保全措施、强制执行措施。⑤行政处罚行为。⑥不依法履行法定职责的行为。⑦资格认定行为。⑧不依法确认纳税担保行为。⑨政府信息公开工作中的具体行政行为。⑩纳税信用等级评定行为。⑪通知出入境管理机关阻止出境行为等。

申请人认为税务机关的具体行政行为所依据的规定(不包括规章)不合法,对具体行政行为申请行政复议时,可以一并向行政复议机关提出对有关规定的审查申请。

(2) 税务行政诉讼,是指纳税人和其他税务当事人认为税务机关及其工作人员的行政行为违法或者不当,侵犯了其合法权益,依法向人民法院提起行政诉讼,税务机关接受人民法院对税务行政行为的合法性审查,并根据人民法院的裁决进行后续处理的过程。税务行政诉讼包括应诉管理、应诉特殊业务处理、撤销(变更)等具体行政行为。

申请人对税收机关的征税行为不服的,应当先向行政复议机关申请行政复议;对行政复议决定不服的,可以向人民法院提起行政诉讼。

申请人对税务机关征税行为以外的其他具体行政行为不服,可以申请行政复议,也可以直接向人民法院提起行政诉讼。

(3) 税务行政赔偿,是指由于税务机关及其工作人员、受税务机关委托的组织或个人违法行使职权,侵犯公民、法人和其他组织的合法权益并造成损害后,根据受害者的申请,由国家承担赔偿责任,但由致害的税务机关作为赔偿义务机关代表国家予以赔偿的过程。税务行政赔偿主要包括赔偿申请处理、赔偿申请撤回和赔偿追偿。

(4) 税务行政补偿,是指税务机关为了满足国家利益、社会公共利益或者其他法定事由的需要,在税务行政管理中作出的合法行政行为给公民、法人或者其他组织的财产权益造成了损失,由国家基于保障财产权和公平原则予以救济的具体行政行为。

● 任务实施

1. 请同学们简要叙述税款征收方式及其适用范围。
2. 任务背景中提到的是哪种法律救济途径?

● 任务评价

评价项目	掌握情况	完成情况	未掌握情况
任务指导			
任务实施			

● 任务拓展

请同学们查询,个体工商户除了享有任务背景中所提到的权利,还可以享有哪些纳税人权利?

项目三 增 值 税

党的二十大精神专栏

　　健全宏观经济治理体系,发挥国家发展规划的战略导向作用,加强财政政策和货币政策协调配合,着力扩大内需,增强消费对经济发展的基础性作用和投资对优化供给结构的关键作用。

学习目标

➤ **知识目标**

1. 了解增值税的概念、特点和类型
2. 掌握增值税的纳税人、征税范围和税率
3. 理解增值税的起征点和减免税
4. 理解增值税的纳税义务发生时间、纳税期限和纳税地点

➤ **能力目标**

1. 计算增值税应纳税额
2. 填写增值税纳税申报表
3. 办理增值税纳税申报

➤ **素养目标**

1. 树立依法纳税意识
2. 厚植企业可持续发展的情怀
3. 践行社会主义核心价值观

```
                                            增值税的概念、特点和类型
                                            增值税的纳税人
                增值税基础知识              增值税的征税范围
                                            增值税的税率和征收率
                                            增值税的税收优惠
```

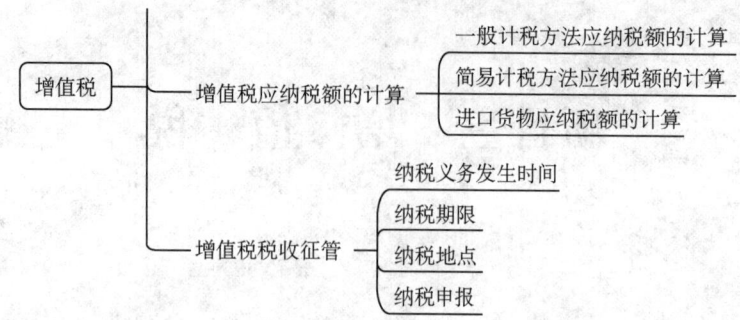

 引 子

增值税溯源

1954 年,法国最先开征增值税。增值税有效地解决了重复征税问题,在 20 世纪 70 年代后,迅速在全球推广起来。目前已有 190 多个国家和地区开征了这一税种。

1979 年,我国引进增值税,在上海、柳州等城市选择农业机具、机械等行业试点。1982 年,财政部制定了《增值税暂行办法》并于 1983 年 1 月 1 日在全国试行。1984 年 9 月,在总结经验的基础上,国务院又制定了《中华人民共和国增值税暂行条例(草案)》。1993 年 12 月31 日,国务院进行税制改革,发布了《中华人民共和国增值税暂行条例》,构建生产型增值税。2008 年 11 月 10 日,国务院全面实施增值税转型改革,修订《中华人民共和国增值税暂行条例》,增值税由生产型转为消费型,并于 2009 年 1 月 1 日起施行。2016 年 5 月1 日,我国营业税改征增值税全面完成,营业税退出历史舞台。2022 年 12 月 30 日至2023 年 1 月 28 日,《中华人民共和国增值税法(草案)》公开征求意见。我国增值税改革历程,如图 3-1 所示。

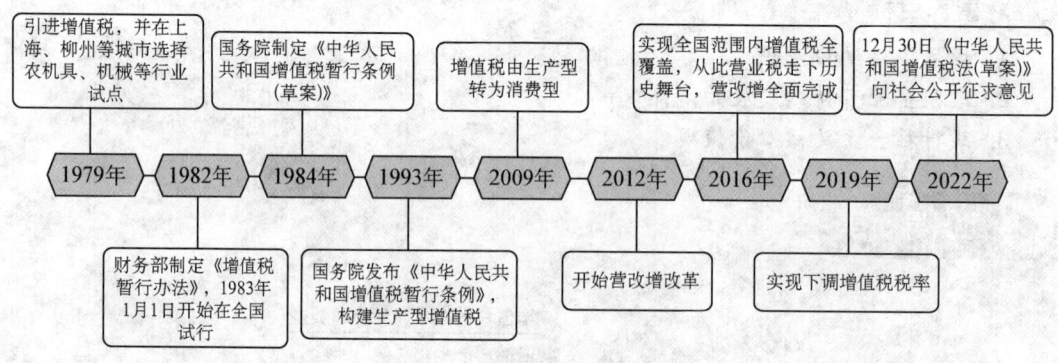

图 3-1　我国增值税改革历程

增值税已经成为我国第一大税种,2020 年全国税收收入为 154 310 亿元,其中,国内增值税 56 791 亿元,占税收收入的 36.80%;进口增值税和消费税 14 535 亿元。2021 年,全国税收收入 172 731 亿元,其中,国内增值税 63 519 亿元,占税收收入的 36.77%;进口增值税

和消费税 17 316 亿元。2022 年,全国税收收入 166 614 亿元,其中,国内增值税 48 717 亿元,占税收收入的 29.24%;进口增值税和消费税 19 995 亿元。

任务一／增值税基础知识

◉ 任务背景

十里香酒业有限公司是济州市一家白酒制造企业。2021 年,实现销售额 10 000 万元,2022 年前 7 个月实现销售额 6 000 万。营业执照上载明的生产经营范围包括:①自酿酒的生产、销售;②配制酒的生产、销售;③酒类生产配制技术的研发与转让;④酒类原料的收储与加工等。企业执行《企业会计准则》。

◉ 任务要求

1. 了解增值税的概念、特点和类型
2. 区分增值税一般纳税人和小规模纳税人
3. 界定增值税征税范围
4. 准确选择一般纳税人适用税率
5. 熟悉小规模纳税人征收率

◉ 任务指导

一、增值税的概念、特点和类型

(一)增值税的概念

增值税是对在中华人民共和国境内(以下简称境内)销售货物或者提供加工、修理修配劳务(以下简称劳务),销售服务、无形资产、不动产以及进口货物的单位和个人,就其取得的增值额作为征税对象征收的一种流转税。

增值税以增值额为课税对象,以销售额为计税依据,同时实行税款抵扣的计税方式。这种计税方式是以每一生产经营环节上发生的货物或劳务的销售额为计税依据,按规定税率计算出货物或劳务的整体税负,同时通过税款抵扣方式将外购项目在以前环节已纳的税款予以扣除,从而完全避免了重复征税,所以,又称购进扣税法或发票扣税法。这种方法简便易行,计算准确,既适用于单一税率,又适用于多档税率,是实行增值税的国家广泛采用的计税方法。

(二)增值税的特点

增值税的特点如下所述。

1. 对增值额征税

增值额是商品销售收入额或提供应税劳务和服务等收入额扣除其购入的商品或劳务和服务金额后的差额。对增值额征税,可以消除重复征税,体现税负公平。

2. 实行税款抵扣制度

实行税款抵扣制度是根据销售商品或劳务和服务的销售额,按规定的税率计算出销项税额,然后扣除取得该商品或劳务和服务时所支付的增值税额,即进项税额,其差额为增值部分应缴纳的增值税额。

3. 实行价外税

价外税即税款和价款明确分开,以不含增值税的价款作为计税依据。这样,企业的成本和利润不受增值税的影响,体现了增值税的间接税性质,即增值税的最终承担者不是经营者而是消费者。

4. 税基广阔,具有征收的普遍性和连续性

从生产经营的横向关系看,无论工业企业、商业企业或是劳务服务活动,只要有增值收入就要缴纳增值税;从生产经营的纵向关系看,每一货物无论经过多少生产环节,都要按各道环节上发生的增值额逐次征税。

(三) 增值税的类型

按照固定资产进项税额的处理方式不同,增值税可以分为三种类型。

1. 生产型增值税

生产型增值税是指在征收增值税时,只能扣除属于非固定资产项目的那部分生产资料的税款,不允许扣除固定资产价值中所含有的税款。该类型增值税的征税对象大体上相当于国民生产总值,因此,称为生产型增值税。

2. 收入型增值税

收入型增值税是指允许纳税人从本期销售商品的收入中扣除用于生产经营的流动资产的价值和固定资产的当期折旧价值。就整个社会而言,其增值部分实际相当于国民收入,所以称为收入型增值税。

3. 消费型增值税

消费型增值税是指允许纳税人从本期销售商品的收入中扣除用于生产经营的固定资产和流动资产的全部价值。就整个社会而言,实际相当于只对消费资料征税,生产资料不征税,所以称为消费型增值税。

我国在 1994 年税制改革时采用生产型增值税,2009 年 1 月 1 日我国增值税全部转为消费型。

二、增值税的纳税人

在我国境内销售货物或者提供加工、修理修配劳务(以下简称劳务),销售服务、无形资产、不动产以及进口货物的单位和个人,为增值税的纳税人。

根据纳税人经营规模以及会计核算健全程度的不同,增值税纳税人可划分为小规模纳税人和一般纳税人,如表 3-1 所示。

表 3-1　　　　　　　　　　　　　　　增值税纳税人分类

标准　　纳税人	年应税销售额	会计核算健全程度	特殊规定
小规模纳税人	年应征增值税销售额≤500万元	健全或不健全	小规模纳税人会计核算健全,能够提供准确税务资料的,可以向税务机关申请登记为一般纳税人
一般纳税人	年应征增值税销售额＞500万元	健全	年应税销售额未超过小规模纳税人标准的其他个人以及按照政策规定选择按小规模纳税人纳税的,不得办理一般纳税人登记

【说明】

(1) 年应税销售额是指纳税人在连续不超过12个月或4个季度的经营期内累计应征增值税销售额,包括纳税申报销售额、稽查查补销售额和纳税评估调整销售额。

(2) 会计核算健全是指能够按照国家统一的会计制度规定设置账簿,根据合法、有效凭证核算。

(3) 一般纳税人实行登记制,除了另有规定,应当向税务机关办理登记手续。

三、增值税的征税范围

在我国境内纳税人销售货物或者加工、修理修配劳务(以下简称劳务),销售服务、无形资产、不动产以及进口货物,应当缴纳增值税。在我国境内是指销售货物的起运地或者所在地在境内、提供劳务的发生地在境内、服务(租赁不动产除外)的销售方或者购买方在境内、无形资产(自然资源使用权除外)的销售方或者购买方在境内、销售或者租赁的不动产在境内。

(一) 征税范围的一般规定

1. 销售货物

销售货物是指有偿转让货物的所有权。货物是指有形动产,包括电力、热力和气体在内;有偿是指从购买方取得货币、货物或者其他经济利益。

2. 销售劳务

销售劳务是指有偿提供加工、修理修配劳务。加工、修理修配是指受托加工、受托修理修配货物。

单位或者个体工商户聘用的员工为本单位或者雇主提供加工、修理修配劳务不包括在内。

3. 销售服务

增值税应税服务的具体范围,如表3-2所示。

表 3-2　　　　　　　　　　　　　　　增值税应税服务

应税服务	具体范围
交通运输业	陆路运输服务、水路运输服务、航空运输服务和管道运输服务
邮政服务	邮政普遍服务、邮政特殊服务和其他邮政服务
电信服务	基础电信服务和增值电信服务

（续表）

应税服务	具体范围
建筑服务	工程服务、安装服务、修缮服务、装饰服务和其他建筑服务
金融服务	贷款服务、直接收费金融服务、保险服务和金融商品转让
现代服务	研发和技术服务、信息技术服务、文化创意服务、物流辅助服务、租赁服务、鉴证咨询服务、广播影视服务、商务辅助服务和其他现代服务
生活服务	文化体育服务、教育医疗服务、旅游娱乐服务、餐饮住宿服务、居民日常服务和其他生活服务

4. 销售无形资产

销售无形资产是指转让无形资产所有权或者使用权的业务活动。无形资产是指不具有实物形态，但能带来经济利益的资产，包括技术、商标、著作权、商誉、自然资源使用权和其他权益性无形资产。

5. 销售不动产

销售不动产是指转让不动产所有权的业务活动。不动产是指不能移动或者移动后会引起性质、形状改变的财产，包括建筑物和构筑物等。

6. 进口货物

进口货物是指申报进入中国海关境内的货物。除了享受免税政策，在进口环节缴纳增值税。

（二）征税范围的特殊规定

1. 视同销售行为

单位或者个体工商户的下列行为，视同销售：

（1）将货物交付其他单位或者个人代销。

（2）销售代销货物。

（3）设有两个以上机构并实行统一核算的纳税人，将货物从一个机构移送至其他机构用于销售，但相关机构设在同一县（市）的除外。

（4）将自产或者委托加工的货物用于非增值税应税项目。

（5）将自产、委托加工的货物用于集体福利或者个人消费。

（6）将自产、委托加工或者购进的货物作为投资，提供给其他单位或者个体工商户。

（7）将自产、委托加工或者购进的货物分配给股东或者投资者。

（8）将自产、委托加工或者购进的货物无偿赠送其他单位或者个人。

（9）向其他单位或个人无偿提供服务、转让无形资产或者销售不动产，但用于公益事业或者以社会公众为对象的除外。

2. 混合销售

一项销售行为如果既涉及货物又涉及服务，为混合销售。根据规定，从事货物的生产、批发或者零售的单位和个体工商户的混合销售行为，按照销售货物缴纳增值税；其他单位和个体工商户的混合销售行为，按照销售服务缴纳增值税。

3. 兼营

兼营是指纳税人的经营中包括销售货物、劳务以及销售服务、无形资产和不动产的行为。纳税人发生兼营行为,应当分别核算适用不同税率或征收率的销售额;未分别核算销售额的,从高适用税率或征收率。

(三)不征收增值税项目

不征收增值税的项目如下:

(1)根据国家指令无偿提供的铁路运输服务、航空运输服务,属于《营业税改征增值税试点实施办法》规定的用于公益事业的服务。

(2)存款利息。

(3)被保险人获得的保险赔付。

(4)房地产主管部门或者其指定机构、公积金管理中心、开发企业以及物业管理单位代收的住宅专项维修资金。

(5)在资产重组过程中,通过合并、分立、出售、置换等方式,将全部或者部分实物资产以及与其相关联的债权、负债和劳动力一并转让给其他单位和个人,其中涉及的货物、不动产、土地使用权转让行为。

四、增值税的税率和征收率

为适应市场经济发展的要求,增值税税率的设计遵循了中性和简便的原则。现行增值税使用税率和按简易办法计税的征收率。

(一)税率

增值税一般纳税人适用税率分为13%、9%、6%和零税率四档,具体如表3-3所示。

表 3-3　　　　　　　　　　　增值税一般纳税人适用税率

纳税人	税率	适用范围
一般纳税人	13%	销售货物、进口货物、销售加工修理修配劳务、销售有形动产租赁服务,除了适用低税率和零税率,均适用13%税率
	9%	(1)粮食等农产品、食用植物油、食用盐 (2)自来水、暖气、冷气、热水、煤气、石油液化气、天然气、二甲醚、沼气、居民用煤炭制品 (3)图书、报纸、杂志、音像制品、电子出版物 (4)饲料、化肥、农药、农机、农膜 (5)提供交通运输服务、邮政服务、基础电信服务、建筑服务、不动产租赁服务,销售不动产,转让土地使用权 (6)国务院规定的其他货物
	6%	提供增值电信服务、金融服务、现代服务(除有形动产租赁服务和不动产租赁服务)、生活服务、销售无形资产(除转让土地使用权)
	零税率	根据财税〔2016〕36号文件中规定的境内单位和个人发生的跨境应税行为

(二)征收率

另有规定除外,小规模纳税人以及一般纳税人选择简易办法计税的,征收率为3%,具体如表3-4所示。

表 3-4　　　　　　　　　　　　　　　增值税征收率

纳税人	征收率		具体内容
小规模纳税人	3%		除了销售"旧货、自己使用过的固定资产"、取得(或房地产企业小规模纳税人自建)的不动产及"进口货物"的应税行为
	5%	非房地产开发企业	转让、出租其"取得"的不动产(不含个人出租住房)
		房地产开发企业	销售"自行开发"的房地产项目
一般纳税人	3%	货物	寄售代销、死当销售
	可选择3%	自产货物	符合规定的水、电、生物制品、建材
		服务	公共交通运输、动漫、电影放映、仓储、装卸搬运、收派、营改增试点前有形动产租赁
	5%	非房地产开发企业	转让、出租其 2016 年 4 月 30 日前"取得"的不动产且选择简易方法计税的
		房地产开发企业	销售"自行开发"的房地产老项目且选择简易方法计税的

【注意】选择简易计税办法后,"36 个月"内不得变更。

五、增值税的税收优惠

增值税的税收优惠如下所述。

(一)增值税免税项目

增值税免税项目如下:

(1)农业生产者销售的自产农产品。

(2)避孕药品和用具。

(3)古旧图书。

(4)直接用于科学研究、科学试验和教学的进口仪器、设备。

(5)外国政府、国际组织无偿援助的进口物资和设备。

(6)由残疾人组织直接进口供残疾人专用的物品。

(7)销售自己使用过的物品。

(8)托儿所、幼儿园提供的保育和教育服务;养老机构提供的养老服务;残疾人福利机构提供的育养服务;婚姻介绍服务;殡葬服务。

(9)残疾人员本人为社会提供的服务。

(10)医疗机构提供的医疗服务。

(11)从事学历教育的学校提供的教育服务;学生勤工俭学提供的服务。

(12)农业机耕、排灌、病虫害防治、植物保护、农牧保险以及相关技术培训业务;家禽、牲畜、水生动物的配种和疾病防治。

(13)纪念馆、博物馆、文化馆、文物保护单位管理机构、美术馆、展览馆、书画院、图书馆在自己的场所提供文化体育服务取得的第一道门票收入;寺院、宫观、清真寺和教堂举办文化、宗教活动的门票收入。

(14) 行政单位之外的其他单位收取的,符合《营业税改征增值税试点实施办法》第十条规定条件的政府性基金和行政事业性收费。

(15) 个人转让著作权。

(16) 个人销售自建自用住房。

(17) 纳税人提供的直接或者间接国际货物运输代理服务。

(18) 符合规定条件的贷款、债券利息收入;符合规定条件的金融商品转让收入;金融同业往来利息收入。

(19) 保险公司开办的 1 年期以上人身保险产品取得的保费收入。

(20) 纳税人提供技术转让、技术开发和与之相关的技术咨询、技术服务。

(21) 政府举办的从事学历教育的高等、中等和初等学校(不含下属单位),举办进修班、培训班取得的全部归该学校所有的收入。

(22) 政府举办的职业学校设立的主要为在校学生提供实习场所并由学校出资自办、由学校负责经营管理、经营收入归学校所有的企业,从事《销售服务、无形资产或者不动产注释》中"现代服务"(不含融资租赁服务、广告服务和其他现代服务)、"生活服务"(不含文化体育服务、其他生活服务和桑拿、氧吧)业务活动取得的收入。

(23) 家政服务企业由员工制家政服务员提供家政服务取得的收入。

(24) 福利彩票、体育彩票的发行收入。

(25) 将土地使用权转让给农业生产者用于农业生产。

(26) 涉及家庭财产分割的个人无偿转让不动产、土地使用权。

(27) 土地所有者出让土地使用权和土地使用者将土地使用权归还给土地所有者。

(28) 随军家属就业;军队转业干部就业。

(29) 提供社区养老、托育、家政等服务取得的收入。

(30) 北京市、上海市、广州市和深圳市之外的地区,个人将购买不足 2 年的住房对外销售的,按照 5% 的征收率全额缴纳增值税;个人将购买 2 年以上(含 2 年)的住房对外销售的,免征增值税。

(二) 起征点

增值税起征点的适用范围限于个人,且不适用于登记为一般纳税人的个体工商户。起征点的幅度规定如下:

(1) 按期纳税的,为月销售额 5 000～20 000 元(含本数)。

(2) 按次纳税的,为每次(日)销售额 300～500 元(含本数)。

增值税起征点的调整由财政部和国家税务总局规定。省、自治区、直辖市财政厅(局)和税务局应当在规定的幅度内,根据实际情况确定本地区适用的起征点,并报财政部和国家税务总局备案。

(三) 小规模纳税人免税规定

小规模纳税人的免税规定如下:

(1) 自 2023 年 1 月 1 日至 2027 年 12 月 31 日,对月销售额 10 万元以下(含本数)的增值税小规模纳税人,免征增值税。

（2）自2023年1月1日至2027年12月31日,增值税小规模纳税人适用3%征收率的应税销售收入,减按1%征收率征收增值税;适用3%预征率的预缴增值税项目,减按1%预征率预缴增值税。

（3）自2023年1月1日至2023年12月31日,增值税加计抵减政策按照以下规定执行:①允许生产性服务业纳税人按照当期可抵扣进项税额加计5%抵减应纳税额;②允许生活性服务业纳税人按照当期可抵扣进项税额加计10%抵减应纳税额。

任务实施

请同学们以小组为单位分析十里香酒业有限公司是一般纳税人还是小规模纳税人？其经营业务缴纳增值税时适用税率还是征收率？是否符合减免税规定？

任务评价

评价项目	掌握情况	完成情况	未掌握情况
任务指导			
任务实施			

任务拓展

寻找身边的企业,分析其属于一般纳税人还是小规模纳税人？其经营范围是什么？适用税率还是征收率？

任务二 增值税应纳税额的计算

任务背景

十里香酒业有限公司酒类产品批发价格,如表3-5所示。

表3-5　　酒类产品批发价格一览表

类别	商品名称	型号	单位	不含税单价(元)	备注
白酒	三十里香	53度	箱	3 000.00	每箱6瓶,每瓶500 ml
	二十里香	46度	箱	1 200.00	每箱6瓶,每瓶500 ml
	十里浓香	52度	箱	1 500.00	每箱6瓶,每瓶500 ml

(续表)

类别	商品名称	型号	单位	不含税单价(元)	备注
啤酒	逸品生啤	8 度	箱	150.00	每箱 12 瓶,每瓶 330 ml
其他酒	杨梅酒	12 度	箱	200.00	每箱 6 瓶,每瓶 500 ml
	桃花酒	12 度	箱	250.00	每箱 6 瓶,每瓶 500 ml

2022 年 8 月,该公司有关经营情况如下:

(1) 1 日,销售白酒一批,如表 3-6 所示。款项已通过银行转账收取,并通过税控系统向对方开具增值税专用发票一张,款项暂未收取。

表 3-6　　　　　　　　　　　　白酒销售信息

商品名称	型号	单位	数量	不含税单价(元)
三十里香	53 度	箱	60	3 000.00
二十里香	46 度	箱	80	1 200.00
十里浓香	52 度	箱	100	1 500.00

(2) 5 日,销售啤酒 1 000 箱,不含税单价 150 元/箱,通过税控系统开具增值税普通发票一张,款项暂未收取。

(3) 8 日,销售杨梅酒和桃花酒各 100 箱,如表 3-7 所示。因是老客户,公司给予其 5% 折扣销售,通过税控系统开具增值税专用发票一张,销售额和折扣额在同一张发票上分别注明,款项暂未收取。

表 3-7　　　　　　　　　　　　杨梅酒、桃花酒信息

商品名称	型号	单位	数量	不含税单价(元)
杨梅酒	12 度	箱	100	200.00
桃花酒	12 度	箱	100	250.00

(4) 16 日,将三十里香白酒 2 箱无偿提供给中国品酒协会。

(5) 18 日,从某农场购进农场自产的高粱、豌豆,用于生产白酒,已验收入库;开具增值税普通发票(左上角注明"收购")上注明的金额为 100 000 元。

(6) 20～25 日,公司发生购进业务 5 笔(购进货物适用增值税税率均为 13%),取得了增值税专用发票 5 张,不含税金额共计 200 000 元,税额 26 000 元。取得的增值税专用发票均已在增值税发票综合服务平台勾选抵扣。

(7) 28 日,公司因管理不善造成上月购进的一批原材料霉烂变质(其进项税已于当月抵扣),该批原材料实际成本 10 000 元。

 任务要求

1. 计算一般销售方式下的销售额和销项税额

2. 计算特殊销售方式下的销售额和销项税额

3. 换算含税销售额

4. 计算相关进项税额

5. 判断并处理不得抵扣的进项税额

6. 计算一般纳税人应纳增值税

7. 计算小规模纳税人应纳增值税

8. 计算进口货物增值税

9. 遵从税法规定

 任务指导

一、一般计税方法应纳税额的计算

我国对一般纳税人的计税采用了国际上通行的购进扣税法,即先按当期销售额和适用税率计算出销项税额,然后对当期购进项目已经缴纳的税款进行抵扣,从而间接计算出当期的应纳税额。因此,一般纳税人销售货物、劳务、服务、无形资产和不动产(以下简称应税销售行为)的计算公式为:

$$应纳税额＝当期销项税额－当期进项税额$$

当期销项税额小于当期进项税额不足抵扣时,其不足部分可以结转下期继续抵扣。

(一)销项税额

1. 销项税额的概念

销项税额是指纳税人发生应税销售行为,按照销售额和适用税率计算并向购买方收取的增值税额。其计算公式为:

$$销项税额＝销售额×适用税率$$

2. 销售额的确定

销售额的确定包括以下六个部分内容。

1)销售额的概念

销售额是指纳税人发生应税销售行为向购买方收取的全部价款和价外费用,但是不包括收取的销项税额。价外费用包括价外向购买方收取的手续费、补贴、基金、集资费、返还利润、奖励费、违约金、滞纳金、延期付款利息、赔偿金、代收款项、代垫款项、包装费、包装物租金、储备费、优质费、运输装卸费以及其他各种性质的价外收费。上述价外费用无论其会计制度如何核算,均应并入销售额。但是下列项目不包括在销售额内:

(1)委托加工应征消费税的消费品所代收代缴的消费税。

(2)符合条件代为收取的政府性基金或者行政事业性收费。

(3)销售货物的同时代办保险等而向购买方收取的保险费,以及向购买方收取的代购买方缴纳的车辆购置税和车辆牌照费。

(4)以委托方名义开具发票代委托方收取的款项。

2）含税销售额的换算

增值税实行价外税,计算销项税额时,销售额中不应含有增值税款。如果销售额中包含了增值税款,则应将含税销售额换算成不含税销售额。其计算公式为:

$$不含税销售额＝含税销售额÷（1＋增值税税率）$$

3）特殊销售方式下销售额的确定

特殊销售方式下销售额的确定包括以下 6 个方面:

（1）视同销售方式。对视同销售行为而无销售额或价格明显偏低或偏高且不具有合理商业目的的,税务机关有权按照下列顺序确定其销售额:①按纳税人最近时期同类货物、劳务、服务、无形资产或不动产的平均销售价格确定。②按其他纳税人最近时期同类货物、劳务、服务、无形资产或不动产的平均销售价格确定。③按组成计税价格确定。其计算公式如下:

$$组成计税价格＝成本×（1＋成本利润率）$$

公式中的成本分两种情况:一是销售自产货物的为实际生产成本;二是销售外购货物的为实际采购成本。公式中的成本利润率国家税务总局统一规定为 10%。

属于征收消费税的货物,其组成计税价格中应包含消费税额(详见消费税项目)。

【学以致用 3-1】 食尚食品厂为增值税一般纳税人,2022 年 8 月将自产的 400 件食品礼盒作为春节福利发放给职工。该食品礼盒没有市场销售价格,每件食品礼盒的成本为 220 元,成本利润率为 10%。那么,食尚食品厂该笔业务的计税销售额是多少?

【学以致用 3-1 解析】 食尚食品厂发放福利的行为属于视同销售行为,没有同类产品的市场销售价格,因此,应按组成计税价格确定销售额。

$$组成计税价格＝220×（1＋10\%）×400＝96\ 800（元）$$

（2）折扣方式。折扣方式包括以下三种:

第一,折扣销售。折扣销售是指销货方在销售货物时,因购货方购货数量较大等原因而给予购货方的价格优惠。纳税人采取折扣方式销售货物,如果销售额和折扣额在同一张发票上分别注明,可以按折扣后的销售额征收增值税;如果将折扣额另开发票,不论其在财务上如何处理,均不得从销售额中减除折扣额。

【学以致用 3-2】 红彤彤公司为增值税一般纳税人,2022 年 8 月,采取折扣方式销售货物一批,该批货物不含税销售额 80 000 元,折扣额 8 000 元,销售额和折扣额在同一张发票上分别注明。已知增值税税率 13%。该公司当月该笔业务增值税销项税额是多少?

【学以致用 3-2 解析】 本案例中,销售额和折扣额已在同一张发票上分别注明,可从销售额中减除折扣额。因此,

$$该笔业务的当期销项税额＝（80\ 000－8\ 000）×13\%＝9\ 360（元）$$

第二,销售折扣。销售折扣又称现金折扣,是指企业为了鼓励购货方在一定期限内早日付款而给予的价格扣除(如 10 天内付款,货款折扣 2%;20 天内付款,货款折扣 1%;30 天内付款,无折扣)。销售折扣发生在销货后,相当于融资性质的理财费用,因此,销售折扣不得

从销售额中减除。

第三,销售折让。销售折让是指企业因售出商品质量不符合要求等原因而在售价上给予的减让。纳税人销售货物并向购买方开具增值税专用发票后,发生销售折让时可按规定开具红字增值税发票冲减当期商品销售额和增值税销项税额。因此,对销售折让可以按折让后的货款作为销售额。

(3) 以旧换新。以旧换新是指纳税人在销售货物时,折价收回同类旧货物,并以折价款部分冲减新货物价款的销售方式。纳税人采取以旧换新方式销售货物的,应按新货物的同期销售价格确定销售额,不得扣减旧货物的收购价格。

但是,对金银首饰以旧换新业务,可以按销售方实际收取的不含增值税的全部价款征收增值税。

【学以致用 3-3】　凤凰首饰店是增值税一般纳税人。2022 年 8 月,采取以旧换新方式销售一批金项链。该批金项链含增值税售价为 135 600 元,换回的旧项链作价 122 040 元,该首饰店实际收取差价款 13 560 元。已知增值税税率为 13%。请核算该首饰店当月该笔业务的增值税销项税额。

【学以致用 3-3 解析】　金银首饰以旧换新业务可扣减旧货物的收购价格。因此,

$$该笔业务的当期销项税额 = (135\,600 - 122\,040) \div (1 + 13\%) \times 13\% = 1\,560(元)$$

(4) 还本销售。还本销售是指纳税人在销售货物后,到一定期限将货款一次或分次退还给购货方全部或部分价款的销售方式。这种方式实际上是一种筹资,是以货物换取资金的使用价值,到期还本不付息的方法。纳税人采取还本销售方式销售货物,其销售额是货物的销售价格,不得从销售额中减除还本支出。

(5) 以物易物。以物易物是指购销双方不是以货币结算,而是以同等价款的货物相互结算,实现货物购销的方式。以物易物双方都应作购销处理,以各自发出的货物核算销售额并计算销项税额;以各自收到的货物按规定核算购货额并计算进项税额。在以物易物活动中,双方应分别开具合法的票据,如收到的货物不能取得相应的增值税专用发票或其他合法票据的,不能抵扣进项税额。

(6) 包装物押金。一般情况下,销货方向购货方收取包装物押金,购货方在规定时间内返还包装物,销货方再将收取的包装物押金返还。纳税人为销售货物而出租、出借包装物收取的押金,单独记账核算的,时间在 1 年以内,又未过期的,不并入销售额征税;但对因逾期(收取 1 年及以上)未收回包装物不再退还的押金,应按所包装货物的适用税率征收增值税。包装物押金增值税征收规定,如表 3-8 所示。

表 3-8　　　　　　　　　　　　包装物押金增值税征收规定

押金类型	未逾期	逾期
一般货物的包装物押金	不缴纳	缴纳
酒类产品包装物押金(啤酒、黄酒除外)	缴纳	不缴纳

(续表)

押金类型	未逾期	逾期
啤酒、黄酒包装物押金	不缴纳	缴纳

【说明】

(1)"逾期"是指按合同约定实际逾期或以1年为期限,对收取1年以上(含1年)的押金,无论是否退还均并入销售额征税。

(2)包装物押金一般视为含税收入,在并入销售额征税时,需要先将押金换算为不含税收入,再计算应纳增值税款。

(3)包装物押金不同于包装物租金,包装物租金属于价外费用,在销售货物时随同货款一并计算增值税款。

(4)自1995年6月1日起,对销售啤酒、黄酒以外的其他酒类产品而收取的包装物押金,无论是否返还以及会计上如何核算,均应并入当期销售额征收增值税。

【学以致用3-4】 麦花啤酒公司为增值税一般纳税人,2022年8月,销售啤酒取得含税价款339万元,另收取包装物租金1.13万元,包装物押金4.52万元,已知增值税适用税率为13%。请计算该啤酒公司当月上述业务增值税销项税额。

【学以致用3-4解析】 包装物租金属于价外费用,需要计入销售额计算增值税;啤酒、黄酒的包装物押金在收取时不征收增值税,逾期时才计算缴纳增值税。

因此,

$$该笔业务的当期销项税额=(339+1.13)\div(1+13\%)\times13\%=39.13(万元)$$

4)销售服务、无形资产或者不动产销售额的规定

(1)贷款服务,以提供贷款服务取得的全部利息及利息性质的收入为销售额。

(2)直接收费金融服务,以提供直接收费金融服务收取的手续费、佣金、酬金、管理费、服务费、经手费、开户费、过户费、结算费和转托管费等各类费用为销售额。

(3)金融商品转让,按照卖出价扣除买入价后的余额作为销售额。金融商品转让,不得开具增值税专用发票。

(4)经纪代理服务,以取得的全部价款和价外费用,扣除向委托方收取并代为支付的政府性基金或者行政事业性收费后的余额为销售额。向委托方收取的政府性基金或者行政事业性收费,不得开具增值税专用发票。

(5)航空运输企业的销售额,不包括代收的民航发展基金(原机场建设费)和代售其他航空运输企业客票而代收转付的价款。

(6)试点纳税人中的一般纳税人提供客运场站服务,以其取得的全部价款和价外费用,扣除支付给承运方运费后的余额为销售额。

(7)试点纳税人提供旅游服务,可以选择以取得的全部价款和价外费用,扣除向旅游服务购买方收取并支付给其他单位或者个人的住宿费、餐饮费、交通费、签证费、门票费和支付给其他接团旅游企业的旅游费用后的余额为销售额。

5)销售额确定的特殊规定

纳税人发生应税销售行为,开具增值税专用发票后,发生开票有误或者销售折让、中止、退回等情形的,应当开具红字增值税专用发票;未按照规定开具红字增值税专用发票的,不得扣减销项税额或者销售额。

6) 外币销售额的折算

纳税人按外币结算销售额的,其销售额的人民币折合率可以选择销售额发生的当天或者当月 1 日的人民币外汇中间价。纳税人应事先确定采用何种折合率,确定后 1 年内不得变更。

(二) 进项税额

进项税额是指纳税人购进货物、劳务、服务、无形资产或者不动产,支付或者负担的增值税额。

1. 准予从销项税额中抵扣的进项税额

准予从销项税额中抵扣的进项税额包括:

(1) 从销售方取得的增值税专用发票(含税控机动车销售统一发票)上注明的增值税额。

(2) 从海关取得的海关进口增值税专用缴款书上注明的增值税额。

(3) 农产品进项税额的抵扣规定,如表 3-9 所示。

表 3-9　　　　　　　　　　　农产品进项税额的抵扣规定

抵扣凭证	票据来源	进项税额		
		用于生产销售或委托受托加工 13% 税率的货物	用于其他货物服务	既用于 13% 税率的货物又用于其他货物服务且未分开核算
增值税专用发票、海关进口增值税专用缴款书	一般纳税人	金额×10%	金额×9%	金额×9%
	小规模纳税人	金额×10%	金额×9%	金额×3%
农产品收购发票或销售发票	—	金额×10%	金额×9%	金额×9%

【学以致用 3-5】　食尚食品厂为增值税一般纳税人,2022 年 8 月,向农民收购一批小麦用于生产蛋糕,农产品的收购发票上注明收购价款为 1 000 000 元,则当月该食品厂可以抵扣的进项税额是多少?

【学以致用 3-5 解析】　纳税人购进用于生产销售或委托加工 13% 税率货物的农产品,按照 10% 的扣除率计算进项税额。蛋糕属于 13% 税率的货物,因此,

购进小麦可以抵扣的进项税额＝1 000 000×10%＝100 000(元)

(4) 纳税人购进国内旅客运输服务,相关进项税额的规定,如表 3-10 所示。

表 3-10　　　　　　　　　　国内旅客运输服务进项税额的确定

发票类型	进项税额	抵扣方式	纳税申报
增值税专用发票	发票上注明的税额	计算抵扣,无需认证或勾选认证	填写《增值税纳税申报表附列资料(二)》(本期进项税额明细)第 8b 栏"其他",并同时填写在第 10 栏(四)本期用于抵扣的旅客运输服务扣税凭证
增值税电子普通发票			
注明旅客身份信息的航空运输电子客票行程单	(票价＋燃油附加费)÷(1＋9%)×9%		
注明旅客身份信息的铁路车票	票面金额÷(1＋9%)×9%		
注明旅客身份信息的公路、水路等其他客票	票面金额÷(1＋3%)×3%		

(5) 通行费。通行费的发票主要有纸质发票和增值税电子普通发票两种。其抵扣规定,如表 3-11 所示。

表 3-11　　　　　　　　　　通行费抵扣规定

发票类型	抵扣方式	纳税申报
增值税电子普通发票	凭票抵扣(自 2019 年 1 月 1 日起)	需在增值税发票综合服务平台勾选确认
桥、闸通行费发票	进项税额＝桥、闸通行费发票上注明的金额÷(1＋5%)×5%	计算抵扣,无需勾选确认

2. 不得从销项税额中抵扣的进项税额

不得从销项税额中抵扣的进项税额包括:

(1) 用于简易计税方法计税项目、免税项目、集体福利或者个人消费的购进货物、劳务、服务、无形资产和不动产。

(2) 非正常损失的购进货物以及相关的劳务和交通运输服务。

(3) 非正常损失的在产品、产成品所耗用的购进货物(不包括固定资产)、劳务和交通运输服务。

(4) 非正常损失的不动产,以及该不动产所耗用的购进货物、设计服务和建筑服务。

(5) 非正常损失的不动产在建工程所耗用的购进货物、设计服务和建筑服务。纳税人新建、改建、扩建、修缮、装饰不动产,均属于不动产在建工程。

(6) 购进的贷款服务、餐饮服务、居民日常服务和娱乐服务。

非正常损失是指因管理不善造成货物被盗、丢失、霉烂变质,以及因违反法律法规造成货物或者不动产被依法没收、销毁、拆除的情形。

此外,适用一般计税方法的纳税人,兼营简易计税方法计税项目、免征增值税项目而无法划分不得抵扣的进项税额,按照下列公式计算不得抵扣的进项税额:

不得抵扣的进项税额＝当期无法划分的全部进项税额×(当期简易计税方法计税项目销售额＋免征增值税项目销售额)÷当期全部销售额

【学以致用3-6】　安康制药有限公司为增值税一般纳税人。2022年8月，购进一批免税药用植物，收购发票上注明的买价为82 000元，公司将该批药用植物部分用于生产免税药品，部分用于生产应税药品，免税药品取得的销售额为140 000元，应税药品取得的销售额为60 000元，无法划分不得抵扣的进项税额，那么公司该笔业务不得抵扣的进项税额是多少？

【学以致用3-6解析】　该公司购进的免税药用植物部分用于生产免税药品，部分用于生产应税药品，这属于兼用于增值税应税项目和免税项目。公司无法划分不得抵扣的进项税额，因此，

$$不得抵扣的进项税额＝82\ 000×9\%×140\ 000÷(140\ 000＋60\ 000)＝5\ 166(元)$$

二、简易计税方法应纳税额的计算

小规模纳税人发生应税行为时，应采用简易计税方法计税。一般纳税人发生特定应税行为，可以选择简易计税方法计税，一经选择，36个月内不得变更。

简易计税方法的销售额为不含增值税销售额，纳税人采用销售额和应纳税额合并定价方法的，按照下列公式计算销售额和应纳税额：

$$销售额＝含税销售额÷(1＋征收率)$$

$$应纳税额＝销售额×征收率$$

【学以致用3-7　计算题】　金算盘服务公司是济州市一家代理服务企业，为增值税小规模纳税人，经认定为小微企业（非个体工商户），其经营范围包括：①代理记账；②代理企业登记；③税务代理服务；④会计咨询服务；⑤企业管理咨询；⑥企业形象策划；⑦会展服务等。公司使用增值税发票管理系统开具增值税发票。税务机关核定该公司增值税纳税期限为一个季度。

2023年第一季度发生如下业务：

（1）1月15日，向某一般纳税人企业提供企业形象策划服务，开具的增值税专用发票上注明金额100 000元，税额3 000元。

（2）2月16～28日，向甲、乙、丙3家小规模纳税人企业分别提供代理记账服务，开具的3张增值税普通发票上注明金额230 000元。

（3）1月20日，购进2台笔记本电脑，支付价款15 000元，并取得增值税普通发票。

计算该公司第一季度应纳增值税。

【学以致用3-7解析】　根据规定，2023年小规模纳税人月销售额未超过10万元的（以1个季度为1个纳税期的，季度销售额未超过30万元的），免征增值税。

增值税小规模纳税人取得适用3%征收率的应税销售收入，可以选择放弃免税、开具增值税专用发票。如果纳税人选择放弃免税、对部分或者全部应税销售收入开具增值税专用发票的，应当开具征收率为3%的增值税专用发票，并按规定计算缴纳增值税。小规模纳税人提供应税服务，采用简易计税方法计税，销售额中含有增值税款的，应换算为不含税销售额计算应纳税额，购进货物支付的增值税款不允许抵扣。

因此,该公司:

(1) 1月15日,开具增值税专用发票,按规定计算缴纳增值税。

$$应纳增值税=100\ 000×3\%=3\ 000(元)$$

(2) 2月16～28日,向甲、乙、丙3家小规模纳税人企业分别提供代理记账服务,开具增值税普通发票,金额230 000元符合免税规定。

(3) 3月20日,购进2台笔记本电脑,支付价款15 000元,并取得增值税普通发票。小规模纳税人不能抵扣进项税。

综上所述,该公司第一季度应纳增值税3 000元。

三、进口货物应纳税额的计算

(一) 进口货物应纳税额的计算公式

纳税人进口货物,无论是一般纳税人还是小规模纳税人,均应按照组成计税价格和规定的税率计算应纳税额,不允许抵扣发生在境外的任何税金。其计算公式如下:

$$组成计税价格=关税完税价格+关税$$

$$应纳税额=组成计税价格×税率$$

如果进口应征消费税的应税消费品,其组成计税价格的计算公式见消费税项目。

(二) 关税完税价格的确定

一般贸易下,以海关审定的成交价格为基础的到岸价格作为进口货物的关税完税价格。成交价格是指一般贸易下进口货物的买方为购买该项货物向卖方实际支付或应当支付的价格。到岸价格包括货价及货物运抵我国关境内输入地点起卸前的包装费、运费、保险费和其他劳务费等费用的价格。

特殊贸易下,由于进口时没有"成交价格"可作依据,《中华人民共和国进出口关税条例》对这些进口货物制定了确定其完税价格的具体办法。

● 任务实施

根据任务背景,计算十里香酒业有限公司8月份应纳增值税额。

● 任务评价

评价项目	掌握情况	完成情况	未掌握情况
任务指导			
任务实施			

● 任务拓展

　　山东鑫发商贸有限公司(一般纳税人)2022 年 8 月发生以下业务,请计算本月应缴增值税,并填写纳税申报表。

　　(1) 8 月 1 日,采购商品,取得增值税专用发票,相关单据如图 3-2 至图 3-4 所示。

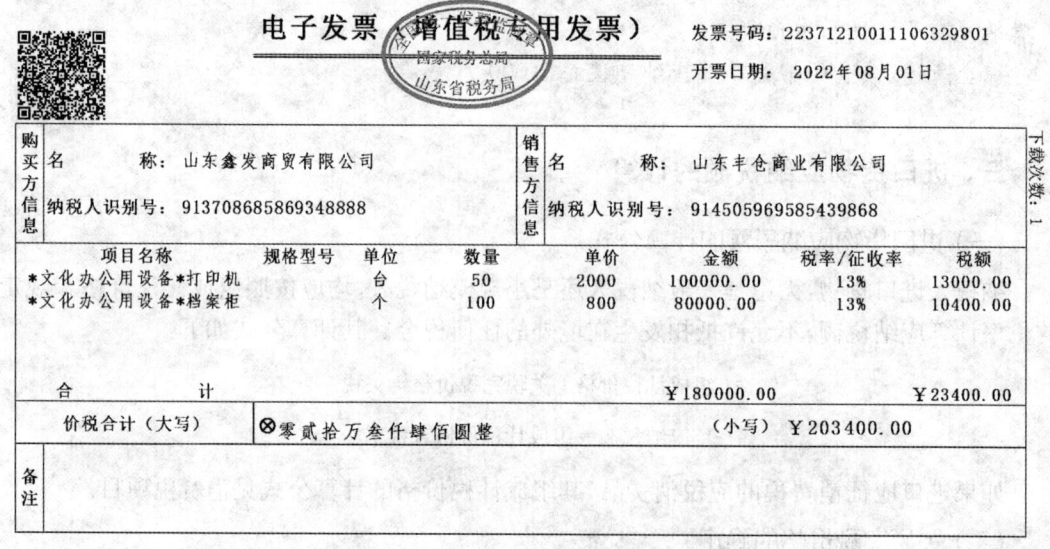

图 3-2　增值税专用发票

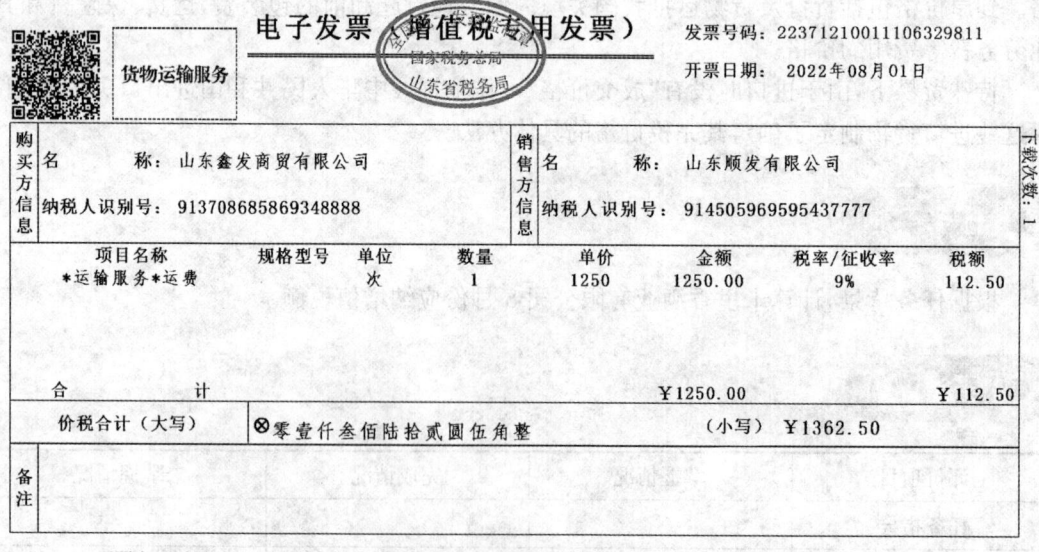

图 3-3　增值税专用发票

中国工商银行　网上银行电子回单

电子回单号码:03414532078

付款人	户名	山东鑫发商贸有限公司	收款人	户名	山东丰仓商业有限公司
	账号	60456634002866459		账号	60456634002823467
	开户银行	中国工商银行长城路支行		开户银行	中国工商银行任兴路支行
金　额		人民币（大写）：贰拾万叁仟肆佰圆整			¥203 400
摘　要			业务种类		
用　途		支付货款			
交易流水号		77894332652341	时间戳		2022-08-01
		备注：			中国工商银行长城路支行 银行回单专用章
		验证码：34512387			
记账网店		835	记账人员	321	记账日期 2022年8月1日

打印日期：2022年8月1日

图 3-4　网上银行电子回单

(2) 8 月 2 日，采购验收入库时发现货物短缺，如图 3-5 和图 3-6 所示。

商品入库单

凭证编号：20220802

供货单位：山东丰仓商业有限公司　2022 年 08 月 02 日　仓库编号：20120501

增值税 23400.00		发票号 06329801		验收日期 2022 年 08 月 02 日			存放地点 1号仓库		附件张数 1份	
材料编号	材料名称	规格	型号	单位	数量		计划单价		实际单价	
					凭证	实收	单价	总价	单价	总价
	打印机			台	50	50			2000.00	100000.00
	档案柜			个	100	97			800.00	77600.00
		备注								

第三联　财务科核算

财务科长 张平　仓库科长 张明　验收保管 李立　检验 王峰　采购经办 米兰

图 3-5　商品入库单

商品购进短缺溢余报告表

编制单位：山东鑫发商贸有限公司　　　　　　　　2022 年 08 月

品名	计量单位	应收数量	实收数量	短缺数量	溢余数量
档案柜	个	100	97	3	

供货单位	山东丰仓商业有限公司	供货单号	
短缺或溢余原因	短缺档案柜3个，其中1个系运输途中正常损耗，另外2个为超定额损耗 　　　　　　　　　　　　　　　　　　　　　　　　2022年8月2日		
处理意见	超定额损耗由本单位和保险公司各承担50%		

制表：　黎敏　　　　　　　　审核：　张平

图 3-6　商品购进短缺溢余报告单

（3）8月3日，质检部发现8月1日采购的打印机中，有8台质量不合格，经与供货商协商，同意退货，相关单据如图3-7至图3-9所示。

商品入库单

凭证编号：20220803
供货单位：山东丰仓商业有限公司　2022 年 08 月 03 日　　　　仓库编号：20120501

增值税 -2080.00	发票号 06329803	验收日期 2022 年 08 月 03 日		存放地点 1号仓库	附件张数 2份	
材料编号	材料名称	规格	型号	单位	数量		计划单价		实际单价	
					凭证	实收	单价	总价	单价	总价
	打印机			台	-8	-8				
		备注								

财务科长　张平　　　仓库科长 张明　　　验收保管 李立　　　检验 王峰　　　采购经办 米兰

（第三联　财务科核算）

图 3-7　商品入库单

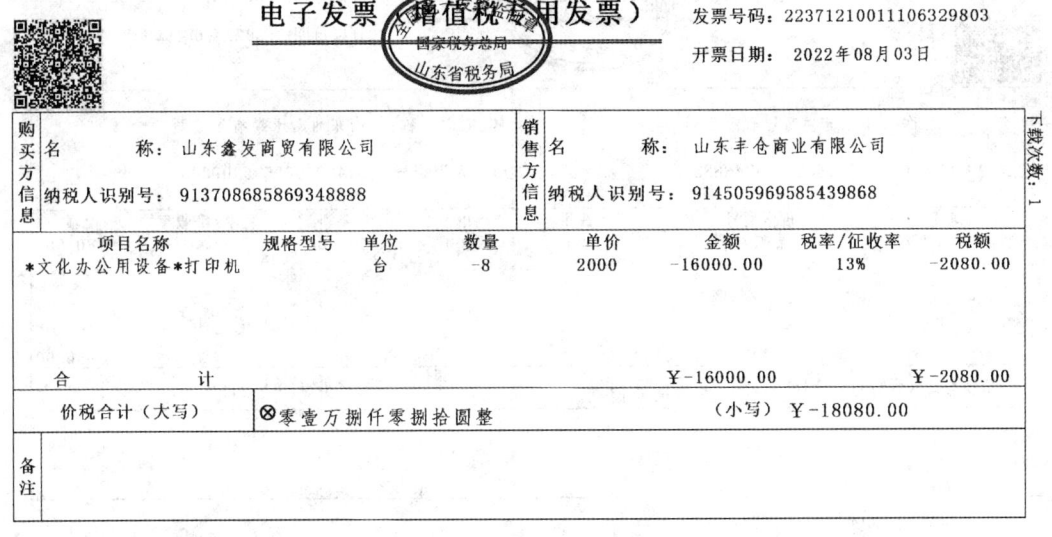

图 3-8 增值税专用发票

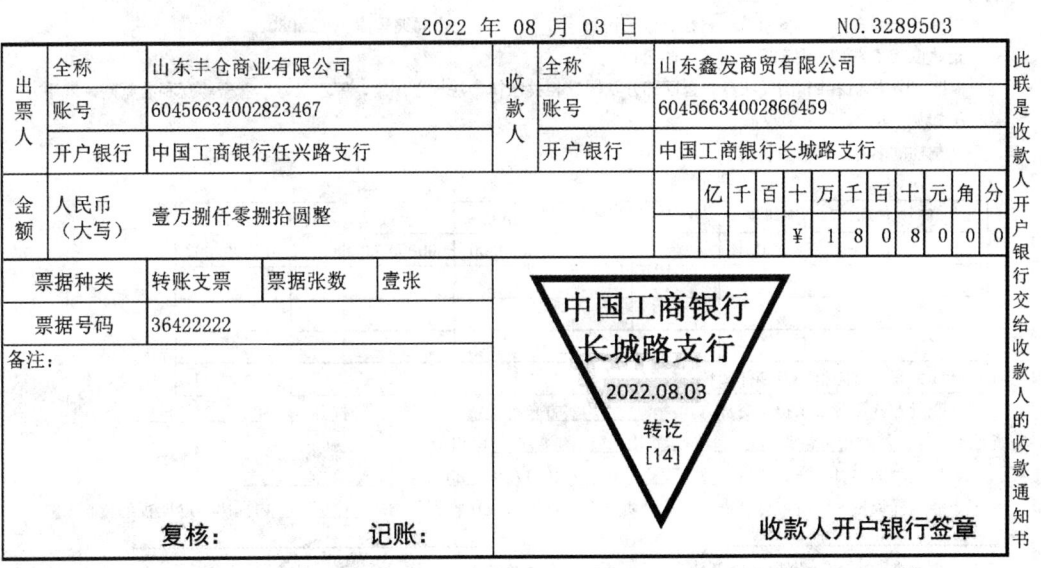

图 3-9 银行进账单

（4）8月4日，公司行政部门购买20箱莱阳梨用于发放福利，取得增值税专用发票，如图3-10所示。

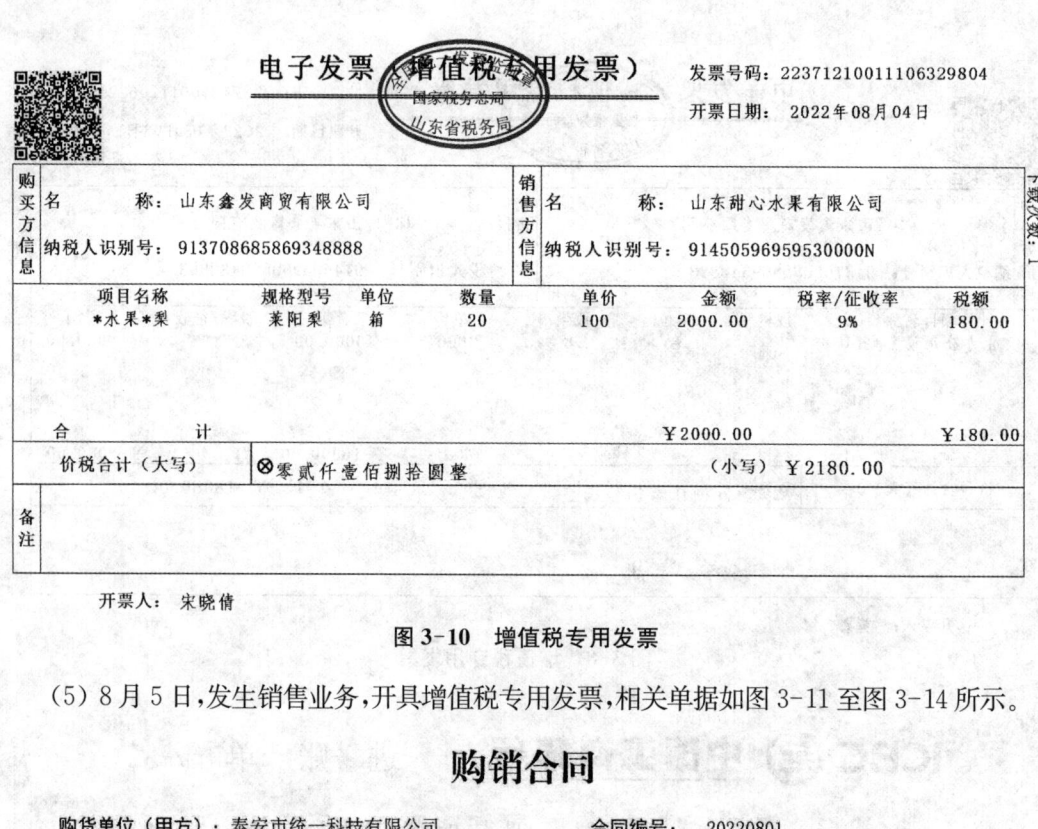

图 3-10 增值税专用发票

（5）8月5日，发生销售业务，开具增值税专用发票，相关单据如图3-11至图3-14所示。

购销合同

购货单位（甲方）： 泰安市统一科技有限公司　　　　　**合同编号：** 20220801
供货单位（乙方）： 山东鑫发商贸有限公司

　　根据《中华人民共和国民法典》合同部分及国家相关法律、法规之规定，甲乙双方本着平等互利的原则，就甲方购买乙方货物一事达成以下协议：

　　一、货物的名称、数量及价格

货物名称	规格型号	单位	数量	单价	金额	税率	价税合计
A产品	PC2	台	300	2000.00	600000.00	13%	678000.00
合计（大写）零陆拾柒万捌仟圆整							678000.00

　　二、交货方式和费用承担：交货方式：＿＿＿购买方自行提货＿＿＿，交货时间：＿2022年8月5日＿
交货地点：＿＿济州市济岱路34号＿＿，运费由＿＿＿购买方＿＿＿承担。

　　三、付款时间与付款方式：＿＿＿＿现金折扣：2/10，1/20，n/30＿＿＿＿

　　四、质量异议期：订货方对供货方的货物质量有异议时，应在收到货物后＿＿10天＿＿内提出，逾期视为货物质量合格。

　　五、未尽事宜经双方协商可补充协议，与本合同具有同等效力。

　　六、本合同自双方签字、盖章之日起生效；本合同一式贰份，甲乙双方各执一份。

甲方（签章）：　　　　　　　　　　　　　　乙方（签章）：
授权代表：温碧霞　　　　　　　　　　　　　授权代表：鹿一
地点：泰安市华晨路43号　　　　　　　　　　地点：济州市济岱路34号
电话：0538-3845281　　　　　　　　　　　　电话：0531-2234867
日期：＿2022＿年＿08＿月＿05＿日　　　　　日期：＿2022＿年＿08＿月＿05＿日

图 3-11 购销合同

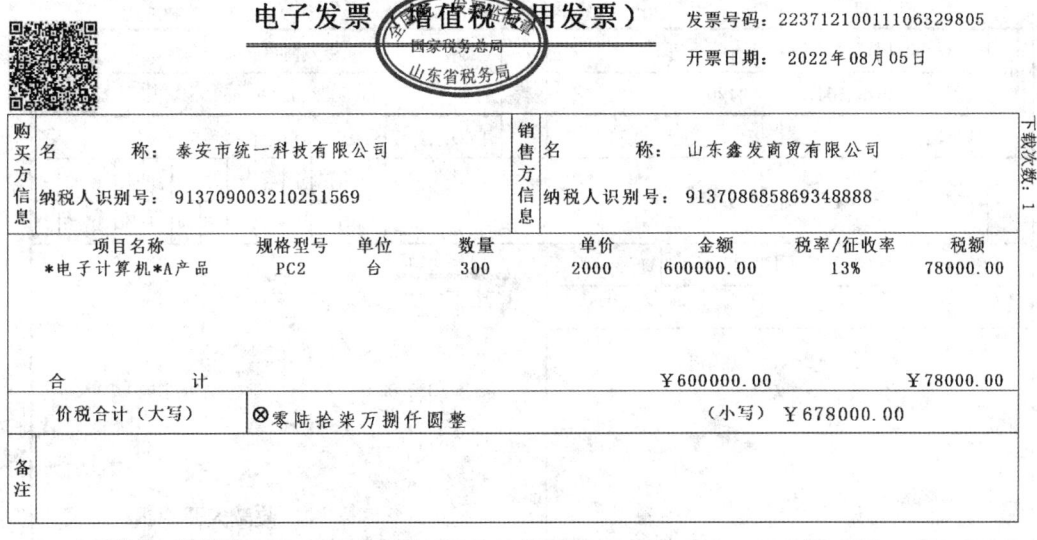

图 3-12　增值税专用发票

商品出库单

编号：NO.20220805

客户名称：泰安市统一科技有限公司　　　　2022 年 08 月 05 日

商品名称	规格	单位	数量	单位成本	实际☑ 计划☐	金额									
						亿	千	百	十	万	千	百	十	元	角	分
A产品		台	300	2000				6	0	0	0	0	0	0	0
合计							¥	6	0	0	0	0	0	0	0

合计人民币（大写）零陆拾万圆整

用途或原因	销　售

生产车间：张云　　　发货人：梁强　　收货人：韩思　　　制单人：梁强

图 3-13　商品出库单

ICBC 🏦 中国工商银行　进 账 单（回单）

2022 年 08 月 05 日　　　　　　　NO.3289532

出票人	全称	泰安市统一科技有限公司	收款人	全称	山东鑫发商贸有限公司	此联是收款人开户银行交给收款人的收款通知书
	账号	6232564100326541201		账号	60456634002866459	
	开户银行	中国农业银行华晨路支行		开户银行	中国工商银行长城路支行	

金额	人民币（大写）	陆拾陆万肆仟肆佰肆拾圆整	亿	千	百	十	万	千	百	十	元	角	分
						¥	6	6	4	4	4	0	0	0

票据种类	转账支票	票据张数	壹张
票据号码	36411111		

备注：

中国工商银行
长城路支行
2022.08.05
转讫
[15]

复核：　　　记账：　　　　　　　　收款人开户银行签章

图 3-14　银行进账单

（6）8 月 8 日，报销差旅费，相关单据如图 3-15 至图 3-19 所示。

差旅费报销单

部门：销售部　　　报销日期：　2022 年 08 月 08 日　　　编号：20220808

出差人		李华			出差事由		公事			项目名称	产品发布会
出发			到达		交通工具	交通费		出差补助		其他费用	
月	日	地点	月	日	地点		单据张数	金额	天数	补助标准	金额	住宿费用	合计

月	日	地点	月	日	地点	交通工具	单据张数	金额	天数	补助标准	金额	住宿费用	合计
8	4	山东省济州市	8	4	山东省烟台市	动车	1	250.00	5	200元/天	1000.00	1500.00	2750.00
8	8	山东省烟台市	8	8	山东省济州市	飞机	1	1246.00					1246.00
合计													¥3996.00

报销总额	人民币（大写）叁仟玖佰玖拾陆圆整	预借金额 ¥5000.00
		退 √/补　金额 ¥1004.00

附单据张数合计（对应上方的项目）	3张

领导批示 杨丽　　部门主管 王立　　财务主管 张平　　会计 黎敏　　出纳 李晴　　退款人 李华

图 3-15　差旅费报销单

图 3-16　火车票

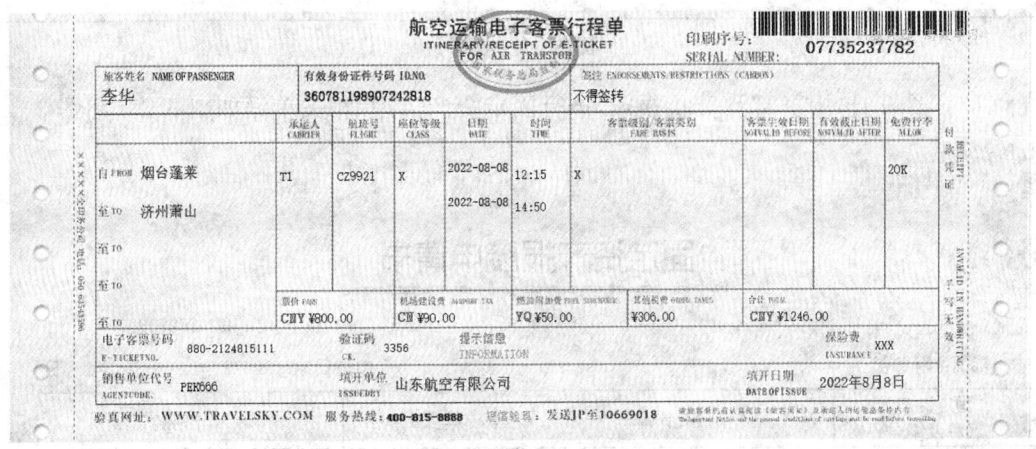

图 3-17　航空运输电子客票行程单

图 3-18　增值税专用发票

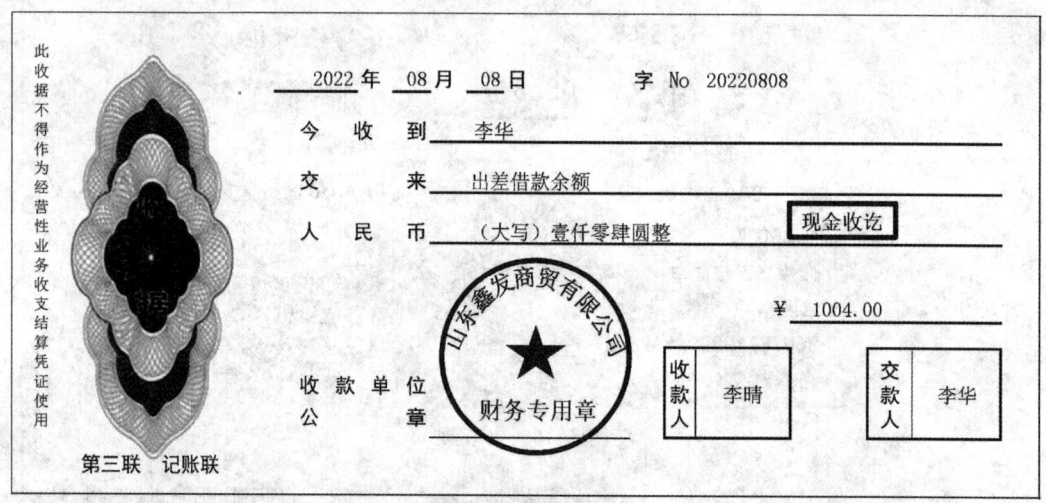

此收据不得作为经营性业务收支结算凭证使用

2022 年 08 月 08 日　　　字 No 20220808

今　收　到　李华

交　来　出差借款余额

人　民　币　（大写）壹仟零肆圆整　　　现金收讫

　　　　　　　　　　　　　　　　　　　　¥ 1004.00

收款单位公章　（山东鑫发商贸有限公司 财务专用章）

收款人 李晴　　交款人 李华

第三联　记账联

图 3-19　收据

（7）8 月 9 日，财务部计算机损毁，进行固定资产清理，相关单据如图 3-20 和图 3-21 所示。

固定资产报废申请书

NO：20220809

申报部门：财务部　　　　　　　　　　　申请日期：2022 年 08 月 09 日

固定资产名称及编号	J105计算机	购置时间	2020年7月3日
数量/单位	1台	使用部门	财务部
原值	4800	净值	
已提折旧	480	净残值	480
报废原因		损毁	
资产管理部门意见	同意　张小平　2022年8月9日	公司意见	同意（山东鑫发商贸有限公司 3708567891234）2022年8月9日

第二联 交财务部门

图 3-20　固定资产报废申请书

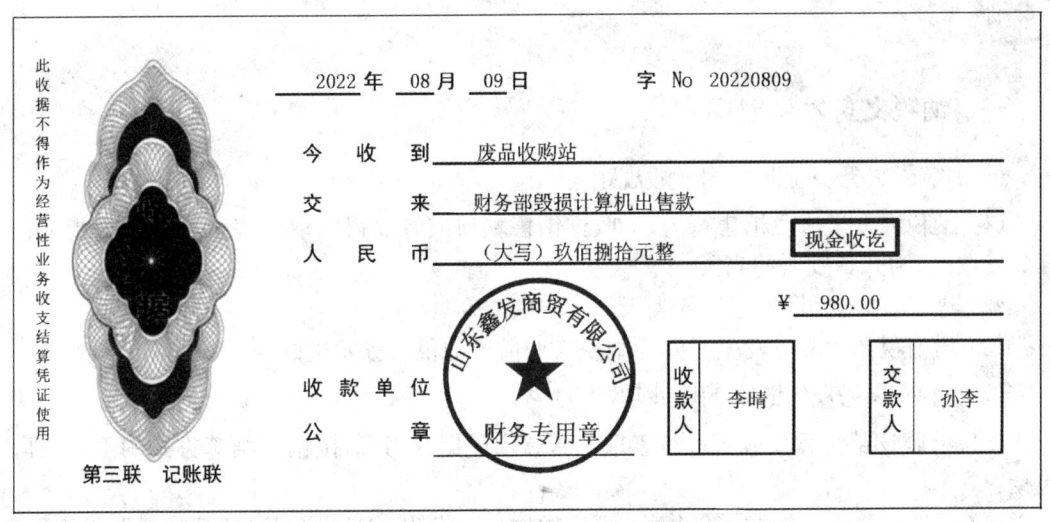

图 3-21　收据

任务三｜增值税税收征管

任务背景

十里香酒业有限公司 2022 年 8 月的应纳增值税为 46 517.50 元。9 月初应进行 8 月份增值税的纳税申报。十里香酒业有限公司需要填制增值税一般纳税人纳税申报表并进行纳税申报。

任务要求

1. 确定纳税义务发生的时间
2. 准确界定纳税期限
3. 依法确定纳税地点
4. 正确填制增值税纳税申报表

● **任务指导**

一、纳税义务发生时间

（一）纳税义务发生时间的一般规定

（1）纳税人发生应税销售行为，为收讫销售款项或者取得索取销售款项凭据的当天；先开具发票的，为开具发票的当天。

（2）进口货物，为报关进口的当天。

（3）增值税扣缴义务发生时间为纳税人增值税纳税义务发生的当天。

（二）纳税义务发生时间的具体规定

纳税人收讫销售款项或者取得索取销售款项凭据的当天，按销售结算方式的不同，具体包括：

（1）采取直接收款方式销售货物，不论货物是否发出，均为收到销售款或者取得索取销售款凭据的当天。

纳税人生产经营活动中采取直接收款方式销售货物，已将货物移送对方并暂估销售收入入账，但既未取得销售款或取得索取销售款凭据，也未开具销售发票的，其增值税纳税义务发生时间为取得销售款或取得索取销售款凭据的当天；先开具发票的，为开具发票的当天。

（2）采取托收承付和委托银行收款方式销售货物，为发出货物并办妥托收手续的当天。

（3）采取赊销和分期收款方式销售货物，为书面合同约定的收款日期的当天；无书面合同的或者书面合同没有约定收款日期的，为货物发出的当天。

（4）采取预收货款方式销售货物，为货物发出的当天；生产销售生产工期超过 12 个月的大型机械设备、船舶和飞机等货物，为收到预收款或者书面合同约定的收款日期的当天。

（5）委托其他纳税人代销货物，为收到代销单位的代销清单或者收到全部或者部分货款的当天；未收到代销清单及货款的，为发出代销货物满 180 天的当天。

（6）销售应税劳务，为提供劳务同时收讫销售款或者取得索取销售款的凭据的当天。

（7）纳税人销售服务、无形资产、不动产，为发生应税行为并收讫销售款项或者取得索取销售款项凭据的当天；先开具发票的，为开具发票的当天。

（8）纳税人提供建筑服务、租赁服务采取预收款方式的，为收到预收款的当天。

（9）纳税人从事金融商品转让的，为金融商品所有权转移的当天。

（10）纳税人发生视同销售行为，为货物移送、服务及无形资产转让完成的当天或者不动产权属变更的当天。

二、纳税期限

增值税的纳税期限分别为 1 日、3 日、5 日、10 日、15 日、1 个月或者 1 个季度。纳税人的具体纳税期限,由主管税务机关根据纳税人应纳税额的大小分别核定;不能按照固定期限纳税的,可以按次纳税。

以1个季度为纳税期限的规定,适用于小规模纳税人、银行、财务公司、信托投资公司、信用社,以及财政部和国家税务总局规定的其他纳税人。

以1个月或者1个季度为一个纳税期的纳税人,自期满之日起15日内申报纳税;以1日、3日、5日、10日或15日为一个纳税期的纳税人,自期满之日起5日内预缴税款,次月1~15日申报并结清上月应纳税款。

纳税人进口货物,应当自海关填发海关进口增值税专用缴款书之日起15日内缴纳税款。

纳税期限遇最后一天是法定休假日的,以休假日满的次日为期限的最后一日;在期限内有连续3日以上法定休假日的,按休假日天数顺延。

三、纳税地点

(一) 固定业户

(1) 固定业户应当向其机构所在地的主管税务机关申报纳税。总机构和分支机构不在同一县(市)的,应当分别向各自所在地的主管税务机关申报纳税;经国务院财政、税务主管部门或者其授权的财政、税务机关批准,可以由总机构汇总向总机构所在地的主管税务机关申报纳税。

(2) 固定业户到外县(市)销售货物或者劳务,应当向其机构所在地的主管税务机关报告外出经营事项,并向其机构所在地的主管税务机关申报纳税;未报告的,应当向销售地或者劳务发生地的主管税务机关申报纳税;未向销售地或者劳务发生地的主管税务机关申报纳税的,由其机构所在地的主管税务机关补征税款。

(二) 非固定业户

非固定业户销售货物或者劳务,应当向销售地或者劳务发生地的主管税务机关申报纳税;未向销售地或者劳务发生地的主管税务机关申报纳税的,由其机构所在地或者居住地的主管税务机关补征税款。

(三) 进口货物

进口货物,应当向报关地海关申报纳税。

(四) 其他

其他个人提供建筑服务、销售或者租赁不动产、转让自然资源使用权,应向建筑服务发生地、不动产所在地和自然资源所在地主管税务机关申报纳税。

四、纳税申报

纳税人申报增值税时,应一并申报附征的城市维护建设税、教育费附加和地方教育附加等附加税费。

增值税纳税申报表包括《增值税及附加税费申报表(一般纳税人适用)》《增值税及附加税费申报表(小规模纳税人适用)》《增值税及附加税费预缴表》及其附列资料。

(一)一般纳税人纳税申报

1. 申报资料

一般纳税人纳税申报资料包括：①增值税及附加税费申报表(一般纳税人适用)(必报)。②增值税及附加税费申报表附列资料(一)(本期销售情况明细)(必报)。③增值税及附加税费申报表附列资料(二)(本期进项税额明细)(必报)。④增值税及附加税费申报表附列资料(三)(服务、不动产和无形资产扣除项目明细)(选报)。⑤增值税及附加税费附列资料(四)(税额抵减情况表)(必报)。⑥增值税及附加税费申报表附列资料(五)(附加税费情况表)(必报)。⑦增值税减免税申报明细表(选报)。

2. 操作流程

(1) 登录"增值税发票开票软件(金税盘版、税控盘版或税务 UKey 版)"获取开票数据。这些开票数据就是我们常说的销项税额，这些汇总或统计的数据资料是填写增值税申报表附表(一)的主要来源。每月月初，登录增值税发票开票软件，点击"汇总处理"(金税盘版)或"数据管理"(税务 UKey 版)，系统自动上报汇总(金税盘版)。选择发票类型(增值税专用发票、增值税电子普通发票)，选择期间，点击"查询"(税务 UKey 版)。

查看增值税专用发票或增值税电子普通发票的实际销售金额和实际销售税额的合计数，打印出来作为销项税额汇总表附在会计凭证后并进行备案。

(2) 登录"增值税发票综合服务平台"获取抵扣数据。这些汇总或统计的数据资料是填写增值税申报表附表(二)的主要来源。

登录"增值税发票综合服务平台"，点击"抵扣勾选"—"发票抵扣勾选"；设置查询条件，"开票日期"为必选项；在选中的发票行次前框中勾选"√"后，点击"提交"；对勾选的信息进行审核，无误后点击"确定"，按照系统提示再次点击"确定"完成提交；点击"抵扣勾选"—"抵扣勾选统计"—"申请统计"—"统计查询"生成发票统计表；点击"确认签名"后，点击"确定"，系统弹出"输入证书密码"弹框，输入证书密码后点击"确定"，"确认签名"完成后申报增值税。

(3) 填报一般纳税人增值税及附加税费申报表。登录电子税务局，点击"我要办税"—"税费申报及缴纳"—"增值税及附加税费申报"—"增值税及附加税费一般纳税人申报"进入申报界面。根据左侧功能菜单，填写增值税及附加税费一般纳税人申报及附列资料。增值税纳税申报表填写具体如下：

第一，增值税及附加税费申报表附列资料(二)。点击"我要办税"—"税费申报及缴纳"，左侧功能菜单—"增值税及附加税费申报"—"增值税及附加税费一般纳税人申报"—"增值税及附加税费申报表附列资料(二)"填写报表。

第二，增值税及附加税费申报表附列资料(三)。点击"我要办税"—"税费申报及缴纳"，左侧功能菜单—"增值税及附加税费申报"—"增值税及附加税费一般纳税人申报"—"增值税及附加税费申报表附列资料(三)"。本表由服务、不动产和无形资产有扣除项目的营业税改征增值税纳税人填写。其他纳税人不填写。本表不允许所有数据项全为0保存。

第三，增值税及附加税费申报表附列资料(一)。点击"我要办税"—"税费申报及缴纳"，左侧功能菜单—"增值税及附加税费申报"—"增值税及附加税费一般纳税人申报"—"增值税及附加税费申报表附列资料(一)",纳税人可点击"自动获取发票数据"按钮,系统自动获取销项发票数据,并按照适用税率预填到相关栏次,由纳税人确认。

第四,增值税及附加税费申报表附列资料(四)。点击"我要办税"—"税费申报及缴纳",左侧功能菜单—"增值税及附加税费申报"—"增值税及附加税费一般纳税人申报"—"增值税及附加税费申报表附列资料(四)"。

第五,增值税及附加税费申报表(一般纳税人适用)。点击"我要办税"—"税费申报及缴纳",左侧功能菜单—"增值税及附加税费申报"—"增值税及附加税费一般纳税人申报"—"增值税及附加税费申报表(一般纳税人适用)"。

第六,增值税及附加税费申报表附列资料(五)。点击"我要办税"—"税费申报及缴纳",左侧功能菜单—"增值税及附加税费申报"—"增值税及附加税费一般纳税人申报"—"增值税及附加税费申报表附列资料(五)"。

第七,增值税减免税申报明细表。点击"我要办税"—"税费申报及缴纳",左侧功能菜单—"增值税及附加税费申报"—"增值税及附加税费一般纳税人申报"—"增值税减免税申报明细表"。需要说明的是,减免税性质代码及名称为下拉列表,点击此项目名称下面的单元格,选择所需减税性质代码及名称。

第八,增值税确认申报。以上报表填写并保存成功后,点击"确认申报",系统自动审核数据,通过审核校验的,系统自动将申报数据执行写入金三核心征管系统操作,注意查询申报状态及税款划转情况。未通过审核校验的,提示未通过原因,用户根据提示信息调整,然后再次点击确认申报按钮,提交申报数据。用户可在首页申报状态栏查看最终结果。增值税附加税确认申报后,可查看增值税附加税申报。

第九,增值税留抵退税。在增值税申报时,系统自动获取相关数据,并判断是否符合留抵退税条件,如符合条件且纳税人确认后,可自动跳转到退税申请页面。对于符合退税条件的企业,系统提示并引导其办理留抵退税。

增值税一般纳税人纳税申报表,如表3-12~表3-17所示。

表 3-12

增值税及附加税费申报表

（一般纳税人适用）

根据国家税收法律法规及增值税相关规定定制本表。纳税人不论有无销售额，均应按规定的纳税期限填写本表，并向当地税务机关申报。

税款所属时间：自　　年　　月　　日至　　年　　月　　日　　填表日期：　　年　　月　　日

纳税人识别号（统一社会信用代码）：□□□□□□□□□□□□□□□□□□□□

纳税人名称：				登记注册类型		注册地址		生产经营地址			
开户银行及账号：				法定代表人姓名				电话号码		金额单位：元（列至角分） 所属行业：	

	项　目	栏次	一般项目		即征即退项目	
			本月数	本年累计	本月数	本年累计
销售额	（一）按适用税率计税销售额	1				
	其中：应税货物销售额	2				
	应税劳务销售额	3				
	纳税检查调整的销售额	4				
	（二）按简易办法计税销售额	5				
	其中：纳税检查调整的销售额	6				
	（三）免、抵、退办法出口销售额	7		—	—	—
	（四）免税销售额	8		—	—	—
	其中：免税货物销售额	9		—	—	—
	免税劳务销售额	10		—	—	—
税款计算	销项税额	11				
	进项税额	12				
	上期留抵税额	13			—	—
	进项税额转出	14				
	免、抵、退应退税额	15		—	—	—

（续表）

项目		栏次	一般项目		即征即退项目	
			本月数	本年累计	本月数	本年累计
税款计算	按适用税率计算的纳税检查应补缴税额	16			—	—
	应抵扣税额合计	17＝12＋13－14－15＋16		—		
	实际抵扣税额	18（如17＜11，则为17，否则为11）				—
	应纳税额	19＝11－18				
	期末留抵税额	20＝17－18				
	简易计税办法计算的应纳税额	21				
	按简易计税办法计算的纳税检查应补缴税额	22				—
	应纳税额减征额	23				
	应纳税额合计	24＝19＋21－23				
税款缴纳	期初未缴税额（多缴为负数）	25				—
	实收出口开具专用缴款书退税额	26			—	
	本期已缴税额	27＝28＋29＋30＋31				
	1）分次预缴税额	28		—	—	
	2）出口开具专用缴款书预缴税额	29		—	—	
	3）本期缴纳上期应纳税额	30				
	4）本期缴纳欠缴税额	31				
	期末未缴税额（多缴为负数）	32＝24＋25＋26－27		—		—
	其中：欠缴税额（≥0）	33＝25＋26－27		—		—
	本期应补（退）税额	34＝24－28－29				

（续表）

项 目		栏次	一般项目		即征即退项目	
			本月数	本年累计	本月数	本年累计
税款缴纳	即征即退实际退税额	35			—	—
	期初未缴查补税额	36	—	—	—	—
	本期入库查补税额	37	—	—	—	—
	期末未缴查补税额	38＝16＋22＋36－37		—		—
附加税费	城市维护建设税本期应补（退）税额	39			—	—
	教育费附加本期应补（退）费额	40			—	—
	地方教育附加本期应补（退）费额	41			—	—

声明：此表是根据国家税收法律法规及相关规定填写的，本人（单位）对填报内容（及附带资料）的真实性、可靠性、完整性负责。

纳税人（签章）：　　　年　　月　　日

受理人：
受理税务机关（章）：
受理日期：　　年　　月　　日

经办人：
经办人身份证号：
代理机构签章：
代理机构统一社会信用代码：

表3-13

增值税及附加税费申报表附列资料（一）
（本期销售情况明细）

纳税人名称：（公章）

税款所属时间： 年 月 日至 年 月 日

金额单位：元（列至角分）

项目及栏次		开具增值税专用发票		开具其他发票		未开具发票		纳税检查调整		合计			服务、不动产和无形资产扣除项目本期实际扣除金额	扣除后	
		销售额	销项（应纳）税额	销售额	销项（应纳）税额	销售额	销项（应纳）税额	销售额	销项（应纳）税额	销售额	销项（应纳）税额	价税合计		含税（免税）销售额	销项（应纳）税额
		1	2	3	4	5	6	7	8	$9=1+3+5+7$	$10=2+4+6+8$	$11=9+10$	12	$13=11-12$	$14=13\div(100\%+税率或征收率)\times税率或征收率$
一、一般计税方法计税	全部征税项目	13%税率的货物及加工修理修配劳务	1													
		13%税率的服务、不动产和无形资产	2													
		9%税率的货物及加工修理修配劳务	3													
		9%税率的服务、不动产和无形资产	4													
		6%税率	5													
	其中：即征即退项目	即征即退货物及加工修理修配劳务	6	—	—	—	—	—	—	—	—	—	—	—	—	—	—
		即征即退服务、不动产和无形资产	7	—	—	—	—	—	—	—	—	—	—	—	—	—	—

（续表）

项目及栏次		开具增值税专用发票		开具其他发票		未开具发票		纳税检查调整		合计			服务、不动产和无形资产扣除项目本期实际扣除金额	扣除后	
		销售额	销项（应纳）税额	销售额	销项（应纳）税额	销售额	销项（应纳）税额	销售额	销项（应纳）税额	销售额	销项（应纳）税额	价税合计		含税（免税）销售额	销项（应纳）税额
		1	2	3	4	5	6	7	8	9=1+3+5+7	10=2+4+6+8	11=9+10	12	13=11−12	$14 = 13 \div (100\% + 税率或征收率) \times 税率或征收率$
二、简易计税方法计税 全部征税项目	6%征收率	8														
	5%征收率的货物及加工修理修配劳务	9a							—				—	—	—
	5%征收率的服务、不动产和无形资产	9b							—				—	—	—
	4%征收率	10							—				—	—	—
	3%征收率的货物及加工修理修配劳务	11							—				—	—	—
	3%征收率的服务、不动产和无形资产	12							—				—	—	—
	预征率　%	13a							—				—	—	—
	预征率　%	13b							—				—	—	—
	预征率　%	13c							—				—	—	—

（续表）

项目及栏次		开具增值税专用发票 销售额	销项（应纳）税额	开具其他发票 销售额	销项（应纳）税额	未开具发票 销售额	销项（应纳）税额	纳税检查调整 销售额	销项（应纳）税额	合计 销售额	销项（应纳）税额	价税合计	服务、不动产和无形资产扣除项目本期实际扣除金额	扣除后 含税（免税）销售额	销项（应纳）税额
	栏次	1	2	3	4	5	6	7	8	9	10	11	12	13	14
二、简易计税方法计税 其中:即征即退项目	即征即退货物及加工修理修配劳务 14	—	—	—	—	—	—	—	—	9＝1＋3＋5＋7	10＝2＋4＋6＋8	11＝9＋10	12	13＝11－12	14＝13÷（100%＋征收率或税率）×征收率或税率
	即征即退服务、不动产和无形资产 15	—	—	—	—	—	—	—	—	—	—	—	—	—	—
三、免抵退税	货物及加工修理修配劳务 16	—	—	—	—	—	—	—	—	—	—	—	—	—	—
	服务、不动产和无形资产 17	—	—	—	—	—	—	—	—	—	—	—	—	—	—
四、免税	货物及加工修理修配劳务 18	—	—	—	—	—	—	—	—	—	—	—	—	—	—
	服务、不动产和无形资产 19	—	—	—	—	—	—	—	—	—	—	—	—	—	—

表 3-14 　　　　　　　增值税及附加税费申报表附列资料(二)

(本期进项税额明细)

税款所属时间：　　　年　月　日至　年　月　日

纳税人名称：(公章)　　　　　　　　　　　　　　　　　　　　　　　　金额单位：元(列至角分)

一、申报抵扣的进项税额				
项　目	栏次	份数	金额	税额
(一)认证相符的增值税专用发票	1＝2＋3			
其中：本期认证相符且本期申报抵扣	2			
前期认证相符且本期申报抵扣	3			
(二)其他扣税凭证	4＝5＋6＋7＋8a＋8b			
其中：海关进口增值税专用缴款书	5			
农产品收购发票或者销售发票	6			
代扣代缴税收缴款凭证	7	—		
加计扣除农产品进项税额	8a	—	—	
其他	8b			
(三)本期用于购建不动产的扣税凭证	9			
(四)本期用于抵扣的旅客运输服务扣税凭证	10			
(五)外贸企业进项税额抵扣证明	11	—	—	
当期申报抵扣进项税额合计	12＝1＋4＋11			
二、进项税额转出额				
项　目	栏次	税额		
本期进项税额转出额	13＝14至23之和			
其中：免税项目用	14			
集体福利、个人消费	15			
非正常损失	16			
简易计税方法征税项目用	17			
免抵退税办法不得抵扣的进项税额	18			
纳税检查调减进项税额	19			
红字专用发票信息表注明的进项税额	20			
上期留抵税额抵减欠税	21			
上期留抵税额退税	22			
异常凭证转出进项税额	23a			
其他应作进项税额转出的情形	23b			

(续表)

三、待抵扣进项税额				
项 目	栏次	份数	金额	税额
(一)认证相符的增值税专用发票	24	—	—	—
期初已认证相符但未申报抵扣	25			
本期认证相符且本期未申报抵扣	26			
期末已认证相符但未申报抵扣	27			
其中:按照税法规定不允许抵扣	28			
(二)其他扣税凭证	29=30至33之和			
其中:海关进口增值税专用缴款书	30			
农产品收购发票或者销售发票	31			
代扣代缴税收缴款凭证	32		—	
其他	33			
	34			
四、其他				
项 目	栏次	份数	金额	税额
本期认证相符的增值税专用发票	35			
代扣代缴税额	36	—		

表 3-15　　　　**增值税及附加税费申报表附列资料(三)**

(服务、不动产和无形资产扣除项目明细)

税款所属时间:　年　月　日至　年　月　日

纳税人名称:(公章)　　　　　　　　　　　　　　　　　　　　金额单位:元(列至角分)

项目及栏次		本期服务、不动产和无形资产价税合计额(免税销售额)	服务、不动产和无形资产扣除项目				
			期初余额	本期发生额	本期应扣除金额	本期实际扣除金额	期末余额
		1	2	3	4=2+3	5(5≤1且5≤4)	6=4-5
13%税率的项目	1						
9%税率的项目	2						
6%税率的项目(不含金融商品转让)	3						
6%税率的金融商品转让项目	4						

(续表)

项目及栏次		本期服务、不动产和无形资产价税合计额（免税销售额）	服务、不动产和无形资产扣除项目				
			期初余额	本期发生额	本期应扣除金额	本期实际扣除金额	期末余额
		1	2	3	4=2+3	5(5≤1且 5≤4)	6=4-5
5%征收率的项目	5						
3%征收率的项目	6						
免抵退税的项目	7						
免税的项目	8						

表 3-16 　　　　增值税及附加税费申报表附列资料(四)
（税额抵减情况表）

税款所属时间：　　年　　月　　日至　　年　　月　　日

纳税人名称：(公章)　　　　　　　　　　　　　　　　　金额单位：元(列至角分)

一、税额抵减情况						
序号	抵减项目	期初余额	本期发生额	本期应抵减税额	本期实际抵减税额	期末余额
		1	2	3=1+2	4≤3	5=3-4
1	增值税税控系统专用设备费及技术维护费					
2	分支机构预征缴纳税款					
3	建筑服务预征缴纳税款					
4	销售不动产预征缴纳税款					
5	出租不动产预征缴纳税款					

二、加计抵减情况						
序号	加计抵减项目	期初余额	本期发生额	本期调减额	本期可抵减额	本期实际抵减额	期末余额
		1	2	3	4=1+2-3	5	6=4-5
6	一般项目加计抵减额计算						
7	即征即退项目加计抵减额计算						
8	合计						

表 3-17

增值税及附加税费申报表附列资料(五)

(附加税费情况表)

税(费)款所属时间: 　年　月　日至　年　月　日

纳税人名称:(公章)

金额单位:元(列至角分)

税(费)种	计税(费)依据			税(费)率(%)	本期应纳税(费)额	本期减免税(费)额		试点建设培育产教融合型企业		本期已缴税(费)额	本期应补(退)税(费)额
	增值税税额	增值税免抵税额	留抵退税本期扣除额			减免性质代码	减免税(费)额	减免性质代码	本期抵免金额		
	1	2	3	4	5=(1+2−3)×4	6	7	8	9	10	11=5−7−9−10
城市维护建设税　1											
教育费附加　2											
地方教育附加　3											
合计　4	—	—	—	—		—		—			

本期是否适用试点建设培育产教融合型企业抵免政策	□是 □否		
	当期新增投资额		5
	上期留抵可抵免金额		6
	结转下期可抵免金额		7
可用于扣除的增值税留抵退税额使用情况	当期新增可用于扣除的留抵退税额		8
	上期结存可用于扣除的留抵退税额		9
	结转下期可用于扣除的留抵退税额		10

表 3-18　　　　　　　　　　　增值税减免税申报明细表

税款所属时间:自　年　月　日至　年　月　日

纳税人名称(公章):　　　　　　　　　　　　　　　　　　　　金额单位:元(列至角分)

一、减税项目						
减税性质代码及名称	栏次	期初余额	本期发生额	本期应抵减税额	本期实际抵减税额	期末余额
		1	2	3=1+2	4≤3	5=3−4
合计	1					
	2					
	3					
	4					
	5					
	6					
二、免税项目						
免税性质代码及名称	栏次	免征增值税项目销售额	免税销售额扣除项目本期实际扣除金额	扣除后免税销售额	免税销售额对应的进项税额	免税额
		1	2	3=1−2	4	5
合计	7					
出口免税	8		—	—	—	
其中:跨境服务	9		—	—	—	
	10				—	
	11				—	
	12				—	
	13				—	
	14				—	
	15				—	
	16				—	

(二)小规模纳税人纳税申报

1. 申报资料

小规模纳税人纳税申报资料包括:①增值税纳税申报表(小规模纳税人适用)(必报);②增值税减免税申报明细表(选报);③增值税及附加税费申报表(小规模纳税人适用)附列资料(一)(选报);④增值税及附加税费申报表(小规模纳税人适用)附列资料(二)(必报)。

小规模纳税人提供应税服务,在确定应税服务销售额时,按照有关规定可以从取得的全部价款和价外费用中扣除价款的,需填报《增值税及附加税费申报表(小规模纳税人适用)附列资料(一)》。其他情况不填写该表。

2. 操作流程

登录电子税务局,点击"我要办税"—"税费申报及缴纳"—"增值税及附加税费申报"—"增值税及附加税费小规模纳税人申报"—"增值税及附加税费申报表(小规模纳税人适用)",根据提示,系统可以自动执行"发票提取"按钮获取增值税发票数据,用户也可以进入小规模申报表填写界面自行填写。

存在差额扣除项目的纳税人,填写"增值税及附加税费申报表(小规模纳税人适用)附列资料(一)"。纳税人差额后的销售额未达起征点,可享受免征增值税政策。此时,申报表主表第10栏或第11栏有数据,申报表主表第1栏、第4栏,与附列资料第8栏、第16栏的表间勾稽关系不启用。

增值税减免税申报明细表中减免税性质代码及名称为下拉列表,点击此项目名称下面的单元格,选择所需减税性质代码及名称。

填写增值税及附加税费申报表并保存成功后,点击左侧小规模纳税人增值税确认申报,系统自动审核校验,凡填写报表有不符合要求的,均提示相应信息,用户需根据提示信息修改相应申报表,保存成功后可再次上传申报数据。用户需继续跟踪数据的流转,查询申报数据状态,直到重新登录本系统后在"欢迎使用"页面—"申报状态"栏中看到"申报成功"字样,表示本次申报成功。若有税款,平台自动扣款成功后,用户可查看到划款成功及金额信息。

小规模纳税人纳税申报表,如表3-19和表3-20所示。

表3-19 　　　　　　　　　增值税及附加税费申报表
(小规模纳税人适用)

纳税人识别号(统一社会信用代码):□□□□□□□□□□□□□□□□□□□□

纳税人名称: 　　　　　　　　　　　　　　　　　金额单位:元(列至角分)

税款所属期: 年 月 日至 年 月 日 　　　　　填表日期: 年 月 日

项目	栏次	本期数		本年累计	
		货物及劳务	服务、不动产和无形资产	货物及劳务	服务、不动产和无形资产
一、计税依据 (一)应征增值税不含税销售额(3%征收率)	1				
增值税专用发票不含税销售额	2				
其他增值税发票不含税销售额	3				
(二)应征增值税不含税销售额(5%征收率)	4	—		—	
增值税专用发票不含税销售额	5	—		—	
其他增值税发票不含税销售额	6	—		—	
(三)销售使用过的固定资产不含税销售额	7(7≥8)				
其中:其他增值税发票不含税销售额	8				
(四)免税销售额	9=10+11+12				

（续表）

	项目	栏次	本期数		本年累计	
			货物及劳务	服务、不动产和无形资产	货物及劳务	服务、不动产和无形资产
一、计税依据	其中:小微企业免税销售额	10				
	未达起征点销售额	11				
	其他免税销售额	12				
	（五）出口免税销售额	13(13≥14)				
	其中:其他增值税发票不含税销售额	14				
二、税款计算	本期应纳税额	15				
	本期应纳税额减征额	16				
	本期免税额	17				
	其中:小微企业免税额	18				
	未达起征点免税额	19				
	应纳税额合计	20＝15－16				
	本期预缴税额	21			—	—
	本期应补(退)税额	22＝20－21			—	—
三、附加税费	城市维护建设税本期应补(退)税额	23				
	教育费附加本期应补(退)费额	24				
	地方教育附加本期应补(退)费额	25				

声明:此表是根据国家税收法律法规及相关规定填写的,本人(单位)对填报内容(及附带资料)的真实性、可靠性、完整性负责。

纳税人(签章):　　年　　月　　日

经办人: 经办人身份证号: 代理机构签章: 代理机构统一社会信用代码:	受理人: 受理税务机关(章): 受理日期:　　年　　月　　日

表 3-20　　　　增值税及附加税费申报表(小规模纳税人适用)附列资料(二)

(附加税费情况表)

税(费)款所属时间：　　年　　月　　日至　　年　　月　　日

纳税人名称：(公章)　　　　　　　　　　　　　　　　　　　　　　金额单位:元(列至角分)

税(费)种	计税(费)依据	税(费)率(%)	本期应纳税(费)额	本期减免税(费)额		增值税小规模纳税人"六税两费"减征政策		本期已缴税(费)额	本期应补(退)税(费)额
	增值税税额			减免性质代码	减免税(费)额	减征比例(%)	减征额		
	1	2	3＝1×2	4	5	6	7＝(3-5)×6	8	9＝3-5-7-8
城市维护建设税									
教育费附加									
地方教育附加									
合计	—	—		—		—			

任务实施

填写十里香酒业有限公司8月份增值税一般纳税人纳税申报表。

任务评价

评价项目	掌握情况	完成情况	未掌握情况
任务指导			
任务实施			

任务拓展

填写山东鑫发商贸有限公司(一般纳税人)2022年8月份纳税申报表。

项目四 消 费 税

 **党的二十大精神专栏**

　　完善支持绿色发展的财税、金融、投资、价格政策和标准体系,发展绿色低碳产业,健全资源环境要素市场化配置体系,加快节能降碳先进技术研发和推广应用,倡导绿色消费,推动形成绿色低碳的生产方式和生活方式。

学习目标

➤ 知识目标

1. 了解消费税的概念和特点
2. 掌握消费税的纳税人、征税范围、税目和税率
3. 掌握消费税的计税依据
4. 理解消费税的纳税义务发生时间、纳税期限和纳税地点

➤ 能力目标

1. 计算消费税应纳税额
2. 填写消费税纳税申报表
3. 办理消费税纳税申报

➤ 素养目标

1. 树立现代消费理念和共建生态型社会意识
2. 培育理性消费和共建节约型社会意识
3. 厚植人与自然和谐共生的人文情怀

知识导航

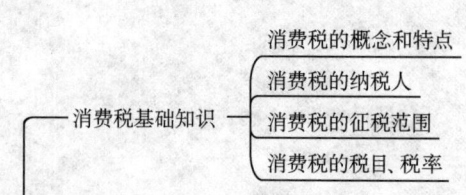

消费税基础知识 ── 消费税的概念和特点
　　　　　　　　　消费税的纳税人
　　　　　　　　　消费税的征税范围
　　　　　　　　　消费税的税目、税率

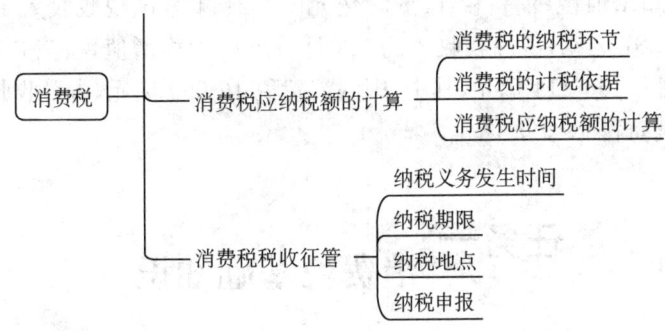

 引　子

消费税溯源

消费税最早产生于古罗马帝国时期。当时,随着城市的兴起与商业的繁荣,相继开征了诸如盐税、酒税等产品税。在我国,消费税可追溯到西汉时期对酒的课税。中华人民共和国成立后,在先后征收的货物税、商品流通税、工商统一税、工商税、产品税以及增值税中,对烟、酒、化妆品、成品油等消费品都设计了较高的税率,基本上具备了对消费品课税的性质。随着对原工商税制的改革,消费税从中分化出来成为独立税种。1994 年 1 月 1 日实施《中华人民共和国消费税暂行条例》(以下简称《消费税暂行条例》)及实施细则,2008 年修订《消费税暂行条例》及实施细则。期间数次调整消费税征税范围、税率和纳税环节等,具体如图 4-1 所示。目前,消费税已成为世界各国普遍征收的税种,已有 120 多个国家或地区征收消费税。近年来,在税收可持续发展法律制度改革浪潮中,各国纷纷开征或调整消费税,以便建立一个既有利于环境和生态保护,又有利于经济发展的绿色税收法律制度。

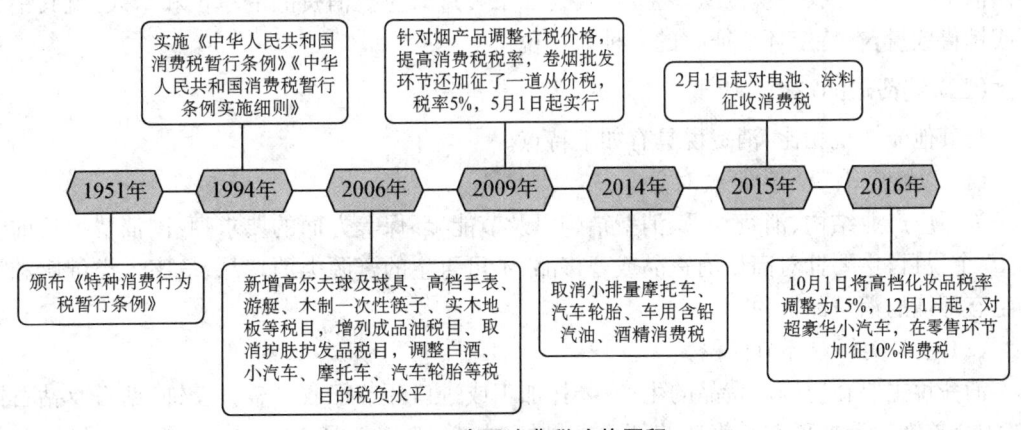

图 4-1　我国消费税改革历程

消费税作为一个具有双重调节作用的税种,税收收入也很可观。2020 年全国税收收入为 154 310 亿元,其中,国内消费税 12 028 亿元,占税收收入的 7.79%;主要来源为烟、酒、

油、车四大税目;进口增值税、消费税 14 535 亿元。2021 年全国税收收入 172 731 亿元,其中,国内消费税 13 881 亿元,占税收收入的 8.04%;进口货物增值税、消费税 17 316 亿元。2022 年全国税收收入 166 614 亿元,其中,国内消费税 16 699 亿元,占税收收入的 10.02%;进口货物增值税、消费税 19 995 亿元。

任务一／消费税基础知识

● 任务背景

同增值税"任务一"。

● 任务要求

1. 界定消费税征税范围
2. 准确选择应税消费品的税率

● 任务指导

一、消费税的概念和特点

(一) 消费税的概念

消费税是对在我国境内从事生产、委托加工和进口应税消费品的单位和个人,就其销售额或销售数量,在特定环节征收的一种流转税。

(二) 消费税的特点

与其他流转税相比,消费税具有如下特点。

(1) 以特定消费品为征税对象。

为适应产业结构、消费水平、消费结构以及节能、环保等方面的要求,我国消费税目前包括 15 个税目,主要针对高档消费品或奢侈品、不可再生的资源类消费品、危害人类健康和社会生态环境的消费品征税。

(2) 主要实行单环节征税。

消费税主要在应税消费品的生产、委托加工或进口环节征收。金银首饰、钻石及钻石饰品、铂金首饰的消费税在零售环节征税。另外,自 2015 年 5 月 10 日起,将卷烟批发环节的消费税从价税税率由 5% 提高至 11%,并按 0.005 元/支加征从量税;自 2016 年 12 月 1 日起,对超豪华小汽车,在生产(进口)环节按现行税率征收消费税的基础上,在零售环节加征消费税。

（3）计税方法比较灵活。

消费税根据不同应税消费品的情况，分别采用从价定率、从量定额和复合计税的计税方法。

（4）税收调节具有特殊性。

消费税是在对货物普遍征收增值税的基础上，选择少数消费品再征收的一个税种，主要是为了调节产品结构，引导消费方向，保证国家财政收入。

（5）实行价内税。

在计算应税消费品的应纳税额时，计税依据中包含消费税。

二、消费税的纳税人

在中华人民共和国境内生产、委托加工和进口应税消费品的单位和个人，以及国务院确定的销售应税消费品的其他单位和个人，为消费税的纳税人。

在中华人民共和国境内，是指生产、委托加工和进口属于应当缴纳消费税的消费品的起运地或者所在地在境内。单位是指企业、行政单位、事业单位、军事单位、社会团体及其他单位。个人是指个体工商户及其他个人。

三、消费税的征税范围

现行消费税的征税范围包括 15 个税目，具体内容如下所述。

（一）烟

凡是以烟叶为原料加工生产的产品，不论使用何种辅料，均属于本税目的征收范围，具体包括三个子目，分别如下所述。

1. 卷烟

卷烟包括甲类卷烟和乙类卷烟。甲类卷烟是指每标准条（200 支）调拨价格在 70 元（不含增值税）以上（含 70 元）的卷烟。乙类卷烟是指每标准条（200 支）调拨价格在 70 元（不含增值税）以下的卷烟。

2. 雪茄烟

雪茄烟的征收范围包括各种规格、型号的雪茄烟。

3. 烟丝

烟丝的征收范围包括以烟叶为原料加工生产的不经卷制的散装烟。

4. 电子烟

电子烟消费税征税对象为电子烟产品，包括烟弹、烟具以及烟弹与烟具组合销售的电子烟产品。

（二）酒

酒包括白酒、黄酒、啤酒和其他酒。

1. 白酒

白酒包括粮食白酒和薯类白酒。

粮食白酒是指以高粱、玉米、大米、糯米、大麦、小麦、青稞等各种粮食为原料，经过糖化、发酵后，采用蒸馏方法酿制的白酒。薯类白酒是指以白薯（红薯、地瓜）、木薯、马铃薯、芋头和山药等各种干鲜薯类为原料,经过糖化、发酵后,采用蒸馏方法酿制的白酒。用甜菜酿制的白酒,比照薯类白酒征税。

2. 黄酒

黄酒是指以糯米、粳米、籼米、大米、黄米、玉米、小麦、薯类等为原料,经加温、糖化、发酵、压榨酿制的酒。黄酒包括各种原料酿制的黄酒和酒度超过12度(含12度)的土甜酒。

3. 啤酒

啤酒分为甲类啤酒和乙类啤酒,是指以大麦或其他粮食为原料,加入啤酒花,经糖化、发酵、过滤酿制的含有二氧化碳的酒。

对饮食业、商业、娱乐业举办的啤酒屋(啤酒坊)利用啤酒生产设备生产的啤酒,应当征收消费税。

4. 其他酒

其他酒是指除粮食白酒、薯类白酒、黄酒、啤酒的各种酒,包括糠麸白酒、其他原料白酒、土甜酒、复制酒、果木酒、汽酒、药酒、葡萄酒等。

对以黄酒为酒基生产的配制或泡制酒,按其他酒征收消费税。调味料酒不征消费税。

(三)高档化妆品

本税目征收范围包括高档美容、修饰类化妆品、高档护肤类化妆品和成套化妆品。

高档美容、修饰类化妆品和高档护肤类化妆品是指生产(进口)环节销售(完税)价格(不含增值税)在10元/毫升(克)或15元/片(张)及以上的美容、修饰类化妆品和护肤类化妆品。

舞台、戏剧、影视演员化妆用的上妆油、卸妆油、油彩,不属于本税目的征收范围。

(四)贵重首饰及珠宝玉石

本税目的征税范围包括各种金银珠宝首饰和经采掘、打磨、加工的各种珠宝玉石。

1. 金银首饰、铂金首饰和钻石及钻石饰品

金银首饰、铂金首饰和钻石及钻石饰品,包括凡以金、银、白金、宝石、珍珠、钻石、翡翠、珊瑚、玛瑙等高贵稀有物质以及其他金属、人造宝石等制作的各种纯金银首饰及镶嵌首饰(含人造金银、合成金银首饰)等。

2. 其他贵重首饰和珠宝玉石

其他贵重首饰和珠宝玉石,包括钻石、珍珠、松石、青金石、欧泊石、橄榄石、长石、玉、石英、玉髓、石榴石、锆石、尖晶石、黄玉、碧玺、金禄玉、绿柱石、刚玉、琥珀、珊瑚、煤玉、龟甲、合成刚玉、合成玉石、双合石以及玻璃仿制品等。

宝石坯是指经采掘、打磨、初级加工的珠宝玉石半成品,对宝石坯应按规定征收消费税。

(五)鞭炮、焰火

本税目征收范围包括各种鞭炮、焰火,具体包括喷花类、旋转类、旋转升空类、火箭类、吐珠类、线香类、小礼花类、烟雾类、造型玩具类、炮竹类、摩擦炮类、组合烟花类、礼花弹类等。

体育上用的发令纸、鞭炮药引线,不按本税目征收。

(六)成品油

本税目包括汽油、柴油、石脑油、溶剂油、航空煤油、润滑油、燃料油7个子目。

1. 汽油

汽油是指用原油或其他原料加工生产的辛烷值不小于 66 的可用作汽油发动机燃料的各种轻质油。

以汽油、汽油组分调和生产的甲醇汽油、乙醇汽油也属于本税目征收范围。

2. 柴油

柴油是指用原油或其他原料加工生产的凝点或倾点在−50℃～30℃的可用作柴油发动机燃料的各种轻质油和以柴油组分为主、经调和精制可用作柴油发动机燃料的非标油。

以柴油、柴油组分调和生产的生物柴油也属于本税目征收范围。

3. 石脑油

石脑油又称化工轻油,是指以石油加工生产的或二次加工汽油经加氢精制而得的用于化工原料的轻质油。

石脑油的征收范围包括除汽油、柴油、航空煤油、溶剂油以外的各种轻质油。

4. 溶剂油

溶剂油是指以石油加工生产的用于涂料、油漆生产、食用油加工、印刷油墨、皮革、农药、橡胶、化妆品生产的轻质油。

5. 航空煤油

航空煤油又称喷气燃料,是指以石油加工生产的用于喷气发动机和喷气推进系统中作为能源的石油燃料。

6. 润滑油

润滑油是指用于内燃机、机械加工过程的润滑产品。润滑油分为矿物性润滑油、植物性润滑油、动物性润滑油和化工原料合成润滑油。

润滑油的征收范围包括矿物性润滑油、矿物性润滑油基础油、植物性润滑油、动物性润滑油和化工原料合成润滑油。

7. 燃料油

燃料油又称重油、渣油。燃料油征收范围包括用于电厂发电、船舶锅炉燃料、加热炉燃料、冶金和其他工业炉燃料的各类燃料油。

自 2012 年 11 月 1 日起,催化料、焦化料属于燃料油的征收范围,应当征收消费税。

(七) 摩托车

本税目征税范围包括气缸容量为 250 毫升的摩托车和气缸容量在 250 毫升(不含)以上的摩托车两种。

对最大设计车速不超过 50 公里/小时,发动机气缸总工作容量不超过 50 毫升的三轮摩托车不征收消费税。

(八) 小汽车

汽车是指由动力驱动,具有 4 个或 4 个以上车轮的非轨道承载的车辆。

本税目包括乘用车、中轻型商用客车和超豪华小汽车 3 个子目。

1. 乘用车

乘用车是指在设计和技术特性上用于载运乘客和货物的汽车,包括含驾驶员座位在内最多不超过 9 个座位(含)。

用排气量小于 1.5 升（含）的乘用车底盘（车架）改装、改制的车辆属于乘用车征收范围。

2. 中轻型商用客车

中轻型商用客车是指在设计和技术特性上用于载运乘客和货物的汽车，包括含驾驶员座位在内的座位数在 10～23 座（含 23 座）。

用排气量大于 1.5 升的乘用车底盘（车架）或用中轻型商用客车底盘（车架）改装、改制的车辆属于中轻型商用客车征收范围。

含驾驶员人数（额定载客）为区间值的（如 8～10 人、17～26 人）小汽车，按其区间值下限人数确定征收范围。

3. 超豪华小汽车

超豪华小汽车是指每辆零售价格为 130 万元（不含增值税）及以上的乘用车和中轻型商用客车，即乘用车和中轻型商用客车子税目中的超豪华小汽车。

电动汽车、沙滩车、雪地车、卡丁车、高尔夫车不属于消费税征收范围，不征收消费税。对于企业购进货车或厢式货车改装生产的商务车、卫星通信车等专用汽车不属于消费税征收范围，不征收消费税。

对于购进乘用车和中轻型商用客车整车改装生产的汽车，应按规定征收消费税。

（九）高尔夫球及球具

本税目征税范围包括高尔夫球、高尔夫球杆及高尔夫球包（袋）、高尔夫球杆的杆头、杆身和握把。

（十）高档手表

高档手表是指销售价格（不含增值税）每只在 10 000 元（含）以上的各类手表。本税目征收范围包括符合以上标准的各类手表。

（十一）游艇

游艇是指长度大于 8 米（含）小于 90 米（含），船体由玻璃钢、钢、铝合金、塑料等多种材料制作，可以在水上移动的水上浮载体。按照动力划分，游艇分为无动力艇、帆艇和机动艇。

本税目征收范围包括艇身长度大于 8 米（含）小于 90 米（含），内置发动机，可以在水上移动，一般为私人或团体购置，主要用于水上运动和休闲娱乐等非牟利活动的各类机动艇。

（十二）木制一次性筷子

木制一次性筷子，又称卫生筷子，是指以木材为原料经过锯段、浸泡、旋切、刨切、烘干、筛选、打磨、倒角、包装等环节加工而成的各类一次性使用的筷子。

本税目征收范围包括各种规格的木制一次性筷子和未经打磨、倒角的木制一次性筷子。

（十三）实木地板

实木地板是指以木材为原料，经锯割、干燥、刨光、截断、开榫、涂漆等工序加工而成的块状或条状的地面装饰材料。实木地板按生产工艺不同，可分为独板（块）实木地板、实木指接地板和实木复合地板三类；按表面处理状态不同，可分为未涂饰地板（白坯板、素板）和漆饰地板两类。

本税目征收范围包括各类规格的实木地板、实木指接地板、实木复合地板及用于装饰墙壁、天棚的侧端面为榫、槽的实木装饰板以及未经涂饰的素板。

(十四) 电池

电池是一种将化学能、光能等直接转换为电能的装置，一般由电极、电解质、容器、极端，通常还有隔离层组成的基本功能单元，以及用一个或多个基本功能单元装配成的电池组。电池的范围包括原电池、蓄电池、燃料电池、太阳能电池和其他电池。

对无汞原电池、金属氢化物镍蓄电池（又称氢镍蓄电池或镍氢蓄电池）、锂原电池、锂离子蓄电池、太阳能电池、燃料电池和全钒液流电池免征消费税。

自2016年1月1日起，对铅蓄电池按4%税率征收消费税。

(十五) 涂料

涂料是指涂于物体表面能形成具有保护、装饰或特殊性能的固态涂膜的一类液体或固体材料的总称。涂料由主要成膜物质、次要成膜物质等构成。按主要成膜物质不同，涂料可分为油脂类、天然树脂类、酚醛树脂类、沥青类、醇酸树脂类、氨基树脂类、硝基类、过滤乙烯树脂类、烯类树脂类、丙烯酸酯类树脂类、聚酯树脂类、环氧树脂类、聚氨酯树脂类、元素有机类、橡胶类、纤维素类、其他成膜物类等。

对施工状态下挥发性有机物含量低于420克/升(含)的涂料免征消费税。

四、消费税的税目、税率

根据《消费税暂行条例》的规定，消费税税目共有15个。消费税根据不同的税目或子目确定相应的税率或单位税额。消费税税率采取比例税率和定额税率两种形式，以适应不同应税消费品的实际情况。消费税税目、税率（税额），如表4-1所示。

表4-1　　　　　　　　消费税税目、税率（税额）表

税目	范围	税率		
		生产(进口)环节	批发环节	零售环节
一、烟				
1. 卷烟				
(1) 甲类卷烟	每标准条(200支)调拨价格≥70元(不含增值税)	56%加0.003元/支	11%加0.005元/支	
(2) 乙类卷烟	每标准条(200支)调拨价格<70元(不含增值税)	36%加0.003元/支		
2. 雪茄烟	包括各种规格、型号的雪茄烟	36%		
3. 烟丝	以烟叶为原料加工生产的不经卷制的散装烟	30%		
4. 电子烟				
(1) 工业		36%		
(2) 商业批发			11%	
二、酒				

（续表）

税目	范围	税率		
		生产（进口）环节	批发环节	零售环节
1. 白酒	包括粮食白酒和薯类白酒；用甜菜酿制的白酒，比照薯类白酒征税	20%加0.5元/500克（或者500毫升）		
2. 黄酒	包括各种原料酿制的黄酒和酒度超过12度（含12度）的土甜酒	240元/吨 1吨＝962升		
3. 啤酒		1吨＝988升		
（1）甲类啤酒	每吨出厂价格（含包装物及包装物押金）≥3 000元（不含增值税）；娱乐业、饮食业自制啤酒	250元/吨		
（2）乙类啤酒	每吨价格＜3 000元	220元/吨		
4. 其他酒	是指除粮食白酒、薯类白酒、黄酒、啤酒以外的各种酒	10%		
三、高档化妆品	包括高档美容、修饰类化妆品、高档护肤类化妆品和成套化妆品	15%		
四、贵重首饰及珠宝玉石				
1. 金银首饰、铂金首饰和钻石及钻石饰品	各种纯金银首饰及镶嵌首饰（含人造金银、合成金银首饰）			5%
2. 其他贵重首饰和珠宝玉石	各种金银珠宝首饰和经采掘、打磨、加工的各种珠宝玉石；宝石坯应按规定征收消费税	10%		
五、鞭炮焰火	包括各种鞭炮、焰火；体育上用的发令纸、鞭炮药引线，不按本税目征收	15%		
六、成品油				
1. 汽油	以汽油、汽油组分调和生产的甲醇汽油、乙醇汽油也属于本税目征收范围	1.52元/升 1吨＝1 388升		
2. 柴油	以柴油、柴油组分调和生产的生物柴油也属于本税目征收范围	1.2元/升 1吨＝1 176升		
3. 石脑油		1.52元/升 1吨＝1 385升		
4. 溶剂油		1.52元/升 1吨＝1 282升		

（续表）

税目	范围	税率		
		生产(进口)环节	批发环节	零售环节
5. 航空煤油		1.2 元/升 1 吨＝1 246 升		
6. 润滑油		1.52 元/升 1 吨＝1 126 升		
7. 燃料油	自 2012 年 11 月 1 日起,催化料、焦化料属于燃料油的征收范围	1.2 元/升 1 吨＝1 015 升		
七、摩托车				
1. 气缸容量(排气量,下同) 250 毫升		3%		
2. 气缸容量 250 毫升以上的		10%		
八、小汽车				
1. 乘用车				
(1) 气缸容量(排气量,下同)在 1.0 升(含)以下的		1%		
(2) 气缸容量在 1.0 升以上至 1.5 升(含)的		3%		
(3) 气缸容量在 1.5 升以上至 2 升(含)的		5%		
(4) 气缸容量在 2.0 升以上至 2.5 升(含)的		9%		
(5) 气缸容量在 2.5 升以上至 3 升(含)的		12%		
(6) 气缸容量在 3.0 升以上至 4.0 升(含)的		25%		
(7) 气缸容量在 4.0 升以上的		40%		
2. 中轻型商用客车		5%		

（续表）

税目	范围	税率		
		生产(进口)环节	批发环节	零售环节
3. 超豪华小汽车		按子税目 1 和子税目 2 的规定征收		10％
九、高尔夫球及球具		10％		
十、高档手表		20％		
十一、游艇		10％		
十二、木制一次性筷子		5％		
十三、实木地板		5％		
十四、电池	对无汞原电池、金属氢化物镍蓄电池(又称氢镍蓄电池或镍氢蓄电池)、锂原电池、锂离子蓄电池、太阳能电池、燃料电池和全钒液流电池免征消费税	4％		
十五、涂料		4％		

【说明】

（1）纳税人兼营不同税率的应税消费品，应当分别核算不同税率应税消费品的销售额、销售数量。未分别核算销售额、销售数量，或者将不同税率的应税消费品组成成套消费品销售的，从高适用税率。

（2）配制酒适用税率的确定：①以蒸馏酒或食用酒精为酒基，符合条件的配制酒，按其他酒税率征收消费税。②以发酵酒为酒基，酒精度低于 20 度(含)的配制酒，按其他酒税率征收消费税。③其他配制酒，按白酒税率征收消费税。

（3）卷烟适用税率的确定：①纳税人自产自用的卷烟应当按照纳税人生产的同牌号规格的卷烟销售价格确定征税类别和适用税率。②委托加工的卷烟按照受托方同牌号规格卷烟的征税类别和适用税率征税。没有同牌号规格卷烟的，一律按卷烟最高税率征税。③卷烟由于接装过滤嘴、改变包装或其他原因提高销售价格后，应按照新的销售价格确定征税类别和适用税率；残次品卷烟应当按照同牌号规格正品卷烟的征税类别确定适用税率。

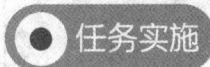 任务实施

请同学们以小组为单位分析十里香酒业有限公司是否属于消费税纳税人？其经营业务范围哪些属于消费税的征税范围？适用何种形式的税率？

● 任务评价

评价项目	掌握情况	完成情况	未掌握情况
任务指导			
任务实施			

任务拓展

请同学们思考，我国为什么对电子烟征收消费税？

任务二/消费税应纳税额的计算

任务背景

同"增值税任务二"。

任务要求

1. 确定应税消费品生产销售、自产自用、委托加工和进口环节的计税依据
2. 计算应税消费品生产销售、自产自用、委托加工和进口环节应纳消费税
3. 遵从税法规定

任务指导

一、消费税的纳税环节

消费税的纳税环节规定如下。

（一）生产应税消费品

纳税人生产的应税消费品，于纳税人销售时纳税。

（二）自产自用应税消费品

纳税人自产自用的应税消费品，用于连续生产应税消费品的，不纳税；用于其他方面的，于移送使用时纳税。

用于连续生产应税消费品是指纳税人将自产自用应税消费品作为直接材料生产最终应税消费品，自产自用应税消费品构成最终应税消费品的实体。

用于其他方面是指纳税人将自产自用的应税消费品用于生产非应税消费品、在建工程、管理部门、非生产机构、提供劳务、馈赠、赞助、集资、广告、样品、职工福利、奖励等方面。

（三）委托加工应税消费品

委托加工的应税消费品是指由委托方提供原料和主要材料，受托方只收取加工费和代垫部分辅助材料加工的应税消费品。对于由受托方提供原材料生产的应税消费品，或者受托方先将原材料卖给委托方，然后再接受加工的应税消费品，以及由受托方以委托方名义购

进原材料生产的应税消费品,不论在财务上是否作为销售处理,都不得作为委托加工应税消费品,而应当按照销售自制应税消费品缴纳消费税。

委托加工的应税消费品,除受托方为个人外,由受托方在向委托方交货时代收代缴消费税。委托个人加工的应税消费品,由委托方收回后缴纳消费税。

委托加工的应税消费品,委托方用于连续生产应税消费品的,所纳税款准予按规定抵扣。

委托方将收回的应税消费品,以不高于受托方的计税价格出售的,为直接出售,不再缴纳消费税;委托方以高于受托方的计税价格出售的,不属于直接出售,需按照规定申报缴纳消费税,在计税时准予扣除受托方已代收代缴的消费税。

(四) 进口应税消费品

单位和个人进口应税消费品,于报关进口时缴纳消费税。为了减少征税成本,进口环节缴纳的消费税由海关代征。

(五) 零售应税消费品

零售应税消费品包括商业零售金银首饰和纳税人零售超豪华小汽车。

1. 商业零售金银首饰

商业零售金银首饰包括金基、银基合金首饰以及金、银和金基、银基合金的镶嵌首饰,钻石及钻石饰品,铂金首饰。这些首饰在零售环节缴纳消费税。

2. 零售超豪华小汽车

自 2016 年 12 月 1 日起,对超豪华小汽车,在生产(进口)环节按现行税率征收消费税的基础上,在零售环节加征消费税,将超豪华小汽车销售给消费者的单位和个人为超豪华小汽车零售环节纳税人。

(六) 批发销售卷烟

自 2015 年 5 月 10 日起,将卷烟批发环节从价税税率由 5% 提高至 11%,并按 0.005 元/支加征从量税。

烟草批发企业将卷烟销售给其他烟草批发企业的,不缴纳消费税。

卷烟消费税改为在生产和批发两个环节征收后,批发企业在计算应纳税额时不得扣除已含的生产环节的消费税税款。

纳税人兼营卷烟批发和零售业务的,应当分别核算批发和零售环节的销售额和销售数量;未分别核算批发和零售环节销售额、销售数量的,按照全部销售额和销售数量计征批发环节消费税。

二、消费税的计税依据

消费税的计税依据包括以下内容。

(一) 销售额的确定

销售额的确定如下所述。

1. 销售额的一般规定

销售额是指纳税人销售应税消费品向购买方收取的全部价款和价外费用,不包括应向购买方收取的增值税税款。价外费用是指价外向购买方收取的手续费、补贴、基金、集资费、返还利润、奖励费、违约金、滞纳金、延期付款利息、赔偿金、代收款项、代垫款项、包装费、包装物租金、储备费、优质费、运输装卸费以及其他各种性质的价外收费。但下列项目不包括在销售额内：

(1) 同时符合以下条件的代垫运输费用：①承运部门的运输费用发票开具给购买方的。②纳税人将该项发票转交给购买方的。

(2) 同时符合以下条件代为收取的政府性基金或者行政事业性收费：①由国务院或者财政部批准设立的政府性基金，由国务院或者省级人民政府及其财政、价格主管部门批准设立的行政事业性收费。②收取时开具省级以上财政部门印制的财政票据。③所收款项全额上缴财政。

2. 含增值税销售额的换算

应税消费品的销售额，不包括应向购货方收取的增值税税款。如果纳税人应税消费品的销售额中未扣除增值税税款或者因不得开具增值税专用发票而发生价款和增值税税款合并收取的，在计算消费税时，应将含增值税的销售额换算为不含增值税税款的销售额。其换算公式为：

$$应税消费品的销售额 = 含增值税的销售额 \div (1 + 增值税税率或征收率)$$

3. 包装物的规定

包装物计税的规定如下：

(1) 应税消费品连同包装物销售的，无论包装物是否单独计价以及在会计上如何核算，均应并入应税消费品的销售额中缴纳消费税。

(2) 如果包装物不作价随同产品销售，而是收取押金，此项押金则不应并入应税消费品的销售额中征税。但对因逾期未收回的包装物不再退还的或者已收取的时间超过 12 个月的押金，应并入应税消费品的销售额，按照应税消费品的适用税率缴纳消费税。

(3) 对既作价随同应税消费品销售，又另外收取押金的包装物的押金，凡纳税人在规定的期限内没有退还的，均应并入应税消费品的销售额，按照应税消费品的适用税率缴纳消费税。

(4) (除啤酒、黄酒)生产企业销售酒类产品而收取的包装物押金，无论押金是否返还与会计上如何核算，均需并入酒类产品销售额中，依酒类产品的适用税率征收消费税。

(二) 销售数量的确定

销售数量是指纳税人生产、加工和进口应税消费品的数量。其具体规定如下：

(1) 销售应税消费品的，为应税消费品的销售数量。

(2) 自产自用应税消费品的，为应税消费品的移送使用数量。

(3) 委托加工应税消费品的，为纳税人收回的应税消费品数量。

(4) 进口应税消费品的，为海关核定的应税消费品进口数量。

(三) 销售额和销售数量的若干特殊规定

(1) 纳税人应税消费品的计税价格明显偏低并无正当理由的，由税务机关核定计税价格。其核定权限规定如下：①卷烟、白酒和小汽车的计税价格由国家税务总局核定，送财政部备案。②其他应税消费品的计税价格由省、自治区和直辖市税务局核定。③进口的应税消费品的计税价格由海关核定。

（2）纳税人通过自设非独立核算门市部销售的自产应税消费品，应当按照门市部对外销售额或者销售数量征收消费税。

（3）纳税人用于换取生产资料和消费资料、投资入股和抵偿债务等方面的应税消费品，应当以纳税人同类应税消费品的最高销售价格作为计税依据计算消费税。

（4）白酒生产企业向商业销售单位收取的"品牌使用费"是随着应税白酒的销售而向购货方收取的，属于应税白酒销售价款的组成部分，因此，不论企业采取何种方式或以何种名义收取价款，均应并入白酒的销售额中缴纳消费税。

（5）纳税人采用以旧换新（含翻新改制）方式销售的金银首饰，应按实际收取的不含增值税的全部价款确定计税依据征收消费税。带料加工的金银首饰，应按受托方销售同类金银首饰的销售价格确定计税依据征收消费税；没有同类金银首饰销售价格的，按照组成计税价格计算纳税。

（6）纳税人销售的应税消费品，以人民币以外的货币结算销售额的，其销售额的人民币折合率可以选择销售额发生的当天或者当月 1 日的人民币汇率中间价。纳税人应在事先确定采取何种折合率，确定后 1 年内不得变更。

三、消费税应纳税额的计算

消费税应纳税额的计算分为从价计征、从量计征和从价从量复合计征三种方法。根据纳税环节的不同，分别如下所述。

（一）生产销售应纳消费税的计算

（1）实行从价定率计征消费税的，其计算公式如下：

$$应纳税额＝销售额×比例税率$$

【学以致用 4-1】　三棵树涂料公司为增值税一般纳税人。2022 年 9 月 10 日，向某建材商场销售天然树脂类涂料一批，取得含增值税销售额 226 万元。已知涂料适用的增值税税率为 13%，消费税税率为 4%。计算该公司当月应纳消费税税额。

【学以致用 4-1 解析】　根据消费税法律制度的规定，从价计征消费税的销售额中不包括向购货方收取的增值税税款。所以，在计算消费税时，应将增值税税款从计税依据中扣除。其计算过程如下：

（1）不含增值税销售额＝226÷（1＋13%）＝200（万元）

（2）应纳消费税税额＝200×4%＝8（万元）

（2）实行从量定额计征消费税的，其计算公式如下：

$$应纳税额＝销售数量×定额税率$$

【学以致用 4-2】　丰源石化公司 2022 年 8 月销售汽油 1 000 吨，柴油 500 吨，另向本公司在建工程车辆提供汽油 5 吨。已知汽油 1 吨＝1 388 升，柴油 1 吨＝1 176 升；汽油的定额税率为 1.52 元/升，柴油的定额税率为 1.2 元/升。计算该公司当月应纳消费税税额（单位：万元，计算结果保留四位小数）。

【学以致用 4-2 解析】 根据消费税法律制度的规定,应税消费品用于在建工程应当征收消费税。所以,该公司将汽油用于在建工程车辆使用也应计算缴纳消费税。

(1) 销售汽油应纳税额＝1 000×1 388×1.52÷10 000＝210.976(万元)

(2) 销售柴油应纳税额＝500×1 176×1.2÷10 000＝70.56(万元)

(3) 在建工程车辆使用汽油应纳税额＝5×1 388×1.52÷10 000＝1.054 9(万元)

(4) 应纳消费税税额合计＝210.976＋70.56＋1.054 88＝282.590 9(万元)

(3) 实行从价定率和从量定额复合方法计征消费税的,其计算公式如下:

$$应纳税额＝销售额×比例税率＋销售数量×定额税率$$

现行消费税的征税范围中,只有卷烟、白酒采用复合计算方法。

【学以致用 4-3】 枫叶烟草公司为增值税一般纳税人,2022 年 10 月销售甲类卷烟 1 000 标准条,取得含增值税销售额 101 700 元。已知甲类卷烟的消费税比例税率为 56%,定额税率为 0.003 元/支,每标准条有 200 支;增值税率为 13%。计算该企业当月应纳消费税税额。

【学以致用 4-3 解析】 根据消费税法律制度的规定,卷烟实行从价定率和从量定额复合方法计征消费税。其计算过程如下:

(1) 不含增值税销售额＝101 700÷(1＋13%)＝90 000(元)

(2) 从价定率应纳税额＝90 000×56%＝50 400(元)

(3) 从量定额应纳税额＝1 000×200×0.003＝600(元)

(4) 应纳消费税税额合计＝50 400＋600＝51 000(元)

【学以致用 4-4】 龙泉白酒厂为增值税一般纳税人,2022 年 8 月销售粮食白酒和薯类白酒共计 80 吨,取得不含增值税销售额 330 万元。已知白酒消费税比例税率为 20%;定额税率为 0.5 元/500 克。计算该企业当月应纳消费税税额。

【学以致用 4-4 解析】 根据消费税法律制度的规定,白酒实行从价定率和从量定额复合方法计征消费税。其计算过程如下:

(1) 从价定率应纳税额＝330×20%＝66(万元)

(2) 从量定额应纳税额＝80×2 000×0.5÷10 000＝8(万元)

(3) 应纳消费税税额合计＝66＋8＝74(万元)

(二) 自产自用应纳消费税的计算

纳税人自产自用的应税消费品,用于连续生产应税消费品的,不纳税;凡用于其他方面的,于移送使用时,按照纳税人生产的同类消费品的销售价格计算纳税:没有同类消费品销售价格的,按照组成计税价格计算纳税。

(1) 实行从价定率办法计征消费税的,其计算公式如下:

$$组成计税价格＝(成本＋利润)÷(1－比例税率)$$

$$应纳税额＝组成计税价格×比例税率$$

(2) 实行复合计税办法计征消费税的,其计算公式如下:

$$组成计税价格＝(成本＋利润＋自产自用数量×定额税率)÷(1－比例税率)$$

$$应纳税额＝组成计税价格×比例税率＋自产自用数量×定额税率$$

上述公式中所说的"成本",是指应税消费品的产品生产成本。

上述公式中所说的"利润",是指根据应税消费品的全国平均成本利润率计算的利润。应税消费品全国平均成本利润率由国家税务总局确定,具体标准如表4-2所示。

表4-2   平均成本利润率

应税消费品名称	利润率	应税消费品名称	利润率
1. 甲类卷烟	10%	11. 摩托车	6%
2. 乙类卷烟	5%	12. 高尔夫球及球具	10%
3. 雪茄烟	5%	13. 高档手表	20%
4. 烟丝	5%	14. 游艇	10%
5. 粮食白酒	10%	15. 木制一次性筷子	5%
6. 薯类白酒	5%	16. 实木地板	5%
7. 其他酒	5%	17. 乘用车	8%
8. 高档化妆品	5%	18. 中轻型商用客车	5%
9. 鞭炮、焰火	5%	19. 电池	4%
10. 贵重首饰及珠玉石	6%	20. 涂料	7%

同类消费品的销售价格是指纳税人或者代收代缴义务人当月销售的同类消费品的销售价格,如果当月同类消费品各期销售价格高低不同,应按销售数量加权平均计算。但销售的应税消费品有下列情况之一的,不得列入加权平均计算:①销售价格明显偏低又无正当理由的。②无销售价格的。

如果当月无销售或者当月未完结,应按照同类消费品上月或者最近月份的销售价格计算纳税。

【学以致用4-5】 2022年春节前,十里香酒业有限公司将新研制的粮食白酒1吨作为过节福利发放给员工饮用,该粮食白酒无同类产品市场销售价格。已知该批粮食白酒生产成本为10 000元,成本利润率为10%,白酒消费税比例税率为20%;定额税率为0.5元/500克。计算该批粮食白酒的应纳消费税税额。

【学以致用4-5解析】 根据消费税法律制度的规定,纳税人自产自用的应税消费品,用于企业员工福利的,应按照同类消费品的销售价格计算缴纳消费税;没有同类消费品销售价格的,按照组成计税价格计算纳税。其计算过程如下:

(1) 组成计税价格＝[10 000×(1＋10%)＋1×2 000×0.5]÷(1－20%)

　　　　　　　　＝(11 000＋1 000)÷(1－20%)＝15 000(元)

(2) 应纳消费税税额＝15 000×20%＋1×2 000×0.5＝4 000(元)

(三) 委托加工应纳消费税的计算

委托加工的应税消费品,按照受托方的同类消费品的销售价格计算纳税;没有同类消费品销售价格的,按照组成计税价格计算纳税。

(1) 实行从价定率办法计征消费税的,其计算公式如下:

$$组成计税价格＝(材料成本＋加工费)÷(1－比例税率)$$

$$应纳税额＝组成计税价格×比例税率$$

(2) 实行复合计税办法计征消费税的,其计算公式如下:

$$组成计税价格＝(材料成本＋加工费＋委托加工数量×定额税率)÷(1－比例税率)$$

$$应纳税额＝组成计税价格×比例税率＋委托加工数量×定额税率$$

材料成本是指委托方所提供加工材料的实际成本。委托加工应税消费品的纳税人必须在委托加工合同上如实注明(或以其他方式提供)材料成本,凡未提供材料成本的,受托方税务机关有权核定其材料成本。

加工费是指受托方加工应税消费品向委托方所收取的全部费用(包括代垫辅助材料的实际成本),不包括增值税税款。

【学以致用 4-6】　玉源公司 2022 年 9 月受托为某商场加工一批翡翠饰品,收取不含增值税加工费 13 万元,商场提供的原材料金额为 77 万元。已知该公司无同类产品销售价格,消费税税率为 10%。计算该化妆品企业应代收代缴的消费税。

【学以致用 4-6 解析】　根据消费税法律制度的规定,委托加工的应税消费品,应按照受托方的同类消费品的销售价格计算缴纳消费税,没有同类消费品销售价格的,按照组成计税价格计算纳税。其计算过程如下:

(1) 组成计税价格＝$(77＋13)÷(1－10\%)＝100$(万元)

(2) 应代收代缴消费税＝$100×10\%＝10$(万元)

(四) 进口环节应纳消费税的计算

纳税人进口应税消费品,按照组成计税价格和规定的税率计算应纳税额。

(1) 从价定率计征消费税的,其计算公式如下:

$$组成计税价格＝(关税完税价格＋关税)÷(1－消费税比例税率)$$

$$应纳税额＝组成计税价格×消费税比例税率$$

公式中所称"关税完税价格",是指海关核定的关税计税价格。

(2) 实行复合计税办法计征消费税的,其计算公式如下:

$$组成计税价格＝(关税完税价格＋关税＋进口数量×定额税率)÷(1－消费税比例税率)$$

$$应纳税额＝组成计税价格×消费税比例税率＋进口数量×定额税率$$

进口环节消费税除国务院另有规定外,一律不得给予减税、免税。

【学以致用 4-7】　人民商场 2022 年 10 月从国外进口高档手表 100 只,海关核定的每只手表完税价为 3 万元,已知高档手表关税税率为 50%,消费税税率为 20%。计算该商场进口高档手表的应纳消费税税额。

【学以致用4-7解析】 根据消费税法律制度的规定,纳税人进口应税消费品,按照组成计税价格和规定的税率计算应纳税额。其计算过程如下:

(1) 应纳关税税额=100×3×50%=150(万元)

(2) 组成计税价格=(100×3+150)÷(1−20%)=562.5(万元)

(3) 应纳消费税税额=562.5×20%=112.5(万元)

【学以致用4-8】 红星烟草公司2022年8月进口甲类卷烟200标准箱,海关核定的每箱卷烟关税完税价格为3万元。已知卷烟关税税率为25%,消费税比例税率为56%,定额税率为0.003元/支;每标准箱有250条,每条200支。计算该公司进口卷烟应纳消费税税额(单位:万元,计算结果保留四位小数)。

【学以致用4-8解析】 根据消费税法律制度的规定,纳税人进口应税消费品,按照组成计税价格和规定的税率计征消费税,进口卷烟实行复合方法计算应纳税额。其计算过程如下:

(1) 应纳关税税额=200×3×25%=150(万元)

(2) 组成计税价格=(200×3+150+200×250×200×0.003÷10 000)÷(1−56%)

=1 711.363 6(万元)。

(3) 应纳消费税税额=1 711.363 6×56%+200×250×200×0.003÷10 000

=958.363 6+3=961.363 6(万元)

(五) 已纳消费税的扣除

为了避免重复征税,现行消费税规定,将外购应税消费品和委托加工收回的应税消费品继续生产应税消费品销售的,可以将外购应税消费品和委托加工收回应税消费品已缴纳的消费税给予扣除。

1. 外购应税消费品已纳税款的扣除

由于某些应税消费品是用外购已缴纳消费税的应税消费品连续生产出来的,在对这些连续生产出来的应税消费品计算征税时,税法规定应按当期生产领用数量计算准予扣除外购的应税消费品已纳的消费税税款。扣除范围包括:

(1) 外购已税烟丝生产的卷烟。

(2) 外购已税高档化妆品原料生产的高档化妆品。

(3) 外购已税珠宝、玉石原料生产的贵重首饰及珠宝、玉石。

(4) 外购已税鞭炮、焰火原料生产的鞭炮、焰火。

(5) 外购已税杆头、杆身和握把为原料生产的高尔夫球杆。

(6) 外购已税木制一次性筷子原料生产的木制一次性筷子。

(7) 外购已税实木地板原料生产的实木地板。

(8) 外购已税石脑油、润滑油、燃料油为原料生产的成品油。

(9) 外购已税汽油、柴油为原料生产的汽油、柴油。

上述当期准予扣除外购应税消费品已纳消费税税款的计算公式如下:

当期准予扣除的外购应税消费品已纳税款=当期准予扣除的外购应税消费品买价×

外购应税消费品适用税率

$$当期准予扣除的外购应税消费品买价＝期初库存的外购应税消费品的买价＋$$
$$当期购进的应税消费品的买价－$$
$$期末库存的外购应税消费品的买价$$

外购已税消费品的买价是指购货发票上注明的销售额（不包括增值税税款）。

纳税人用外购的已税珠宝、玉石原料生产的改在零售环节征收消费税的金银首饰（镶嵌首饰），在计税时一律不得扣除外购珠宝、玉石的已纳消费税税款。

对自己不生产应税消费品，而只是购进后再销售应税消费品的工业企业，其销售的高档化妆品、鞭炮、焰火和珠宝、玉石，凡不能构成最终消费品直接进入消费品市场，而需进一步生产加工的，应当征收消费税，同时允许扣除上述外购应税消费品的已纳税款。

允许扣除已纳税款的应税消费品只限于从工业企业购进的应税消费品和进口环节已缴纳消费税的应税消费品，对从境内商业企业购进应税消费品的已纳税款一律不得扣除。

【学以致用4-9】　胜利卷烟厂2022年9月外购烟丝，取得增值税专用发票上注明税款为6.5万元，本月生产领用80%，期初库存的外购烟丝2万元，期末库存烟丝12万元，计算胜利卷烟厂本月应纳消费税中可扣除的消费税税额。

【学以致用4-9解析】　根据消费税法律制度的规定，将外购应税消费品和委托加工收回的应税消费品继续生产应税消费品销售的，应按当期生产领用数量计算准予扣除外购的应税消费品已纳的消费税税款。

（1）本月外购烟丝的买价＝6.5÷13%＝50（万元）

（2）生产领用部分买价＝2＋50－12＝40（万元）

（3）准予扣除的消费税＝40×30%＝12（万元）

2. 委托加工收回的应税消费品已纳税款的扣除

委托加工的应税消费品已由受托方代收代缴消费税，因此，委托方收回货物后用于连续生产应税消费品的，其已纳税款准予按照规定从连续生产的应税消费品应纳消费税税额中抵扣。下列连续生产的应税消费品准予从应纳消费税税额中按当期生产领用数量计算扣除委托加工收回的应税消费品已纳消费税税款：

（1）以委托加工收回的已税烟丝为原料生产的卷烟。

（2）以委托加工收回的已税高档化妆品为原料生产的高档化妆品。

（3）以委托加工收回的已税珠宝、玉石为原料生产的贵重首饰及珠宝、玉石。

（4）以委托加工收回的已税鞭炮、焰火为原料生产的鞭炮、焰火。

（5）以委托加工收回的已税杆头、杆身和握把为原料生产的高尔夫球杆。

（6）以委托加工收回的已税木制一次性筷子为原料生产的木制一次性筷子。

（7）以委托加工收回的已税实木地板为原料生产的实木地板。

（8）以委托加工收回的已税石脑油、润滑油、燃料油为原料生产的成品油。

（9）以委托加工收回的已税汽油、柴油为原料生产的汽油、柴油。

上述当期准予扣除委托加工收回的应税消费品已纳消费税税款的计算公式如下：

$$当期准予扣除的委托加工应税消费品已纳税款＝期初库存的委托加工应税消费品已纳税款＋$$
$$当期收回的委托加工应税消费品已纳税款－$$
$$期末库存的委托加工应税消费品已纳税款$$

　　纳税人用委托加工收回的已税珠宝、玉石原料生产的改在零售环节征收消费税的金银首饰（镶嵌首饰），在计税时一律不得扣除委托加工收回的珠宝、玉石原料的已纳消费税税款。

● 任务实施

　　根据任务背景，计算十里香酒业有限公司8月份应纳消费税税额。

● 任务评价

评价项目	掌握情况	完成情况	未掌握情况
任务指导			
任务实施			

● 任务拓展

　　云天烟草工业有限公司为增值税一般纳税人，公司业务范围为加工烟草制品，并兼营烟草批发与零售业务。2022年8月，公司发生以下业务，请计算本月应缴增值税、消费税与附加税，并填写纳税申报表。

　　（1）8月4日，收到从昆明邢庄烟草种植专业合作社采购烟叶的发票，如图4-2所示，并将货物发往山东济宁工业有限公司代为加工（此题不考虑烟叶税）。

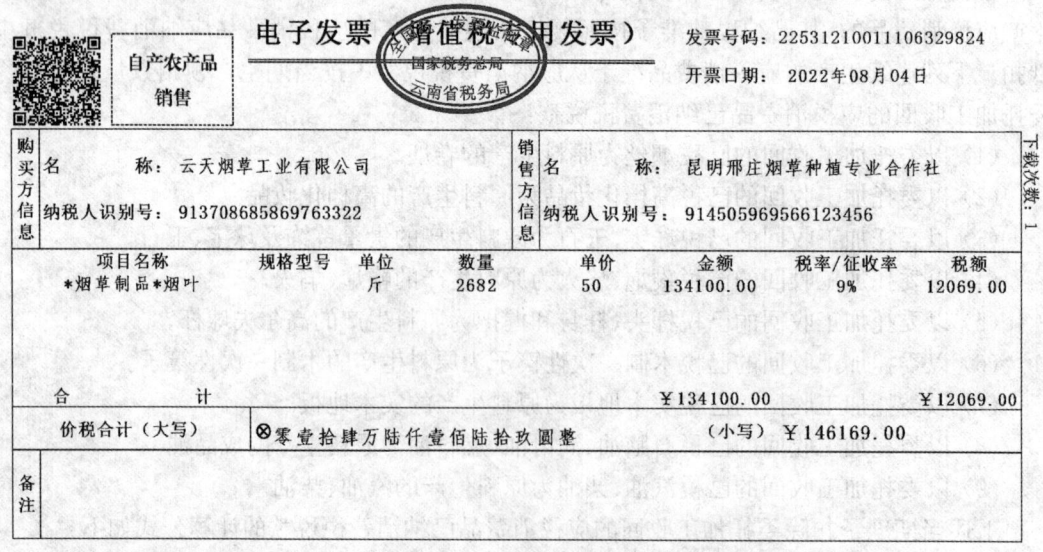

图4-2　增值税专用发票

（2）8月10日,收到山东济宁工业有限公司将烟叶加工成烟丝的加工费发票,如图4-3所示。烟丝验收入库,开具商品验收入库单,如图4-4所示。

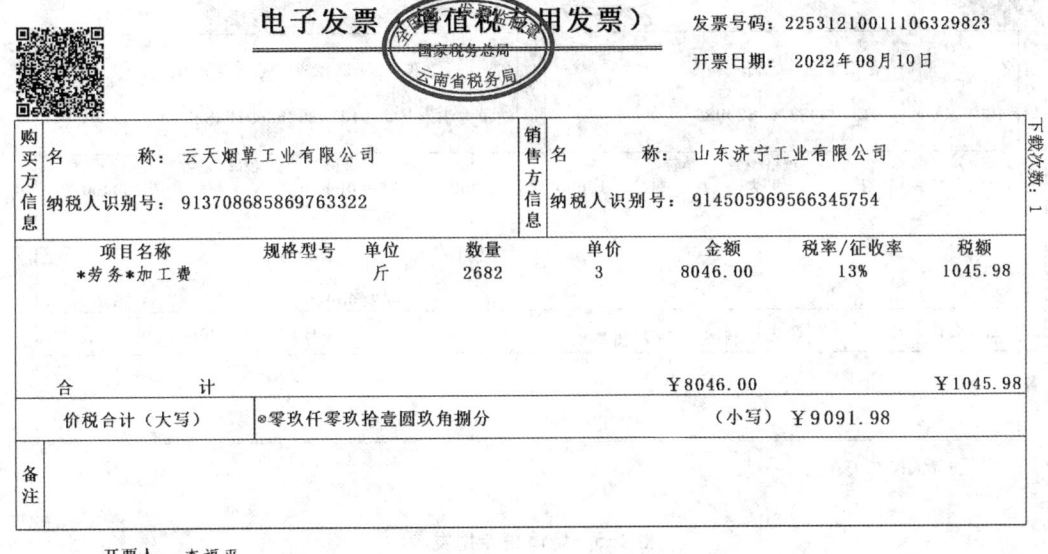

电子发票（增值税专用发票）

发票号码：22531210011106329823

开票日期：2022年08月10日

购买方信息	名　称：	云天烟草工业有限公司		销售方信息	名　称：	山东济宁工业有限公司
	纳税人识别号：9137086858697763322				纳税人识别号：914505969566345754	

项目名称	规格型号	单位	数量	单价	金额	税率/征收率	税额
*劳务*加工费		斤	2682	3	8046.00	13%	1045.98
合　　计					¥8046.00		¥1045.98

价税合计（大写）	⊗零玖仟零玖拾壹圆玖角捌分	（小写）　¥9091.98

备注

开票人：李福平

下载次数：1

图4-3　增值税专用发票

商品验收入库单

凭证编号：20220810

供货单位：山东济宁工业有限公司　　2022 年 08 月 10 日　　　仓库编号：20120501

增值税1045.98	发票号06329823	验收日期2022 年 08 月 10 日		存放地点1号仓库		附件张数1份	
材料编号	材料名称	规格	型号	单位	数量		计划单价		实际单价	
					凭证	实收	单价	总价	单价	总价
	烟丝			斤	2600	2600				
差异		备注								

第三联 财务科核算

财务科长　张平　　仓库科长 张明　　验收保管 李立　　检验 王峰　　采购经办 米兰

图4-4　商品验收入库单

（3）8月12日,发生批发销售自产甲类卷烟业务,开具增值税专用发票(同时练习利用软件开具发票)和商品出库单,分别如图4-5和图4-6所示。

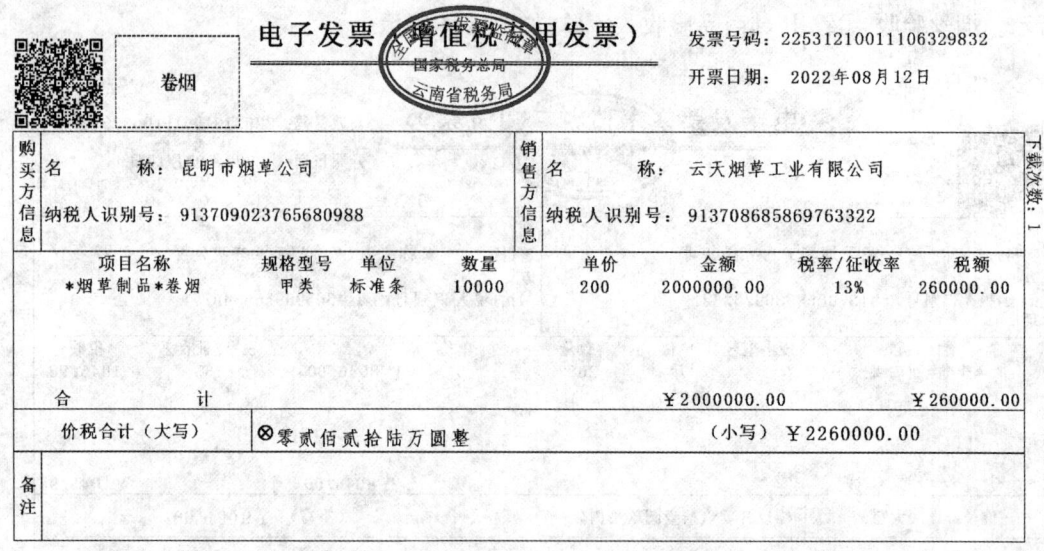

图 4-5　增值税专用发票

商品出库单

编号：NO.20220812

客户名称：昆明市烟草公司　　　　　　　　2022 年 08 月 12 日

商品名称	规格	单位	数量	单位成本	实际☑ 计划□	金额									
						亿	千	百	十	万	千	百	十	元	角	分
卷烟	甲类	标准条	10000	170			1	7	0	0	0	0	0	0	0	0
合计						¥	1	7	0	0	0	0	0	0	0	0

合计人民币（大写）壹佰柒拾万圆整

用途或原因	批发销售

生产车间：张云　　发货人：　梁强　　收货人：韩思　　　制单人：　梁强

图 4-6　商品出库单

（4）8 月 13 日，发生零售自产雪茄烟业务，开具增值税专用发票（同时练习利用软件开具发票）和商品出库单，分别如图 4-7 和图 4-8 所示。

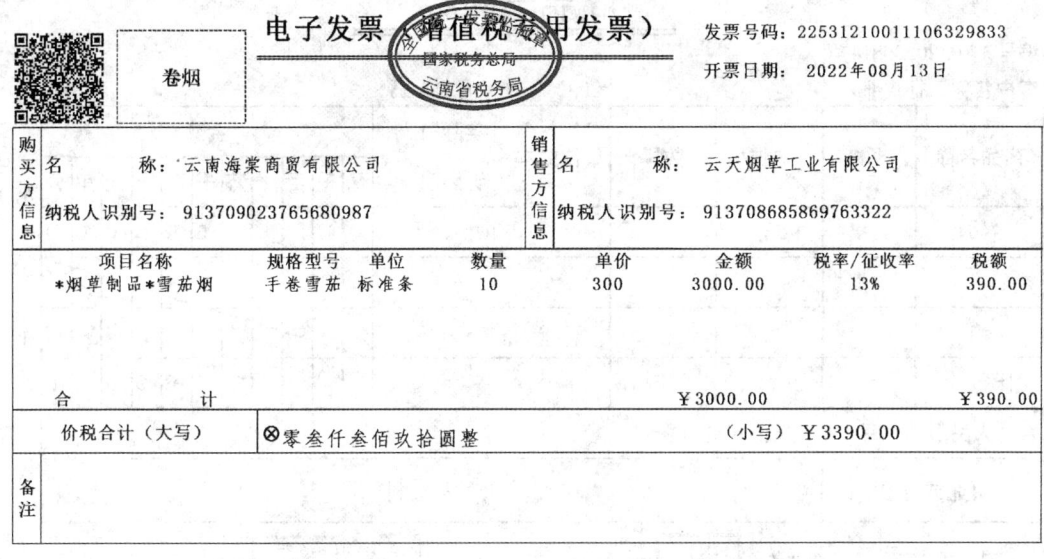

图 4-7 增值税专用发票

商品出库单

编号：NO.20220813

客户名称：云南海棠商贸有限公司　　　　　2022 年 08 月 13 日

商品名称	规格	单位	数量	单位成本	实际☑ 计划□	亿	千	百	十	万	千	百	十	元	角	分
					金额											
雪茄烟	手卷雪茄	条	10	235							2	3	5	0	0	0
合计										¥	2	3	5	0	0	0

合计人民币（大写）贰仟叁佰伍拾圆整

用途或原因	零售

生产车间：张云　　发货人：梁强　　收货人：韩思　　制单人：梁强

图 4-8 商品出库单

　　（5）8 月 14 日，公司行政部门领取自产乙类卷烟发放福利，商品出库单如图 4-9 所示，该卷烟市场零售价 64 元/条。

商品出库单

编号：NO.20220814

客户名称：行政部　　　　　　　　　2022 年 08 月 14 日

商品名称	规格	单位	数量	单位成本	实际☑ 计划☐	金额										
						亿	千	百	十	万	千	百	十	元	角	分
卷烟	乙类	标准条	120	46							5	5	2	0	0	0
合计											¥	5	5	2	0	0	0
合计人民币（大写）伍仟伍佰贰拾圆整																
用途或原因		发放福利														

第三联　记账联

生产车间：张云　　　发货人：[梁强]　收货人：韩思　　　制单人：[梁强]

图 4-9　商品出库单

任务三 / 消费税税收征管

任务背景

十里香酒业有限公司 2022 年 8 月的应纳消费税为 92 403.50 元。9 月初应进行 8 月份消费税的纳税申报。需要填制消费税纳税申报表并进行纳税申报。

任务要求

1. 确定消费税纳税义务发生的时间
2. 准确界定消费税纳税期限
3. 依法确定消费税纳税地点
4. 正确填制消费税纳税申报表
5. 遵从税法规定

一、纳税义务发生时间

（一）纳税人销售应税消费品

纳税人销售应税消费品的，按不同的销售结算方式确定，分别为：

（1）采取赊销和分期收款结算方式的，为书面合同约定的收款日期的当天，书面合同没有约定收款日期或者无书面合同的，为发出应税消费品的当天。

（2）采取预收货款结算方式的，为发出应税消费品的当天。

（3）采取托收承付和委托银行收款方式的，为发出应税消费品并办妥托收手续的当天。

（4）采取其他结算方式的，为收讫销售款或者取得索取销售款凭据的当天。

（二）纳税人自产自用应税消费品

纳税人自产自用应税消费品的，为移送使用的当天。

（三）纳税人委托加工应税消费品

纳税人委托加工应税消费品的，为纳税人提货的当天。

（四）纳税人进口应税消费品

纳税人进口应税消费品的，为报关进口的当天。

二、纳税期限

消费税的纳税期限分别为 1 日、3 日、5 日、10 日、15 日、1 个月或者 1 个季度；纳税人的具体纳税期限，由税务机关根据纳税人应纳税额的大小分别核定；不能按照固定期限纳税的，可以按次纳税。

纳税人以 1 个月或者 1 个季度为 1 个纳税期的，自期满之日起 15 日内申报纳税；以 1 日、3 日、5 日、10 日或者 15 日为 1 个纳税期的，自期满之日起 5 日内预缴税款，于次月 1 日起至 15 日内申报纳税并结清上月应纳税款。

纳税人进口应税消费品，应当自海关填发海关进口消费税专用缴款书之日起 15 日内缴纳税款。

三、纳税地点

（一）纳税人销售应税消费品以及自产自用应税消费品

纳税人销售的应税消费品，以及自产自用的应税消费品，除了国务院财政、税务主管部门另有规定，应当向纳税人机构所在地或者居住地的税务机关申报纳税。

（二）委托加工应税消费品

委托加工的应税消费品，除了受托方为个人，由受托方向机构所在地或者居住地的税务机关解缴消费税税款。受托方为个人的，由委托方向机构所在地的税务机关申报纳税。

（三）进口的应税消费品

进口的应税消费品，由进口人或者其代理人向报关地海关申报纳税。

（四）纳税人到外县（市）销售或者委托外县（市）代销自产应税消费品

纳税人到外县（市）销售或者委托外县（市）代销自产应税消费品的，于应税消费品销售后，向机构所在地或者居住地税务机关申报纳税。

（五）纳税人的总机构与分支机构不在同一县（市）

纳税人的总机构与分支机构不在同一县（市）的，应当分别向各自机构所在地的税务机关申报纳税。纳税人的总机构与分支机构不在同一县（市），但在同一省（自治区、直辖市）范围内，经省（自治区、直辖市）财政厅（局）、税务局审批同意，可以由总机构汇总向总机构所在地的税务机关申报缴纳消费税。

（六）销货退回

纳税人销售的应税消费品，如因质量等原因由购买者退回时，经机构所在地或者居住地税务机关审核批准后，可退还已缴纳的消费税税款。

（七）个人携带或者邮寄进境的应税消费品

个人携带或者邮寄进境的应税消费品的消费税，连同关税一并计征，具体办法由国务院关税税则委员会会同有关部门制定。

四、纳税申报

消费税纳税申报表包括1张主表《消费税及附加税费申报表》、7张附表（其中4张为通用附表、1张成品油消费税纳税人填报的专用附表、2张卷烟消费税纳税人填报的专用附表）。

纳税人申报消费税时，应一并申报附征的城市维护建设税、教育费附加和地方教育附加等附加税费。

纳税申报的操作流程为：纳税人登录电子税务局，通过首页"我的待办"进入申报界面，或点击"我要办税"—"税费申报及缴纳"—"消费税及附加税费申报"进入申报界面。

（1）消费税及附加税费申报表。点击"我要办税"—"税费申报及缴纳"—"消费税及附加税费申报"—"消费税及附加税费申报表"。申报表左侧菜单栏根据纳税人类型带出相应的表单列表，点击表单名称，右侧切换相应的报表供纳税人进行填报。

（2）本期准予扣除税额计算表。纳税人登录电子税务局，点击"我要办税"—"税费申报及缴纳"—"消费税及附加税费申报"—"本期准予扣除税额计算表"。本表作为《消费税纳税申报表》的附报资料，由外购（含进口）或委托加工收回应税消费品后连续生产应税消费品的、委托加工收回的应税消费品以高于受托方的计税价格出售的纳税人（成品油消费税纳税人除外）填写。

（3）本期准予扣除税额计算表（成品油消费税纳税人适用）。纳税人登录电子税务局，点击"我要办税"—"税费申报及缴纳"—"消费税及附加税费申报"—"本期准予扣除税额计算表（成品油纳税人适用）"。本表作为《消费税纳税申报表》的附报资料，由外购（含进口）或委托加工收回已税汽油、柴油、石脑油、润滑油和燃料油进行连续生产应税消费品的成品油消费税纳税人填写。

(4) 本期减(免)税额明细表。纳税人登录电子税务局,点击"我要办税"—"税费申报及缴纳"—"消费税及附加税费申报"—"本期减(免)税额明细表"。本表作为《消费税纳税申报表》的附报资料,由符合消费税减免税政策规定的纳税人填报。本表不含暂缓征收的项目。未发生减(免)消费税业务的纳税人和受托加工方不填报本表。

(5) 本期委托加工收回情况报告表。纳税人登录电子税务局,点击"我要办税"—"税费申报及缴纳"—"消费税及附加税费申报"—"本期委托加工收回情况报告表"。本表作为《消费税纳税申报表》的附报资料,由委托加工方填写,第一部分填报委托加工收回的应税消费品在委托加工环节由受托方代收代缴税款情况;第二部分填报委托加工收回应税消费品领用存情况。

(6) 卷烟批发企业月份销售明细清单。纳税人登录电子税务局,点击"我要办税"—"税费申报及缴纳"—"消费税及附加税费申报"—"卷烟批发企业"。本表由卷烟批发环节消费税纳税人填报,在办理消费税纳税申报时一并报送。本表第5栏"销售价格"为卷烟批发企业向零售单位销售卷烟的实际价格,不含增值税。

(7) 卷烟生产企业合作生产卷烟消费税情况报告表。纳税人登录电子税务局,点击"我要办税"—"税费申报及缴纳"—"消费税及附加税费申报"—"卷烟生产企业合作生产卷烟消费税情况报告表"。本表由卷烟生产环节消费税纳税人填报,未发生合作生产卷烟业务的纳税人不填报本表。

(8) 消费税附加税费计算表。纳税人登录电子税务局,点击"我要办税"—"税费申报及缴纳"—"消费税及附加税费申报"—"消费税附加税费计算表"。本表第1栏"计税依据"自动带出主表"本期应补(退)税额";本表第4栏"减免性质代码"按《减免税政策代码目录》中附加税适用的减免性质代码填写,增值税小规模纳税人"六税两费"减征政策优惠不在此栏填写;本表本期是否适用增值税小规模纳税人"六税两费"减征政策栏:本期适用增值税小规模纳税人"六税两费"减征政策的,默认为"是";否则,默认"否"。增值税一般纳税人按规定转登记为增值税小规模纳税人的,自成为增值税小规模纳税人的当月起适用减征优惠。增值税小规模纳税人按规定登记为增值税一般纳税人的,自增值税一般纳税人生效之日起不再适用减征优惠;纳税人的年增值税应税销售额超过增值税小规模纳税人标准应当登记为增值税一般纳税人而未登记,经税务机关通知,逾期仍不办理登记的,自逾期次月起不再适用减征优惠。

消费税纳税申报表,如表4-3至表4-6所示。

表4-3　　　　　　　　　　消费税及附加税费申报表

税款所属期:自　　年　　月　　日至　　年　　月　　日

纳税人识别号(统一社会信用代码):□□□□□□□□□□□□□□□□□□

纳税人名称:　　　　　　　　　　　　　　　　　金额单位:人民币元(列至角分)

项目 应税消费品名称	适用税率		计量单位	本期销售数量	本期销售额	本期应纳税额
	定额税率	比例税率				
	1	2	3	4	5	6=1×4+2×5

（续表）

应税消费品名称＼项目	适用税率		计量单位	本期销售数量	本期销售额	本期应纳税额
	定额税率	比例税率				
	1	2	3	4	5	6＝1×4＋2×5
合计	—	—	—	—	—	

	栏次	本期税费额
本期减（免）税额	7	
期初留抵税额	8	
本期准予扣除税额	9	
本期应扣除税额	10＝8＋9	
本期实际扣除税额	11［10＜（6－7），则为10，否则为6－7］	
期末留抵税额	12＝10－11	
本期预缴税额	13	
本期应补（退）税额	14＝6－7－11－13	
城市维护建设税本期应补（退）税额	15	
教育费附加本期应补（退）费额	16	
地方教育附加本期应补（退）费额	17	

声明:此表是根据国家税收法律法规及相关规定填写的,本人(单位)对填报内容(及附带资料)的真实性、可靠性、完整性负责。

纳税人(签章)：　　年　　月　　日

经办人：	受理人：
经办人身份证号：	受理税务机关(章)：
代理机构签章：	受理日期：　　年　　月　　日
代理机构统一社会信用代码：	

表 4-4   **本期准予扣除税额计算表**   金额单位:元(列至角分)

准予扣除项目 应税消费品名称						合计
一、本期准予扣除的委托加工应税消费品已纳税款计算		期初库存委托加工应税消费品已纳税款	1			
		本期收回委托加工应税消费品已纳税款	2			
		期末库存委托加工应税消费品已纳税款	3			
		本期领用不准予扣除委托加工应税消费品已纳税款	4			
		本期准予扣除委托加工应税消费品已纳税款	5＝1＋2－3－4			
二、本期准予扣除的外购应税消费品已纳税款计算	（一）从价计税	期初库存外购应税消费品买价	6			
		本期购进应税消费品买价	7			
		期末库存外购应税消费品买价	8			
		本期领用不准予扣除外购应税消费品买价	9			
		适用税率	10			
		本期准予扣除外购应税消费品已纳税款	11＝(6＋7－8－9)×10			
	（二）从量计税	期初库存外购应税消费品数量	12			
		本期外购应税消费品数量	13			
		期末库存外购应税消费品数量	14			
		本期领用不准予扣除外购应税消费品数量	15			
		适用税率	16			
		计量单位	17			
		本期准予扣除的外购应税消费品已纳税款	18＝(12＋13－14－15)×16			
三、本期准予扣除税款合计			19＝5＋11＋18			

表 4-5　　　　　　　　　　　　本期减(免)税额明细表　　　　　　　金额单位:元(列至角分)

项目 应税消费 品名称	减(免)性 质代码	减(免) 项目名称	减(免) 税销售额	适用税率 (从价定率)	减(免) 税销售 数量	适用税率 (从量定额)	减(免)税额
1	2	3	4	5	6	7	8＝4×5＋6×7
出口免税	—	—		—		—	—
合　计	—		—		—		

表 4-6　　　　　　　　　　　　消费税附加税费计算表　　　　　　　金额单位:元(列至角分)

税(费)种	计税 (费) 依据 消费税 税额	税(费) 率(%)	本期应纳税 (费)额	本期减免税 (费)额		本期是否适用增值 税小规模纳税人"六 税两费"减征政策 □是　□否		本期已 缴税 (费)额	本期应补 (退)税 (费)额
				减免性 质代码	减免税 (费)额	减征比 例(%)	减征额		
	1	2	3＝1×2	4	5	6	7＝(3-5) ×6	8	9＝3-5- 7-8
城市维护建设税									
教育费附加									
地方教育附加									
合计	—	—			—		—		

◉ 任务实施

填写十里香酒业有限公司 8 月份消费税纳税申报表。

◉ 任务评价

评价项目	掌握情况	完成情况	未掌握情况
任务指导			
任务实施			

任务拓展

填写山东鑫发商贸有限公司(一般纳税人)2022年8月份纳税申报表。

附1:

城市维护建设税和教育费附加

一、城市维护建设税

城市维护建设税(简称城建税)是以纳税人依法实际缴纳的增值税、消费税税额为计税依据所征收的一种税,主要目的是筹集城镇设施建设和维护资金。1985年2月8日国务院发布了《中华人民共和国城市维护建设税暂行条例》,2020年8月11日第十三届全国人民代表大会常务委员会第二十一次会议通过了《中华人民共和国城市维护建设税法》(以下简称《城市维护建设税法》)。

(一)城市维护建设税纳税人

在中华人民共和国境内缴纳增值税、消费税的单位和个人,为城市维护建设税的纳税人。单位,是指各类企业(含外商投资企业、外国企业)、行政单位、事业单位、军事单位、社会团体及其他单位。个人,是指个体工商户和其他个人(含外籍个人)。

城市维护建设税扣缴义务人为负有增值税、消费税扣缴义务的单位和个人,在扣缴增值税、消费税的同时扣缴城市维护建设税。

(二)城市维护建设税税率

城市维护建设税实行差别比例税率。按照纳税人所在地区的不同,设置了三档比例税率,即:

(1)纳税人所在地在市区的,税率为7%。

(2)纳税人所在地在县城、镇的,税率为5%。

(3)纳税人所在地不在市区、县城或者镇的,税率为1%。

纳税人所在地,是指纳税人住所地或者与纳税人生产经营活动相关的其他地点,具体地点由省、自治区、直辖市确定。

由受托方代扣代缴、代收代缴增值税、消费税的单位和个人,其代扣代缴、代收代缴的城市维护建设税按受托方所在地适用税率执行。

流动经营等无固定纳税地点的单位和个人,在经营地缴纳增值税、消费税的,其城市维护建设税的缴纳按经营地适用税率执行。

(三)城市维护建设税计税依据

城市维护建设税的计税依据为纳税人实际缴纳的增值税、消费税税额。在计算计税依据时,应当按照规定扣除期末留抵退税退还的增值税税额。

(四)城市维护建设税应纳税额的计算

城市维护建设税的应纳税额按照纳税人实际缴纳的增值税、消费税税额乘以适用税率计算。其计算公式为:

$$应纳税额＝纳税人实际缴纳的增值税、消费税税额×适用税率$$

对实行增值税期末留抵退税的纳税人，允许其从城市维护建设税的计税依据中扣除退还的增值税税额。

【学以致用4-10】　芳华服饰有限公司为国有企业，位于A市，2022年9月应缴增值税80 000元，实际缴纳增值税70 000元；应缴消费税60 000元，实际缴纳消费税50 000元。已知适用的城市维护建设税税率为7％，计算该公司当月应纳城市维护建设税税额。

【学以致用4-10解析】　根据城市维护建设税法律制度规定，城市维护建设税以纳税人实际缴纳的增值税、消费税税额为计税依据。

$$应纳城市维护建设税税额＝(70\ 000＋50\ 000)×7％＝120\ 000×7％＝8\ 400(元)$$

（五）城市维护建设税税收优惠

城市维护建设税属于增值税、消费税的一种附加税，原则上不单独规定税收减免条款。如果税法规定减免增值税、消费税，也就相应地减免了城市维护建设税。现行城市维护建设税的减免规定主要包括：

（1）对进口货物或者境外单位和个人向境内销售劳务、服务、无形资产缴纳的增值税、消费税税额，不征收城市维护建设税。

（2）对出口货物、劳务和跨境销售服务、无形资产以及因优惠政策退还增值税、消费税的，不退还已缴纳的城市维护建设税。

（3）对增值税、消费税实行先征后返、先征后退、即征即退办法的，除了另有规定，对随增值税、消费税附征的城市维护建设税，一律不予退(返)还。

（4）根据国民经济和社会发展的需要，国务院对重大公共基础设施建设、特殊产业和群体以及重大突发事件应对等情形可以规定减征或者免征城市维护建设税，报全国人民代表大会常务委员会备案。

（六）城市维护建设税征收管理

1. 纳税义务发生时间

城市维护建设税纳税义务发生时间与缴纳增值税、消费税的纳税义务发生时间一致，分别与增值税、消费税同时缴纳。

2. 纳税期限

城市维护建设税的纳税期限与增值税、消费税的纳税期限一致。根据增值税法和消费税法规定，增值税、消费税的纳税期限分别为1日、3日、5日、10日、15日、1个月或者1个季度；纳税人的具体纳税期限，由税务机关根据纳税人应纳税额的大小分别核定；不能按照固定期限纳税的，可以按次纳税。

3. 纳税地点

城市维护建设税纳税地点为实际缴纳增值税、消费税的地点。扣缴义务人应当向其机构所在地或者居住地的主管税务机关申报缴纳其扣缴的税款。有特殊情况的，按下列原则和办法确定纳税地点：

（1）代扣代缴、代收代缴增值税、消费税的单位和个人，同时也是城市维护建设税的代扣代缴、代收代缴义务人，其纳税地点为代扣代收地。

（2）对流动经营等无固定纳税地点的单位和个人，应随同增值税、消费税在经营地纳税。

二、教育费附加

教育费附加是以各单位和个人实际缴纳的增值税、消费税的税额为计征依据而征收的一种费用，其目的是加快发展教育事业，扩大教育经费资金来源。1986年4月28日国务院发布了《征收教育费附加的暂行规定》，自1986年7月1日起施行。2005年8月20日国务院公布《国务院关于修改〈征收教育费附加的暂行规定〉的决定》，自2005年10月1日起施行。

（一）教育费附加征收范围

教育费附加的征收范围为税法规定征收增值税、消费税的单位和个人。包括外商投资企业、外国企业及外籍个人。

（二）教育费附加计征依据

教育费附加以纳税人实际缴纳的增值税、消费税税额之和为计征依据。

（三）教育费附加征收比率

按照1994年2月7日《国务院关于教育费附加征收问题的紧急通知》的规定，现行教育费附加征收比率为3%。

（四）教育费附加计算与缴纳

$$应纳教育费附加＝实际缴纳增值税、消费税税额之和×征收比率$$

【学以致用4-11】 芳华服饰有限公司为国有企业，位于A市，2022年9月应缴增值税80 000元，实际缴纳增值税70 000元；应缴消费税60 000元，实际缴纳消费税50 000元。已知教育费附加的征收比率为3%，计算该公司当月应纳教育费附加。

【学以致用4-11解析】 教育费附加以纳税人实际缴纳的增值税、消费税税额之和为计征依据。

$$应纳教育费附加＝(70\ 000＋50\ 000)×3\%＝120\ 000×3\%＝3\ 600(元)$$

教育费附加分别与增值税、消费税税款同时缴纳。

（五）教育费附加减免规定

教育费附加的减免，原则上比照增值税、消费税的减免规定。如果税法规定增值税、消费税减免，则教育费附加也就相应的减免。主要的减免规定包括：

（1）对海关进口产品征收的增值税、消费税，不征收教育费附加。

（2）对由于减免增值税、消费税而发生退税的，可同时退还已征收的教育费附加。但对出口产品退还增值税、消费税的，不退还已征的教育费附加。

附2：

关 税

一、关税基本知识

（一）关税的概念、特点和分类

1. 关税的概念

关税是对进出国境或关境的货物、物品征收的一种税。关境又称税境，是指国家《海关法》全面实施的领域。国境是指一个主权国家的领土范围,包括国家全部的领土、领海和领空。通常情况下,一国的关境与国境是一致的,但由于自由港、自由区和关税同盟的存在,关境与国境有时不完全一致。

我国关税的相关法律、法规主要包括国务院颁布的《中华人民共和国进出口关税条例》(以下简称《进出口关税条例》)、《中华人民共和国海关进出口税则》(以下简称《海关进出口税则》)以及1987年1月22日第六届全国人大常委会第十九次会议通过,2017年11月4日第十二届全国人大常委会第三十次会议第五次修正的《中华人民共和国海关法》(以下简称《海关法》)。

2. 关税的特点

关税是一个比较特殊的税种,相对于其他税种,关税具有以下特点:

(1) 关税的征税对象是进出关境的货物和物品。关税以进出关境的货物和物品为课税对象,凡不通过我国关境的货物和物品,均不征收关税。关税与其他流转税的主要区别在于是否通过我国关境作为征税前提。

(2) 关税属于单一环节的价外税。关税是在货物或物品进出关境的环节一次性征收,在国内流通的任何环节均不再征收关税。另外,海关征收关税时,是以海关认可的实际成交价格作为计税依据,关税不包含在内,即关税属于价外税。

(3) 关税有较强的涉外性,是国家执行对外政策的工具。对进出口货物征收关税既影响着我国经济的发展和财政收入,同时也影响着贸易伙伴国的经济利益。因此,国家在处理各种国际关系时,关税常被用作执行对外政治经济政策的手段和工具。关税的这种涉外性已使其成为国际贸易谈判和协定的一项重要内容。

(4) 关税由海关征收。关税由海关总署及所属机构具体管理和征收,海关是关税的征收主体。海关总署是领导全国海关机构和管理全国海关业务的行政机构。根据《海关法》的规定,海关总署要参与制定海关税则;拟订修改税则、税率方案;解释海关税则等。海关总署领导下的各地方海关负责贯彻执行关税条例和海关税则,并具体负责关税的征管工作。

3. 关税的分类

分类标准不同,关税的分类也不尽相同。

(1) 关税按商品流向分类,可分为进口税、出口税和过境税。进口税是指一国海关对进口货物和物品征收的关税。进口税有正税和附加税之分。进口正税是指按照关税税则中法定的税率征收的进口税。进口附加税是指在征收进口正税的基础上有针对性地加征的临时性关税,如反倾销税、反补贴税、报复性关税和紧急进口税。出口税是指本国货物或物品出境时需要缴纳的一种关税,大部分发达国家都已经废止出口税。但发展中国家为增加财政收入,限制本国紧缺资源的输出,仍普遍保留出口税。过境税又称通过税,是指一国海关对通过本国国境或关境,销往第三国的外国货物征收的一种关税。过境税在重商主义时代比较盛行,目的是增加财政收入。开征过境税的国家极少,世界贸易组织协定也严格禁止成员国开征任何形式的过境关税。

(2) 关税按征税目的分类,可分为财政关税、保护关税、惩罚关税或报复关税。财政关税又称收入关税,是指以增加国家的财政收入为主要目的而征收的关税。保护关税是指以保护本国工农业生产为主要目的而征收的关税,是财政关税的对称,同时也是一个国家实施保护贸易政策时所适用的有效工具。惩罚关税是指出口国某商品违反了与进口国之间协议,或者未按进口国海关规定办理进口手续时,进口国海关对该进口商品征收的一种临时性的进口附加税。报复关税是指对违反与我国签订或者共同参加的贸易协定及相关协定,对我国在贸易方面采取禁止、限制、加征关税或者其他影响正常贸易的国家或地区所采取的一种进口附加税。

(3)关税按待遇分类,可分为普通关税和优惠关税。普通关税是指一国对来自未建交的国家或未签订贸易协定的国家或地区的产品征收的关税。普通关税一般都高于优惠关税。优惠关税是指对特定的受惠国给予的关税优惠待遇,主要有互惠关税和特惠关税等。使用优惠关税的目的是增进与受惠国之间的友好贸易往来。

(4)关税按常规与临时划分,可分为法定关税和附加关税。法定关税是指在海关税则上列出的进出口商品的关税税目的税率。附加关税是指海关对进出口商品在征收表列关税以外,再加征额外的关税。

二、关税的纳税人

进口货物的收货人、出口货物的发货人和进出境物品的所有人,是关税纳税人。

进口货物的收货人和出口货物的发货人是依法取得对外贸易经营权,并且进口或者出口货物的法人或者其他社会团体,具体包括外贸进出口公司、工贸或农贸结合的进出口公司和其他经批准经营进出口商品的企业。

进出境物品的所有人包括该物品的所有人和推定为所有人的人,具体包括:①入境旅客随身携带的行李、物品的持有人;②各种运输工具上服务人员入境时携带自用物品的持有人;③馈赠物品以及其他方式入境个人物品的所有人;④个人邮递物品的收件人。

三、关税的课税对象和税目

关税的课税对象是进出境的货物、物品。凡准许进出口的货物,除了国家另有规定的,均应由海关征收进口关税或出口关税。对从境外采购进口的原产于中国境内的货物,也应按规定征收进口关税。

关税的税目、税率都由《海关进出口税则》规定。它包括归类总规则、进口税率表和出口税率表三个主要部分,其中,归类总规则是进出口货物分类的具有法律效力的原则和方法。

进出口税则中的商品分类目录为关税税目。按照税则归类总规则及其归类方法,每一种商品都能找到一个最适合的对应税目。

四、关税的税率

(一)税率的种类

关税的税率分为进口税率和出口税率两种。其中,进口税率又分为普通税率、最惠国税率、协定税率、特惠税率、关税配额税率和暂定税率。进口货物适用何种关税税率是以进口货物的原产地为标准的。进口关税一般采用比例税率,实行从价计征的办法,但对啤酒和原油等少数货物则实行从量计征。对广播用录像机、放像机和摄像机等实行从价加从量的复合税率。出口税率是对出口货物征收关税而规定的税率。我国仅对少数资源性产品及易于竞相杀价,需要规范出口秩序的半制成品征收出口关税。与进口关税税率一样,出口关税税率也规定有暂定税率。与进口暂定税率一样,出口暂定税率优先适用于出口税则中规定的出口关税税率。未订有出口关税税率的货物,不征出口关税。下面介绍进口税率的六种形式。

1. 普通税率

对原产于未与我国共同适用最惠国条款的世界贸易组织成员,未与我国订有相互给予最惠国待遇、关税优惠条款贸易协定和特殊关税优惠条款贸易协定的国家或者地区的进口货物，以及原产地不明的货物，按照普通税率征税。

2. 最惠国税率

对原产于与我国共同适用最惠国条款的世界贸易组织成员的进口货物，原产于与我国签订含有相互给予最惠国待遇的双边贸易协定的国家或者地区的进口货物，以及原产于我国的进口货物，按照最惠国税率征税。

3. 协定税率

对原产于与我国签订含有关税优惠条款的区域性贸易协定的国家或地区的进口货物，按协定税率征税。

4. 特惠税率

对原产于与我国签订含有特殊关税优惠条款的贸易协定的国家或地区的进口货物，按特惠税率征收。

5. 关税配额税率

关税配额税率是指关税配额限度内的税率。关税配额是进口国限制进口货物数量的措施，把征收关税和进口配额相结合以限制进口。对于在配额内进口的货物可以适用较低的关税配额税率，对于配额之外的则适用较高税率。

6. 暂定税率

暂定税率是指在最惠国税率的基础上，对于一些国内需要降低进口关税的货物，以及出于国际双边关系的考虑需要个别安排的进口货物，可以实行暂定税率。

（二）税率的确定

进出口货物应当依照《海关进出口税则》规定的归类原则归入合适的税号，按照适用的税率征税。

（1）进出口货物，应当按照收发货人或者他们的代理人申报进口或者出口之日实施的税率征税。

（2）进口货物到达前，经海关核准先行申报的，应当按照装载此货物的运输工具申报进境之日实施的税率征税。

（3）进出口货物的补税和退税，适用该进出口货物原申报进口或者出口之日所实施的税率。

五、关税的计税依据

我国对进出口货物征收关税，主要采取从价计征的办法，以商品价格为标准征收关税。因此，关税主要以进出口货物的完税价格为计税依据。

（一）进口货物的完税价格

1. 一般贸易项下进口货物的完税价格

一般贸易项下进口的货物以海关审定的成交价格为基础的到岸价格作为完税价格。成交价格是指一般贸易项下进口货物的买方为购买该项货物向卖方实际支付或应当支付的价格。在货物成交过程中，进口人在成交价格外另支付给卖方的佣金，应计入成交价格，而向境外采购代理人支付的买方佣金则不能列入，如已包括在成交价格中应予以扣除；卖方付给进口人的正常回扣，应从成交价格中扣除。卖方违反合同规定延期交货的罚款，卖方在货价中冲减时，罚款则不能从成交价格中扣除。到岸价格是指包括货价以及货物运抵我国关境内输入地点起卸前的包装费、运费、保险费和其他劳务费等费用构成的一种价格,其中还应包括为了在境内生产、制造、使用或出版、发行而向境外支付的与该进口货物有关的专利、商标、著作权,以及专有技术、计算机软件和资料等费用。

为避免低报、瞒报价格偷逃关税,进口货物的到岸价格不能确定时,本着公正、合理原则,海关应当按照规定估定完税价格。

2. 特殊贸易项下进口货物的完税价格

对于某些特殊、灵活的贸易方式(如寄售等)下进口的货物,在进口时没有成交价格可作依据,《进出口关税条例》对这些进口货物制定了确定其完税价格的方法,主要包括:

(1)运往境外加工的货物的完税价格。出境时已向海关报明,并在海关规定期限内复运进境的,以境外加工费和料件费以及复运进境的运输及其相关费用和保险费审查确定完税价格。

(2)运往境外修理的机械器具、运输工具或者其他货物的完税价格。出境时已向海关报明并在海关规定期限内复运进境的,以经海关审定的修理费和料件费作为完税价格。

(3)租借和租赁进口货物的完税价格。租借、租赁方式进境的货物,以海关审查确定的货物租金作为完税价格。

(4)国内单位留购的进口货样、展览品和广告陈列品的完税价格。对于国内单位留购的进口货样、展览品和广告陈列品,以留购价格作为完税价格。但对于留购货样、展览品和广告陈列品的买方,除了按留购价格付款,又直接或间接给卖方一定利益的,海关可以另行确定上述货物的完税价格。

(5)逾期未出境的暂进口货物的完税价格。对于经海关批准暂时进口的施工机械、工程车辆、供安装使用的仪器和工具、电视或电影摄制机械,以及盛装货物的容器等,如入境超过半年仍留在国内使用的,应自第7个月起,按月征收进口关税,其完税价格按原货进口时的到岸价格确定,每月的税额计算公式如下:

$$每月关税＝货物原到岸价格×关税税率×1÷48$$

(6)转让出售进口减免税货物的完税价格。按照特定减免税办法批准予以减免税进口的货物,在转让或出售而需补税时,可按这些货物原进口时的到岸价格来确定其完税价格。其计算公式如下:

$$完税价格＝原入境到岸价格×[1－实际使用月份÷(管理年限×12)]$$

管理年限是指海关对减免税进口的货物监督管理的年限。

(二)出口货物的完税价格

出口货物应当以海关审定的货物售予境外的离岸价格,扣除出口关税后作为完税价格。其计算公式如下:

$$出口货物完税价格＝离岸价格÷(1＋出口税率)$$

离岸价格应以该项货物运离关境前的最后一个口岸的离岸价格为实际离岸价格。若该项货物从内地起运,则从内地口岸至最后出境口岸所支付的国内段运输费用应予扣除。离岸价格不包括装船以后发生的费用。出口货物在成交价格以外支付给国外的佣金应予扣除,未单独列明的则不予扣除。出口货物在成交价格以外,买方还另行支付的货物包装费,应计入成交价格。当离岸价格不能确定时,完税价格由海关估定。

(三) 进出口货物完税价格的估定

进出口货物的收发货人或其代理人向海关申报进出口货物的成交价格明显偏低,而又不能提供合法证据和正当理由的;申报价格明显低于海关掌握的相同或类似货物的国际市场上公开成交货物的价格,而又不能提供合法证据和正当理由的;申报价格经海关调查认定买卖双方之间有特殊经济关系或对货物的使用、转让互相订有特殊条件或特殊安排,影响成交价格的,以及其他特殊成交情况,海关认为需要估价的,按以下方法依次估定完税价格。

1. 相同货物成交价格法

相同货物成交价格法是指以从同一出口国家或者地区购进的相同货物的成交价格作为该被估货物完税价格的依据的方法。

2. 类似货物成交价格法

类似货物成交价格法是指以从同一出口国家或者地区购进的类似货物的成交价格作为被估货物的完税价格的方法。

3. 国际市场价格法

国际市场价格法是指以进口货物的相同或类似货物在国际市场上公开的成交价格为该进口货物的完税价格的方法。

4. 国内市场价格倒扣法

国内市场价格倒扣法是指以进口货物的相同或类似货物在国内市场上的批发价格,扣除合理的税、费、利润后为完税价格的方法。

5. 合理方法估定的价格

如果按照上述几种方法顺序估价仍不能确定其完税价格时,则可由海关按照合理方法估定。

六、关税应纳税额的计算

(一) 从价税计算方法

从价税是最普遍的关税计征方法,它以进(出)口货物的完税价格作为计税依据。进(出)口货物应纳关税税额的计算公式如下:

$$应纳税额＝应税进(出)口货物数量×单位完税价格×适用税率$$

(二) 从量税计算方法

从量税是以进口商品的数量为计税依据的一种关税计征方法。其应纳关税税额的计算公式如下:

$$应纳税额＝应税进口货物数量×关税单位税额$$

(三) 复合税计算方法

复合税是对某种进口货物同时使用从价和从量计征的一种关税计征方法。其应纳关税税额的计算公式如下:

$$应纳税额＝应税进口货物数量×关税单位税额＋应税进口货物数量×单位完税价格×适用税率$$

(四) 滑准税计算方法

滑准税是指关税的税率随着进口商品价格的变动而反方向变动的一种税率形式,即价格越高,税率越低,税率为比例税率。因此,对实行滑准税率的进口商品应纳关税税额的计算方法与从价税的计算方法相同。

【学以致用附2-1】 华美化妆品公司于2022年10月进口一批原材料共500吨,货物以境外口岸离岸价格成交,单价折合人民币为10 000元,买方承担包装费每吨500元,另向卖方支付佣金每吨1 000元,向自己的采购代理人支付佣金每吨5 000元,已知该货物运抵我国入关前发生包装费、运输费、保险费折合人民币每吨2 000元。货物进口后每吨又发生运输费、装卸费600元,进口关税税率为10%。计算该批原材料应纳的进口环节关税。

【学以致用附2-1解析】 (1)关税完税价格=(10 000+500+1 000+2 000)×500÷10 000=675(万元)。

(2)应缴纳进口关税=675×10%=67.5(万元)。

七、关税的税收优惠

关税的税收优惠分为法定性减免税、政策性减免税和临时性减免税。

(一) 法定性减免税

《海关法》和《进出口关税条例》中规定的减免税,称为法定性减免税,主要有下列情形:

(1)一票货物关税税额、进口环节增值税或者消费税税额在人民币50元以下的。

(2)无商业价值的广告品及货样。

(3)国际组织、外国政府无偿赠送的物资。

(4)进出境运输工具装载的途中必需的燃料、物料和饮食用品。

(5)因故退还的中国出口货物,可以免征进口关税,但已征收的出口关税,不予退还。

(6)因故退还的境外进口货物,可以免征出口关税,但已征收的进口关税,不予退还。

对有上述情况的货物,经海关审查无误后可以免税。

中国缔结或参加的国际条约规定减征、免征关税的货物、物品,海关应当按照规定减免关税。

(二) 政策性减免税

有下列情形之一的进口货物,海关可以酌情减免税:

(1)在境外运输途中或者在起卸时,遭受到损坏或者损失的。

(2)起卸后海关放行前,因不可抗力遭受损坏或者损失的。

(3)海关查验时已经破漏、损坏或者腐烂,经证明不是保管不慎造成的。

(三) 临时性减免税

为境外厂商加工、装配成品和为制造外销产品而进口的原材料、辅料、零件、部件、配套件和包装物料,海关按照实际加工出口的成品数量免征进口关税;或者对进口料、件先征进口关税,再按照实际加工出口的成品数量予以退税。

八、关税的征收管理

(一) 纳税期限与滞纳金

关税是在货物实际进出境时,即在纳税人按进出口货物通关规定向海关申报后、海关放行前一次性缴纳。进出口货物的收发货人或其代理人应当在海关填发税款缴款书之日起15日内,向指定银行缴纳税款。逾期不缴的,除依法追缴,由海关自到期次日起至缴清税款之日止,按日征收欠缴税额 5‰的滞纳金。

(二) 海关暂不予放行的行李物品

自 2016 年 6 月 1 日起,旅客携运进出境的行李物品有下列情形之一的,海关暂不予放行:

(1) 旅客不能当场缴纳进境物品税款的。

(2) 进出境的物品属于许可证件管理的范围,但旅客不能当场提交的。

(3) 进出境的物品超出自用合理数量,按规定应当办理货物报关手续或其他海关手续,其尚未办理的。

(4) 对进出境物品的属性、内容存疑,需要由有关主管部门进行认定、鉴定、验核的。

(5) 按规定暂不予以放行的其他行李物品。

(三) 关税的退税与追缴

有下列情形之一的,纳税人可以从缴纳税款之日起的 1 年内,书面声明理由,连同纳税收据向海关申请退税,逾期不予受理;海关应当自受理退税申请之日起 30 日内作出书面答复,并通知退税申请人:①海关误征、多缴纳税款的。②海关核准免验的进口货物在完税后,发现有短卸情况,经海关审查认可的。③已征出口关税的货物,因故未装运出口申报退关,经海关查验属实的。

进出口货物完税后,如发现少征或漏征税款,海关有权在 1 年内予以补征;如因收发货人或其代理人违反规定而造成少征或漏征税款的,海关在 3 年内可以追缴。

项目五　企业所得税

党的二十大精神专栏

　　深化国资国企改革,加快国有经济布局优化和结构调整,推动国有资本和国有企业做强做优做大,提升企业核心竞争力。优化民营企业发展环境,依法保护民营企业产权和企业家权益,促进民营经济发展壮大。完善中国特色现代企业制度,弘扬企业家精神,加快建设世界一流企业。支持中小微企业发展。

学习目标

➤ 知识目标

1. 了解企业所得税的概念和特点
2. 掌握企业所得税的纳税人、征税范围和税率
3. 理解企业所得税的税收优惠
4. 掌握企业所得税的计税依据——应纳税所得额的确定
5. 理解企业所得税的纳税地点和纳税期限

➤ 能力目标

1. 计算企业所得税应纳税额
2. 填写企业所得税预缴纳税申报表和汇算清缴申报表
3. 办理企业所得税预缴和汇算清缴

➤ 素养目标

1. 树立依法纳税意识
2. 具备爱岗敬业、团队协作的职业道德修养
3. 培育爱企如家的人文情怀

知识导航

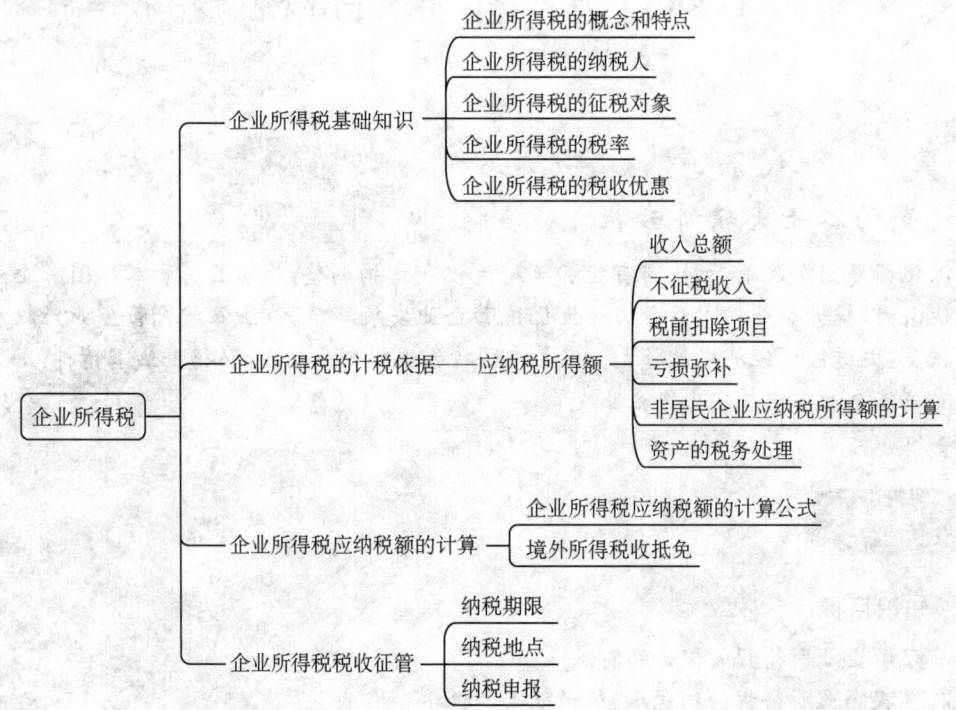

企业所得税
├─ 企业所得税基础知识
│　├─ 企业所得税的概念和特点
│　├─ 企业所得税的纳税人
│　├─ 企业所得税的征税对象
│　├─ 企业所得税的税率
│　└─ 企业所得税的税收优惠
├─ 企业所得税的计税依据——应纳税所得额
│　├─ 收入总额
│　├─ 不征税收入
│　├─ 税前扣除项目
│　├─ 亏损弥补
│　├─ 非居民企业应纳税所得额的计算
│　└─ 资产的税务处理
├─ 企业所得税应纳税额的计算
│　├─ 企业所得税应纳税额的计算公式
│　└─ 境外所得税收抵免
└─ 企业所得税税收征管
　　├─ 纳税期限
　　├─ 纳税地点
　　└─ 纳税申报

引 子

企业所得税溯源

　　企业所得税是对企业和其他取得收入的组织的生产经营所得和其他所得征收的一种税。企业所得税制度的创建受欧美国家和日本的影响,始议于 20 世纪初。清朝宣统年间曾草拟出《所得税章程》,但未能公布施行。1936 年 7 月,国民政府公布《所得税暂行条例》,同年 10 月 1 日施行,这是中国历史上第一次实质性地开征所得税。1943 年,国民政府公布《所得税法》,这是中国历史上第一部所得税法。1950 年政务院发布《全国税政实施要则》,对私营企业、集体企业和个体工商户的应税所得开征工商业税(所得税部分)、存款利息所得税和薪金报酬所得税等三种税收。国营企业实行利润上缴制度,而未开征所得税。改革开放后,我国税制建设进入了一个新的发展时期。1980 年 9 月,施行《中华人民共和国中外合资经营企业所得税法》;1981 年 12 月,施行《中华人民共和国外国企业所得税法》;1983 年,试行国营企业"利改税";1984 年 9 月,国务院发布《中华人民共和国国营企业所得税条例(草案)》和《国营企业调节税征收办法》,1985 年 4 月,国务院发布《中华人民共和国集体企业所得税暂行条例》;1988 年 6 月,国务院发布了《中华人民共和国私营企业所得税暂行条例》,1991 年 7 月,施行《中华人民共和国外商投资企业和外国企业所得税法》;1994 年 1 月 1 日,

实施《中华人民共和国企业所得税暂行条例》;2008年,实施《中华人民共和国企业所得税法》(以下简称《企业所得税法》)和《中华人民共和国企业所得税法实施条例》(以下简称《企业所得税法实施条例》);2017年修正、2018年修改《企业所得税法》和《企业所得税法实施条例》。我国企业所得税改革历程,如图5-1所示。

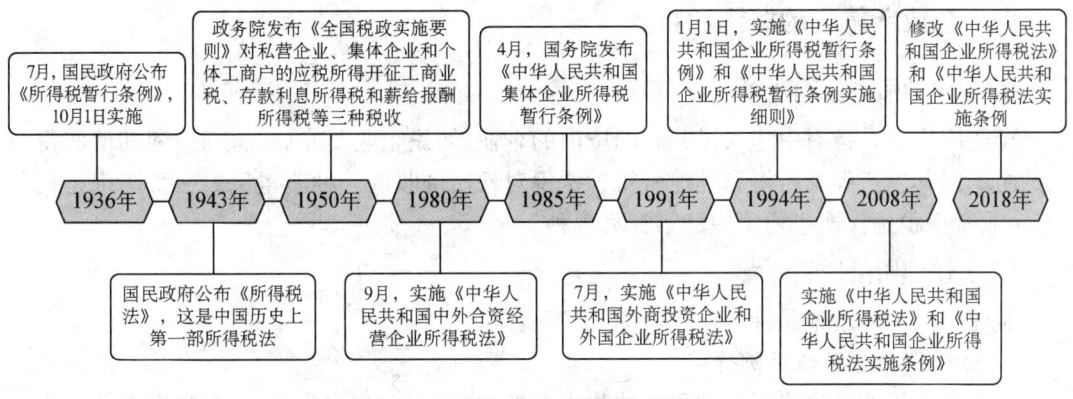

图 5-1　我国企业所得税改革历程

企业所得税作为我国双主体之一的税种,2020年全国税收收入为154 310亿元,其中,企业所得税36 424亿元,占税收收入的23.60%;2021年全国税收收入为172 731亿元,其中,企业所得税42 041亿元,占税收收入的24.34%;2022年全国税收收入166 614亿元,其中,企业所得税43 690亿元,占税收收入的26.22%。

任务一／企业所得税基础知识

● 任务背景

十里香酒业有限公司是济州市一家白酒制造企业,为增值税一般纳税人,营业执照上载明的生产经营范围包括自酿酒的生产、销售;配制酒的生产、销售;酒类生产配制技术的研发与转让;酒类原料的收储与加工等。税务机关核定的企业所得税征收方式为查账征收,按照实际利润额预缴方式预缴所得税,年终汇算清缴所得税。企业财务执行《企业会计准则》。

● 任务要求

1. 了解企业所得税的概念和特点
2. 界定企业所得税的征税范围
3. 准确区分居民纳税人和非居民纳税人及其纳税义务
4. 准确适用税率

5. 理解税收优惠

一、企业所得税的概念和特点

(一) 企业所得税的概念

企业所得税是指对中华人民共和国境内的企业(居民企业及非居民企业)和其他取得收入的组织以其生产经营所得和其他所得为课税对象所征收的一种所得税。在我国现行税制中,企业所得税是仅次于增值税的第二大税种。

(二) 企业所得税的特点

企业所得税与其他税种相比较,具有以下特点。

1. 计税依据为应纳税所得额

企业所得税的计税依据是纳税人的收入总额扣除各项成本、费用、税金和损失等支出后的净所得额,它既不等于企业实现的会计利润额,也不是企业的增值额,更非收入总额,因此,计算比较复杂。

2. 征税以量能负担为原则

企业所得税以所得额为征税对象,所得税的负担轻重与纳税人所得的多少有着内在联系,所得多、负担能力大的多征;所得少、负担能力小的少征;无所得、没有负担能力的不征,体现了税收公平的原则。

3. 纳税人与负税人一致

企业所得税属于企业的终端税种,纳税人缴纳的所得税不易转嫁,而由纳税人自己负担。

4. 实行按年计征、分期预缴的征收管理办法

企业所得税的征收一般是以全年的应纳税所得额为计税依据,实行按年计算、分月或分季预缴、年终汇算清缴的征收办法。

二、企业所得税的纳税人

在中华人民共和国境内,企业和其他取得收入的组织(以下统称企业)为企业所得税的纳税人。企业所得税纳税人包括各类企业、事业单位、社会团体、民办非企业单位和从事经营活动的其他组织。依照中国法律、行政法规成立的个人独资企业、合伙企业,不属于企业所得税纳税人,不缴纳企业所得税。

企业所得税采取收入来源地管辖权和居民管辖权相结合的双重管辖权,把企业分为居民企业和非居民企业,分别负有不同的纳税义务。

(一) 居民企业及其纳税义务

居民企业是指依法在中国境内成立,或者依照外国(地区)法律成立但实际管理机构在中国境内的企业。

现行税法以注册地或实际管理机构其一在中国境内这一"单一具备"原则作为判断居民

企业的标准。登记注册地标准是指依法在中国境内成立的企业,包括依照中国法律、行政法规在中国境内成立的企业、事业单位、社会团体以及其他取得收入的组织,属于居民企业。实际管理机构是指对企业的生产经营、人员、账务和财产等实施实质性全面管理和控制的机构。

居民企业就其来源于中国境内、境外的所得缴纳企业所得税。

(二)非居民企业及其纳税义务

非居民企业是指依照外国(地区)法律成立且实际管理机构不在中国境内,但在中国境内设立机构、场所的,或者在中国境内未设立机构、场所,但有来源于中国境内所得的企业。

机构、场所是指在中国境内从事生产经营活动的机构、场所,包括:

(1)管理机构、营业机构、办事机构。

(2)工厂、农场、开采自然资源的场所。

(3)提供劳务的场所。

(4)从事建筑、安装、装配、修理和勘探等工程作业的场所。

(5)其他从事生产经营活动的机构、场所。

非居民企业委托营业代理人在中国境内从事生产经营活动的,包括委托单位或者个人经常代其签订合同,或者储存、交付货物等,该营业代理人视为非居民企业在中国境内设立的机构、场所。

非居民企业就其来源于中国境内的所得缴纳企业所得税。

三、企业所得税的征税对象

(一)居民企业的征税对象

居民企业应当就其来源于中国境内、境外的所得缴纳企业所得税,具体包括销售货物所得、提供劳务所得、转让财产所得、股息红利等权益性投资所得、利息所得、租金所得、特许权使用费所得、接受捐赠所得和其他所得。

(二)非居民企业的征税对象

非居民企业的征税对象规定如下:

(1)非居民企业在中国境内设立机构、场所的,应当就其所设机构、场所取得的来源于中国境内的所得,以及发生在中国境外但与其所设机构、场所有实际联系的所得,缴纳企业所得税。

(2)非居民企业在中国境内未设立机构、场所的,或者虽设立机构、场所但取得的所得与其所设机构、场所没有实际联系的,应当就其来源于中国境内的所得缴纳企业所得税。

实际联系是指非居民企业在中国境内设立的机构、场所拥有据以取得所得的股权、债权,以及拥有、管理、控制据以取得所得的财产等。

(三)来源于中国境内、境外所得的确定原则

来源于中国境内、境外的所得,按照以下原则确定:

(1)销售货物所得,按照交易活动发生地确定。

(2)提供劳务所得,按照劳务发生地确定。

（3）转让财产所得，不动产转让所得按照不动产所在地确定；动产转让所得按照转让动产的企业或者机构、场所所在地确定；权益性投资资产转让所得按照被投资企业所在地确定。

（4）股息、红利等权益性投资所得，按照分配所得的企业所在地确定。

（5）利息所得、租金所得、特许权使用费所得，按照负担、支付所得的企业或者机构、场所所在地确定，或者按照负担、支付所得的个人的住所地确定。

（6）其他所得，由国务院财政、税务主管部门确定。

四、企业所得税的税率

企业所得税实行比例税率，具体规定如表5-1所示。

表5-1　　　　　　　　　　　　企业所得税税率表

税率		适用对象
25%		居民企业；在中国境内设立机构场所且取得所得与所设机构场所有实际联系的非居民企业
20%		在中国境内未设立机构、场所的；或者虽设立机构、场所，但取得的所得与其所设机构、场所没有实际联系的非居民企业
优惠税率	10%	执行20%税率的非居民企业
	15%	高新技术企业、技术先进型服务企业、西部地区鼓励类企业
	20%	小型微利企业

五、企业所得税的税收优惠

我国企业所得税的税收优惠包括免税收入、所得减免、减低税率、民族自治地方的减免税、加计扣除、抵扣应纳税所得额、加速折旧、减计收入、税额抵免和其他专项优惠政策。企业同时从事适用不同优惠待遇项目的，其优惠项目应当单独计算所得，并合理分摊企业的期间费用；没有单独计算的，不得享受企业所得税优惠。

（一）免税收入

企业的免税收入包括：

（1）国债利息收入。

（2）符合条件的居民企业之间的股息、红利等权益性投资收益。

（3）在中国境内设立机构、场所的非居民企业从居民企业取得与该机构、场所有实际联系的股息、红利等权益性投资收益。

（4）符合条件的非营利组织的收入。

非营利组织从事非营利性活动取得的收入给予免税，从事营利性活动取得的收入则要征税，但国务院财政、税务主管部门另有规定的除外。

（二）所得减免

企业的所得减免包括：

1. 免征企业所得税的项目

企业从事下列项目的所得，免征企业所得税：

（1）蔬菜、谷物、薯类、油料、豆类、棉花、麻类、糖料、水果和坚果的种植。

（2）农作物新品种的选育。

（3）中药材的种植。

（4）林木的培育和种植。

（5）牲畜、家禽的饲养。

（6）林产品的采集。

（7）灌溉、农产品初加工、兽医、农技推广、农机作业和维修等农、林、牧、渔服务业项目。

（8）远洋捕捞。

2. 减半征收企业所得税的项目

企业从事下列项目的所得，减半征收企业所得税：

（1）花卉、茶以及其他饮料作物和香料作物的种植。

（2）海水养殖、内陆养殖。

3. 从事国家重点扶持的公共基础设施项目投资经营的所得

企业从事国家重点扶持的公共基础设施项目的投资经营的所得，自项目取得第1笔生产经营收入所属纳税年度起，第1至第3年免征企业所得税，第4至第6年减半征收企业所得税。

4. 从事符合条件的环境保护、节能节水项目的所得

企业从事规定的符合条件的环境保护、节能节水项目的所得，自项目取得第1笔生产经营收入所属纳税年度起，第1至第3年免征企业所得税，第4至第6年减半征收企业所得税。

5. 符合条件的技术转让所得

符合条件的技术转让所得免征、减征企业所得税，是指一个纳税年度内，居民企业技术转让所得不超过500万元的部分，免征企业所得税；超过500万元的部分，减半征收企业所得税。其计算公式为：

$$技术转让所得＝技术转让收入－技术转让成本－相关税费$$

6. 非居民企业减免税所得

在中国境内未设立机构、场所的，或者虽设立机构、场所但取得的所得与其所设机构、场所没有实际联系的非居民企业，其取得的来源于中国境内的所得，减按10%的税率征收企业所得税。

下列所得可以免征企业所得税：

（1）外国政府向中国政府提供贷款取得的利息所得。

（2）国际金融组织向中国政府和居民企业提供优惠贷款取得的利息所得。

（3）经国务院批准的其他所得。

7. 境外机构投资者免税所得

从2014年11月17日起，对合格境外机构投资者（QFII）、人民币合格境外机构投资者（RQFII）取得来源于中国境内的股票等权益性投资资产转让所得，暂免征收企业所得税。

（三）减低税率与定期减免税

减低税率与定期减免税包括以下内容。

1. 小型微利企业

自 2023 年 1 月 1 日至 2024 年 12 月 31 日,小型微利企业年应纳税所得额不超过 100 万元的部分,减按 25％计入应纳税所得额,按 20％的税率缴纳企业所得税。

自 2022 年 1 月 1 日至 2024 年 12 月 31 日,小型微利企业年应纳税所得额超过 100 万元但不超过 300 万元的部分,减按 25％计入应纳税所得额,按 20％的税率缴纳企业所得税。

小型微利企业是指从事国家非限制和禁止行业,且同时符合年度应纳税所得额不超过 300 万元、从业人数不超过 300 人、资产总额不超过 5 000 万元等三个条件的企业。年度中间开业或者终止经营活动的,以其实际经营期作为 1 个纳税年度确定上述相关指标。

小型微利企业无论按查账征收方式还是按核定征收方式缴纳企业所得税,均可享受优惠政策。

2. 高新技术企业

国家需要重点扶持的高新技术企业,减按 15％的税率征收企业所得税。

3. 技术先进型服务企业

自 2018 年 1 月 1 日起,对经认定的技术先进型服务企业(服务贸易类),减按 15％的税率征收企业所得税。

4. 生产和装配伤残人员专门用品企业

自 2021 年 1 月 1 日至 2023 年 12 月 31 日,符合条件的生产和装配伤残人员专门用品且在民政部发布的《中国伤残人员专门用品目录》范围之内的居民企业,免征企业所得税。

(四) 民族自治地方的减免税

民族自治地方的自治机关对本民族自治地方的企业应缴纳的企业所得税中属于地方分享的部分,可以决定减征或者免征。自治州、自治县决定减征或者免征的,须报省、自治区、直辖市人民政府批准。

对民族自治地方内国家限制和禁止行业的企业,不得减征或免征企业所得税。

(五) 加计扣除

企业的下列支出,可以在计算应纳税所得额时加计扣除。

1. 研究开发费用

研究开发费用是指企业为开发新技术、新产品和新工艺发生的研究开发费用。

(1) 自 2023 年 1 月 1 日起,企业开展研发活动中实际发生的研发费用,未形成无形资产计入当期损益的,在按规定据实扣除的基础上,再按照实际发生额的 100％在税前加计扣除;形成无形资产的,在上述期间按照无形资产成本的 200％在税前摊销。

(2) 居民企业委托境外进行研发活动所发生的费用,按照费用实际发生额的 80％计入委托方的委托境外研发费用。委托境外研发费用不超过境内符合条件的研发费用 2/3 的部分,可以按规定在税前加计扣除。

下列行业不适用税前加计扣除政策:烟草制造业;住宿和餐饮业;批发和零售业;房地产业;租赁和商务服务业;娱乐业;财政部和国家税务总局规定的其他行业。

2. 安置国家鼓励就业人员所支付的工资

企业安置残疾人员所支付的工资的加计扣除,是指企业安置残疾人员的,在按照支付给残疾职工工资据实扣除的基础上,按照支付给残疾职工工资的 100％加计扣除。企业安置国家鼓励安置的其他就业人员所支付的工资的加计扣除办法,由国务院另行规定。

(六) 抵扣应纳税所得额

创业投资企业采取股权投资方式投资于未上市的中小高新技术企业2年以上的,可以按照其投资额的70％在股权持有满2年的当年抵扣该创业投资企业的应纳税所得额;当年不足抵扣的,可以在以后纳税年度结转抵扣。

(七) 加速折旧

企业的固定资产由于技术进步等原因,确需加速折旧的,可以缩短折旧年限或者采取加速折旧的方法。采取缩短折旧年限或者采取加速折旧的方法的固定资产包括:

(1) 由于技术进步,产品更新换代较快的固定资产。

(2) 常年处于强震动、高腐蚀状态的固定资产。

采取缩短折旧年限方法的,最低折旧年限不得低于税法规定折旧年限的60％;采取加速折旧方法的,可以采取双倍余额递减法或者年数总和法。

自2019年1月1日起,适用固定资产加速折旧优惠相关规定的行业范围,扩大至全部制造业领域。

自2018年1月1日至2023年12月31日,企业新购进(包括自行建造)的设备、器具,单位价值不超过500万元的,允许一次性计入当期成本费用在计算应纳税所得额时扣除,不再分年度计算折旧。

(八) 减计收入

(1) 企业以《资源综合利用企业所得税优惠目录》规定的资源作为主要原材料,生产国家非限制和禁止并符合国家和行业相关标准的产品取得的收入,减按90％计入收入总额。

(2) 自2019年6月1日至2025年12月31日,社区提供养老、托育和家政等服务的机构,提供社区养老、托育、家政服务取得的收入,在计算应纳税所得额时,减按90％计入收入总额。

(九) 税额抵免

企业购置并实际使用《环境保护专用设备企业所得税优惠目录》《节能节水专用设备企业所得税优惠目录》和《安全生产专用设备企业所得税优惠目录》规定的环境保护、节能节水和安全生产等专用设备的,该专用设备的投资额的10％可以从企业当年的应纳税额中抵免;当年不足抵免的,可以在以后5个纳税年度结转抵免。享受上述规定的企业所得税优惠的企业,应当实际购置并自身实际投入使用上述规定的专用设备;企业购置上述专用设备在5年内转让、出租的,应当停止享受企业所得税优惠,并补缴已经抵免的企业所得税税款。

企业购置并实际使用的环境保护、节能节水和安全生产专用设备,包括承租方企业以融资租赁方式租入的、并在融资租赁合同中约定租赁期届满时租赁设备所有权转移给承租方企业,且符合规定条件的上述专用设备。凡融资租赁期届满后租赁设备所有权未转移至承租方企业的,承租方企业应停止享受抵免企业所得税优惠,并补缴已经抵免的企业所得税税款。

(十) 西部地区减免税

自2021年1月1日至2030年12月31日,对设在西部地区的鼓励类产业企业减按

15％的税率征收企业所得税。鼓励类产业企业是指以《西部地区鼓励类产业目录》中规定的产业项目为主营业务,且其主营业务收入占企业收入总额60％以上的企业。

西部地区包括内蒙古自治区、广西壮族自治区、重庆市、四川省、贵州省、云南省、西藏自治区、陕西省、甘肃省、青海省、宁夏回族自治区、新疆维吾尔自治区、新疆生产建设兵团。湖南湘西土家族苗族自治州、湖北恩施土家族苗族自治州、吉林延边朝鲜族自治州和江西赣州市,可以比照执行。

(十一) 债券利息减免税

(1) 对企业取得的2012年及以后年度发行的地方政府债券利息收入,免征企业所得税。

(2) 自2021年11月7日至2025年12月31日,境外机构投资境内债券市场取得的债券利息收入暂免征收企业所得税。

(3) 企业投资者持有2019—2023年发行的铁路债券取得的利息收入,减半征收企业所得税。

● **任务实施**

请同学们以小组为单位分析十里香酒业有限公司是否属于企业所得税纳税人? 其经营业务范围是否属于企业所得税的征税范围? 适用何种税率?

● **任务评价**

评价项目	掌握情况	完成情况	未掌握情况
任务指导			
任务实施			

● **任务拓展**

同学们寻找身边的企业,分析哪些属于居民企业? 哪些属于非居民企业? 其纳税义务是什么? 享受哪些税收优惠? 适用何种税率?

任务二　企业所得税的计税依据——应纳税所得额

● **任务背景**

十里香酒业有限公司2022年度主营业务收入10 616万元、其他业务收入300.8万元、营业外收入 603 万元、主营业务成本 5 058 万元、其他业务成本 150.4 万元、税金及附加 1 487.73 万元、管理费用 991.68 万元、销售费用 1 370 万元、财务费用 46.75 万元、营业外支出 120 万元、投资收益 50 万元。会计利润总额 2 345.24 万元。通过审查该公司账目，得到如下信息：

(1) 支付工资总额 2 126.64 万元，税务机关认定该公司支付的工资属于合理的工资薪金支出。

(2) 实际支出职工福利费 317.94 万元，工会经费 44.33 万元，职工教育经费 150.13 万元。上缴工会组织的工会经费 41.3 万元。

(3) 管理费用中，与取得收入无关的支出 36.36 万元，业务招待费 15.3 万元。

(4) 销售费用中，通过电视台制作广告费用为 460 万元，印刷纸质宣传单、彩页等发生费用 6.6 万元，业务招待费 296.4 万元。

(5) 财务费用中，向银行借入 500 万元，以年利率为 4.35% 向银行支付利息 21.75 万元；向职工集资 200 万元，支付利息 20 万元；向银行支付微信、支付宝手续费 5 万元。

(6) 营业外收入中，专利技术转让收入 600 万元，转让发生成本费用 50 万元，该技术转让符合税收优惠政策规定。

(7) 营业外支出中，通过红十字会向灾区捐赠现金 100 万元；公司直接捐赠红星希望小学学生生活用品 10 万元；合同未按期履行，支付违约金 1 万元；工商罚款 6 万元；税收滞纳金 3 万元。

(8) 投资收益中，购买甲企业股票（连续持有时间已超过 2 年），2022 年 10 月 12 日甲企业公布利润分配决定，公司取得股息、红利 50 万元。

(9) 公司技术人员研发酿酒技术，2022 年度实际支出 483 万元，该费用符合新技术、新产品和新工艺的研究开发费用加计扣除标准。

(10) 公司将自产的酒类产品作为福利发放给职工，成本 27.75 万元，实物领用时，会计处理直接计入福利费，未计入营业收入，市场价格 55.5 万元。

十里香酒业有限公司酒类产品批发价格，如表 5-2 所示。

表 5-2　　　　　　　　　　　酒类产品批发价格一览表

类别	商品名称	型号	单位	不含税单价(元)	备注
白酒	三十里香	53 度	箱	3 000.00	每箱 6 瓶，每瓶 500 ml
	二十里香	46 度	箱	1 200.00	每箱 6 瓶，每瓶 500 ml
	十里浓香	52 度	箱	1 500.00	每箱 6 瓶，每瓶 500 ml
啤酒	逸品生啤	8 度	箱	150.00	每箱 12 瓶，每瓶 330 ml
其他酒	杨梅酒	12 度	箱	200.00	每箱 6 瓶，每瓶 500 ml
	桃花酒	12 度	箱	250.00	每箱 6 瓶，每瓶 500 ml

 任务要求

1. 确定收入总额的内容

2. 确定扣除项目的内容

3. 熟悉有关资产的税务处理

4. 遵从税法规定

◉ 任务指导

企业所得税的计税依据是应纳税所得额,即企业每一纳税年度的收入总额,减除不征税收入、免税收入、各项扣除以及允许弥补的以前年度亏损后的余额。其计算公式表示为:

应纳税所得额＝收入总额－不征税收入－免税收入－各项扣除－允许弥补的以前年度亏损

企业应纳税所得额的计算,以权责发生制为原则,属于当期的收入和费用,不论款项是否收付,均作为当期的收入和费用;不属于当期的收入和费用,即使款项已经在当期收付,均不作为当期的收入和费用。在计算应纳税所得额时,企业财务、会计处理办法与税收法律法规的规定不一致的,应当依照税收法律法规的规定计算。另外,应纳税所得额与会计利润是两个不同的概念,两者既有联系又有区别。会计利润是确定应纳税所得额的基础,但是不等同于应纳税所得额。企业按照财务会计制度的规定进行会计核算得出的会计利润,根据税法规定做相应的纳税调整后,才能作为应纳税所得额。其计算公式表示如下:

应纳税所得额＝会计利润＋纳税调整增加数－纳税调整减少数

一、收入总额

企业的收入总额包括以下内容。

(一) 收入总额的定义和形式

收入总额是指企业以货币形式和非货币形式从各种来源取得的收入。

企业取得收入的货币形式,包括现金、存款、应收账款、应收票据、准备持有至到期的债券投资以及债务的豁免等。

企业取得收入的非货币形式,包括固定资产、生物资产、无形资产、股权投资、存货、不准备持有至到期的债券投资、劳务以及有关权益等。非货币形式收入应当按照公允价值确定收入额。

(二) 企业收入包括的内容

企业取得的收入包括销售货物收入,提供劳务收入,转让财产收入,股息、红利等权益性投资收益,利息收入,租金收入,特许权使用费收入,接受捐赠收入和其他收入。

1. 销售货物收入

销售货物收入是指企业销售商品、产品、原材料、包装物、低值易耗品以及其他存货取得的收入。

除了法律法规另有规定,企业销售货物收入的确认,必须遵循权责发生制原则和实质重于形式原则。

(1) 符合收入确认条件,采取下列商品销售方式的,应按以下规定确认收入实现时间:

①销售商品采用托收承付方式的,在办妥托收手续时确认收入。②销售商品采用预收款方式的,在发出商品时确认收入。③销售商品需要安装和检验的,在购买方接受商品以及安装和检验完毕时确认收入。④销售商品采用支付手续费方式委托代销的,在收到代销清单时确认收入。

（2）采用售后回购方式销售商品的,销售的商品按售价确认收入,回购的商品作为购进商品处理。有证据表明不符合销售收入确认条件的,如以销售商品方式进行融资,收到的款项应确认为负债,回购价格大于原售价的,差额应在回购期间确认为利息费用。

（3）销售商品以旧换新的,销售商品应当按照销售商品收入确认条件确认收入,回收的商品作为购进商品处理。

（4）商品销售涉及商业折扣的,应当按照扣除商业折扣后的金额确定销售商品收入金额;商品销售涉及现金折扣的,应当按扣除现金折扣前的金额确定销售商品收入金额,现金折扣在实际发生时作为财务费用扣除;商品销售涉及销售折让的,应当在发生当期冲减当期销售商品收入。

2. 提供劳务收入

提供劳务收入是指企业从事建筑安装、修理修配、交通运输、仓储租赁、金融保险、邮电通信、咨询经纪、文化体育、科学研究、技术服务、教育培训、餐饮住宿、中介代理、卫生保健、社区服务、旅游、娱乐、加工以及其他劳务服务活动取得的收入。

企业在各个纳税期末,提供劳务交易的结果能够可靠估计的,应采用完工进度（百分比）法确认提供劳务收入。企业应按照从接受劳务方已收或应收的合同或协议价款确定劳务收入总额,根据纳税期末提供劳务收入总额乘以完工进度扣除以前纳税年度累计已确认提供劳务收入后的金额,确认为当期劳务收入;同时,按照提供劳务估计总成本乘以完工进度扣除以前纳税期间累计已确认劳务成本后的金额,结转为当期劳务成本。

3. 转让财产收入

转让财产收入是指企业转让固定资产、生物资产、无形资产、股权和债权等财产取得的收入。转让财产收入应当按照从财产受让方已收或应收的合同或协议价款确认收入。

4. 股息、红利等权益性投资收益

股息、红利等权益性投资收益是指企业因权益性投资从被投资方取得的收入。股息、红利等权益性投资收益,除了国务院财政、税务主管部门另有规定,按照被投资方作出利润分配决定的日期确认收入的实现。

5. 利息收入

利息收入是指企业将资金提供他人使用但不构成权益性投资,或者因他人占用本企业资金取得的收入,包括存款利息、贷款利息、债券利息和欠款利息等收入。利息收入按照合同约定的债务人应付利息的日期确认收入的实现。

6. 租金收入

租金收入是指企业提供固定资产、包装物或者其他有形资产的使用权取得的收入。租金收入按照合同约定的承租人应付租金的日期确认收入的实现。如果交易合同或协议中规定租赁期限跨年度,且租金提前一次性支付的,出租人可对上述已确认的收入,在租赁期内,分期均匀计入相关年度收入。

7. 特许权使用费收入

特许权使用费收入是指企业提供专利权、非专利技术、商标权、著作权以及其他特许权的使用权取得的收入。特许权使用费收入按照合同约定的特许权使用人应付特许权使用费的日期确认收入的实现。

8. 接受捐赠收入

接受捐赠收入是指企业接受的来自其他企业、组织或者个人无偿给予的货币性资产和非货币性资产。接受捐赠收入按照实际收到捐赠资产的日期确认收入的实现。

9. 其他收入

其他收入是指企业取得《企业所得税法》具体列举的收入外的其他收入,包括企业资产溢余收入、逾期未退包装物押金收入、确实无法偿付的应付款项、已作坏账损失处理后又收回的应收款项、债务重组收入、补贴收入、违约金收入和汇兑收益等。

此外,对一些特殊收入的确认按以下规定:

(1) 以分期收款方式销售货物的,按照合同约定的收款日期确认收入的实现。

(2) 企业受托加工制造大型机械设备、船舶、飞机,以及从事建筑、安装、装配工程业务或者提供其他劳务等,持续时间超过 12 个月的,按照纳税年度内完工进度或者完成的工作量确认收入的实现。

(3) 采取产品分成方式取得收入的,按照企业分得产品的日期确认收入的实现,其收入额按照产品的公允价值确定。

(4) 企业发生非货币性资产交换,以及将货物、财产、劳务用于捐赠、偿债、赞助、集资、广告、样品、职工福利或者利润分配等用途的,应当视同销售货物、转让财产或者提供劳务,但国务院财政、税务主管部门另有规定的除外。

(5) 企业以买一赠一等方式组合销售本企业商品的,不属于捐赠,应将总的销售金额按各项商品的公允价值的比例来分摊确认各项的销售收入。

二、不征税收入

下列收入为不征税收入:

(1) 财政拨款。

(2) 依法收取并纳入财政管理的行政事业性收费、政府性基金。

(3) 国务院规定的其他不征税收入。

国务院规定的其他不征税收入,是指企业取得的,由国务院财政、税务主管部门规定专项用途并经国务院批准的财政性资金。

县级以上人民政府将国有资产无偿划入企业,凡指定专门用途并按规定进行管理的,企业可作为不征税收入进行企业所得税处理。其中,该项资产属于非货币性资产的,应按政府确定的接收价值计算不征税收入。

自 2018 年 9 月 20 日起,全国社会保障基金理事会及基本养老保险基金投资管理机构在国务院批准的投资范围内,运用养老基金投资取得的归属于养老基金的投资收入,作为企业所得税不征税收入。

自 2018 年 9 月 10 日起,全国社会保障基金取得的直接股权投资收益和股权投资基金收益,作为企业所得税不征税收入。

三、税前扣除项目

（一）扣除的内容

企业实际发生的与取得收入有关的、合理的支出，包括成本、费用、税金、损失和其他支出，准予在计算应纳税所得额时扣除。

（1）成本是指企业在生产经营活动中发生的销售成本、销货成本、业务支出以及其他耗费。

（2）费用是指企业在生产经营活动中发生的销售费用、管理费用和财务费用。已经计入成本的有关费用除外。

（3）税金是指企业发生的企业所得税和允许抵扣的增值税以外的各项税金及其附加。即纳税人按照规定缴纳的消费税、资源税、土地增值税、关税、城市维护建设税、教育费附加及房产税、车船税、城镇土地使用税和印花税等。企业缴纳的增值税属于价外税，不计入企业收入总额，故不在扣除之列。

（4）损失是指企业在生产经营活动中发生的固定资产和存货的盘亏、毁损、报废损失，转让财产损失，呆账损失，坏账损失，自然灾害等不可抗力因素造成的损失以及其他损失。

企业发生的损失，减除责任人赔偿和保险赔款后的余额，依照国务院财政、税务主管部门的规定扣除。企业已经作为损失处理的资产，在以后纳税年度又全部收回或者部分收回时，应当计入当期收入。

（5）其他支出是指成本、费用、税金和损失以外，企业在生产经营活动中发生的与生产经营活动有关的、合理的支出。

企业发生的支出应当区分收益性支出和资本性支出。收益性支出在发生当期直接扣除；资本性支出应当分期扣除或者计入有关资产成本，不得在发生当期直接扣除。

企业的不征税收入用于支出所形成的费用或者财产，不得扣除或者计算对应的折旧、摊销扣除。

（二）部分税前扣除的具体项目及标准

企业部分税前扣除的具体项目及标准包括以下内容。

1. 工资、薪金支出

企业发生的合理的工资、薪金支出，准予扣除。工资、薪金是指企业每一纳税年度支付给在本企业任职或者受雇的员工的所有现金形式或者非现金形式的劳动报酬，包括基本工资、奖金、津贴、补贴、年终加薪、加班工资，以及与员工任职或者受雇有关的其他支出。

2. 职工福利费、工会经费、职工教育经费

企业发生的职工福利费、工会经费、职工教育经费未超过标准的按实际发生数额扣除，超过扣除标准的只能按标准扣除，如表 5-3 所示。

表 5-3　　　　　　　　职工福利费、工会经费、职工教育经费扣除标准

经费名称	扣除标准	特殊规定
职工福利费	不超过工资薪金总额 14%	
工会经费	不超过工资薪金总额 2%	

（续表）

经费名称	扣除标准	特殊规定
职工教育经费	不超过工资薪金总额8%	1. 超过部分，准予在以后纳税年度结转扣除 2. 软件生产企业发生的职工培训费用，可以全额税前扣除

【学以致用5-1】　百盛制衣有限公司为我国居民企业，2022年实发合理工资薪金总额1 000万元，发生职工福利费150万元，职工教育经费90万元，工会经费12万元。在计算该企业2022年度应纳税所得额时，允许扣除的职工福利费、职工教育经费、工会经费支出分别是多少？

【学以致用5-1解析】　企业发生的职工福利费支出，不超过工资薪金总额14%的部分，准予扣除。福利费扣除限额＝1 000×14%＝140（万元），实际发生150万元，准予扣除140万元。

企业拨缴的工会经费，不超过工资薪金总额2%的部分，准予扣除。工会经费扣除限额＝1 000×2%＝20（万元），实际发生12万元，可以据实扣除12万元。

企业发生的职工教育经费支出，不超过工资薪金总额8%的部分，准予扣除；超过部分，准予在以后纳税年度结转扣除。职工教育经费扣除限额＝1 000×8%＝80（万元），实际发生90万元，准予扣除80万元，超过扣除限额的部分为10万元，在以后年度结转扣除。

3. 社会保险和其他保险费

社会保险和其他保险费的扣除，如表5-4所示。

表5-4　　　　　　　　　　社会保险费和其他保险费扣除规定

保险名称	扣除规定
按规定缴纳的基本养老保险费、基本医疗保险费、失业保险费、工伤保险费和住房公积金	准予扣除
按规定缴纳的补充养老保险、补充医疗保险	分别在不超过职工工资总额5%标准内的部分予以扣除；超过的部分，不予扣除
职工因公出差乘坐交通工具发生的人身意外保险费	准予扣除
特殊工种人身安全保险	准予扣除
为投资者或职工支付的商业保险	不得扣除
企业按规定缴纳的财产保险	准予扣除
按规定缴纳的雇主责任险、公众责任险	准予扣除

4. 借款费用

企业在生产经营活动中发生的合理的不需要资本化的借款费用，准予扣除。

企业为购置、建造固定资产、无形资产和经过12个月以上的建造才能达到预定可销售状态的存货发生借款的，在有关资产购置、建造期间发生的合理的借款费用，应当作为资本性支出计入有关资产的成本，并依照有关规定扣除。

5. 利息费用

企业在生产经营活动中发生的下列利息支出,准予扣除:

非金融企业向金融企业借款的利息支出、金融企业的各项存款利息支出和同业拆借利息支出、企业经批准发行债券的利息支出可据实扣除;非金融企业向非金融企业借款的利息支出,不超过按照金融企业同期同类贷款利率计算的数额的部分可据实扣除,超过部分不许扣除;金融企业的储蓄利息支出和同业拆借利息支出、经批准发行债券的利息支出,准予扣除。

金融企业是指各类银行、保险公司及经中国人民银行批准从事金融业务的非银行金融机构。

【学以致用5-2】　春风化妆品有限公司2022年度发生财务费用225万元,其中,支付银行借款利息154万元,支付因向某商场借款1 000万元而发生的全年利息71万元,同期银行贷款年利率为4.6%。在计算该公司2022年度应纳税所得额时,允许扣除的利息费用为多少?

【学以致用5-2解析】　非金融企业向金融企业借款的利息支出可据实扣除;非金融企业向非金融企业借款的利息支出,不超过按照金融企业同期同类贷款利率计算的数额的部分可据实扣除,超过部分不许扣除。

向银行借款发生的利息费用154万元准予据实扣除;向某商场借款发生的利息费用扣除限额=1 000×4.6%=46(万元),实际支付71万元,46万元<71万元。

所以,在计算该公司2022年度应纳税所得额时,允许扣除的利息费用=154+46=200(万元)。

6. 汇兑损失

企业在货币交易中,以及纳税年度终了时将人民币以外的货币性资产、负债按照期末即期人民币汇率中间价折算为人民币时产生的汇兑损失,除了已经计入有关资产成本以及与向所有者进行利润分配相关的部分,准予扣除。

7. 公益性捐赠

公益性捐赠是指企业通过公益性社会组织或者县级以上人民政府及其部门,用于符合法律规定的慈善活动、公益事业的捐赠。

企业当年发生以及以前年度结转的公益性捐赠支出,不超过年度利润总额12%的部分,在计算应纳税所得额时准予扣除;超过年度利润额12%的部分,准予结转以后3年内在计算应纳税所得额时扣除,企业在对公益性捐赠支出计算扣除时,应先扣除以前年度结转的捐赠支出,再扣除当年发生的捐赠支出。

自2021年1月1日起,企业或个人通过公益性群众团体用于符合法律规定的公益慈善事业捐赠支出,准予按税法规定在计算应纳税所得额时扣除。

自2019年1月1日至2025年12月31日,企业通过公益性社会组织或者县(含县级)以上人民政府及其组成部门和直属机构,用于目标脱贫地区的扶贫捐赠支出,准予在计算企业所得税应纳税所得额时据实扣除。

年度利润总额是指企业依照国家统一会计制度的规定计算的年度会计利润。

公益性捐赠具体范围包括:

（1）救助灾害、救济贫困、扶助残疾人等困难的社会群体和个人的活动。

（2）教育、科学、文化、卫生、体育事业。

（3）环境保护、社会公共设施建设。

（4）促进社会发展和进步的其他社会公共和福利事业。

【学以致用5-3】 高能机械厂2022年实现利润总额为800万元，当年通过民政部门向灾区捐赠100万元。在计算该公司2022年度应纳税所得额时，允许扣除的公益性捐赠支出为多少？

【学以致用5-3解析】 企业当年发生以及以前年度结转的公益性捐赠支出，不超过年度利润总额12%的部分，在计算应纳税所得额时准予扣除；超过年度利润额12%的部分，准予结转以后3年内在计算应纳税所得额时扣除，该公司当年可在税前扣除的公益性捐赠支出的限额=800×12%=96（万元），实际捐赠支出100万元，96万元<100万元。

所以，在计算该企业2022年度应纳税所得额时，允许扣除公益性捐赠支出为96万元，超过限额的4万元准予结转以后3年内在计算应纳税所得额时扣除。

8. 业务招待费

企业发生的与生产经营活动有关的业务招待费支出，按照发生额的60%扣除，但最高不得超过当年销售（营业）收入的5‰。

企业在筹建期间，发生的与筹办活动有关的业务招待费支出，可按实际发生额的60%计入企业筹办费，并按有关规定在税前扣除。

【学以致用5-4】 美伦家具厂2022年销售收入为7 800万元，当年发生的业务招待费为80万元。在计算该公司2022年度应纳税所得额时，允许扣除的业务招待费支出为多少？纳税调整数额为多少？

【学以致用5-4解析】 业务招待费支出按实际发生额的60%扣除，但最高不得超过当年销售（营业）收入的5‰。即80×60%=48（万元），但不得超过当年销售收入的5‰，即7 800×5‰=39（万元），39万元<48万元。

所以，在计算该企业2022年度应纳税所得额时，允许扣除业务招待费支出为39万元，纳税调增数=80-39=41（万元）。

9. 广告费和业务宣传费

企业发生的符合条件的广告费和业务宣传费支出，除了国务院财政、税务主管部门另有规定的，不超过当年销售（营业）收入15%的部分，准予扣除；超过部分，准予在以后纳税年度结转扣除，企业在筹建期间，发生的广告费和业务宣传费，可按实际发生额计入企业筹办费，并按有关规定在税前扣除。

自2021年1月1日至2025年12月31日，对化妆品制造或销售、医药制造和饮料制造（不含酒类制造）企业发生的广告费和业务宣传费支出，不超过当年销售（营业）收入30%的部分，准予扣除；超过部分，准予在以后纳税年度结转扣除。

烟草企业的烟草广告费和业务宣传费支出，一律不得在计算应纳税所得额时扣除。

【学以致用5-5】 胜利机械设备制造有限公司2022年度实现销售收入4 000万元,发生符合条件的广告费和业务宣传费支出450万元,上年度未在税前扣除完的符合条件的广告费和业务宣传费支出70万元。在计算该企业2022年度应纳税所得额时,允许扣除的广告费和业务宣传费支出为多少?

【学以致5-5解析】 企业发生的符合条件的广告费和业务宣传费支出,除了国务院财政、税务主管部门另有规定的,不超过当年销售(营业)收入15%的部分,准予扣除;超过部分,准予在以后纳税年度结转扣除。4 000×15%=600(万元),450+70=520(万元),520万元<600万元。

所以,在计算该企业2022年度应纳税所得额时,允许扣除的广告费和业务宣传费支出为520万元。

10. 环境保护专项资金

企业依照法律、行政法规有关规定提取的用于环境保护、生态恢复等方面的专项资金,准予扣除。上述专项资金提取后改变用途的,不得扣除。

11. 租赁费

企业根据生产经营活动的需要租入固定资产支付的租赁费,按照以下方法扣除:

(1) 以经营租赁方式租入固定资产发生的租赁费支出,按照租赁期限均匀扣除。

(2) 以融资租赁方式租入固定资产发生的租赁费支出,按照规定构成融资租入固定资产价值的部分应当提取折旧费用,分期扣除。

12. 劳动保护支出

企业发生的合理的劳动保护支出,准予扣除。劳动保护支出是指确因工作需要为雇员配备或提供工作服、手套、安全保护用品和防暑降温用品等所发生的支出。

13. 有关资产的费用

企业转让各类固定资产发生的费用,允许扣除企业按规定计算的固定资产折旧费、无形资产和递延资产的摊销费,准予扣除。

14. 总机构分摊的费用

非居民企业在中国境内设立的机构、场所,就其中国境外总机构发生的与该机构、场所生产经营有关的费用,能够提供总机构出具的费用汇集范围、定额、分配依据和方法等证明文件,并合理分摊的,准予扣除。

15. 手续费及佣金支出

(1) 自2019年1月1日起,保险企业发生与其经营活动有关的手续费及佣金支出,不超过当年全部保费收入扣除退保金等后余额的18%(含本数)的部分,在计算应纳税所得额时准予扣除;超过部分,允许结转以后年度扣除。

(2) 其他企业按与具有合法经营资格的中介服务机构或个人(不含交易双方及其雇员、代理人和代表人等)所签订服务协议或合同确认的收入金额的5%计算限额。

(3) 从事代理服务、主营业务收入为手续费、佣金的企业(如证券、期货、保险代理等企业),其为取得该类收入而实际发生的营业成本(包括手续费及佣金支出),准予在企业所得税前据实扣除。

16. 党组织工作经费

国有企业(包括国有独资、全资和国有资本绝对控股、相对控股企业)纳入管理费用的党组织工作经费,实际支出不超过职工年度工资薪金总额 1% 的部分,可以据实在企业所得税前扣除。

非公有制企业党组织工作经费纳入企业管理费列支,不超过职工年度工资薪金总额 1% 的部分,可以据实在企业所得税前扣除。

17. 其他支出项目

依照有关法律、行政法规和国家有关税法规定准予扣除的其他项目。例如,会员费、合理的会议费、差旅费、违约金和诉讼费用等。

(三) 不得税前扣除项目

在计算应纳税所得额时,下列支出不得扣除:①向投资者支付的股息、红利等权益性投资收益款项。②企业所得税税款。③税收滞纳金。④罚金、罚款和被没收财物的损失。⑤超过规定标准的捐赠支出。⑥赞助支出。⑦未经核定的准备金支出。⑧企业之间支付的管理费、企业内营业机构之间支付的租金和特许权使用费,以及非银行企业内营业机构之间支付的利息。⑨与取得收入无关的其他支出。

四、亏损弥补

亏损是指企业将每一纳税年度的收入总额减除不征税收入、免税收入和各项扣除后小于零的数额。税法规定,企业某一纳税年度发生的亏损可以用下一年度的所得弥补,下一年度的所得不足以弥补的,可以逐年延续弥补,但最长不得超过 5 年。企业在汇总计算缴纳企业所得税时,其境外营业机构的亏损不得抵减境内营业机构的盈利。

自 2018 年 1 月 1 日,当年具备高新技术企业或科技型中小企业资格的企业,其具备资格年度之前 5 个年度发生的尚未弥补完的亏损,准予结转以后年度弥补,最长结转年限由 5 年延长至 10 年。

五、非居民企业应纳税所得额的计算

在中国境内未设立机构、场所的,或者虽设立机构、场所,但取得的所得与其所设机构、场所没有实际联系的非居民企业,其取得的来源于中国境内的所得,按照下列方法计算其应纳税所得额:

(1) 股息、红利等权益性投资收益和利息、租金、特许权使用费所得,以收入全额为应纳税所得额。

(2) 转让财产所得,以收入全额减除财产净值后的余额为应纳税所得额。

(3) 其他所得,参照前两项规定的方法计算应纳税所得额。

六、资产的税务处理

(一) 资产的计税基础与净值

企业的各项资产,包括固定资产、生产性生物资产、无形资产、长期待摊费用、投资资产和存货等,以历史成本为计税基础。企业持有各项资产期间资产增值或者减值,除了国务院财政、税务主管部门规定可以确认损益的,不得调整该资产的计税基础。

企业转让资产,该项资产的净值准予在计算应纳税所得额时扣除。资产的净值是指有关资产、财产的计税基础减除已经按照规定扣除的折旧、折耗、摊销和准备金等后的余额。除了另有规定,企业在重组过程中,应当在交易发生时确认有关资产的转让所得或者损失,相关资产应当按照交易价格重新确定计税基础。

（二）固定资产

固定资产包括以下内容。

1. 固定资产的定义

固定资产是指企业为生产产品、提供劳务、出租或者经营管理而持有的、使用时间超过12 个月的非货币性资产,包括房屋、建筑物、机器、机械、运输工具以及其他与生产经营活动有关的设备、器具和工具等。

2. 不得计提折旧的固定资产

在计算应纳税所得额时,企业按照规定计算的固定资产折旧,准予扣除。下列固定资产不得计算折旧扣除:①房屋、建筑物以外未投入使用的固定资产。②以经营租赁方式租入的固定资产。③以融资租赁方式租出的固定资产。④已足额提取折旧仍继续使用的固定资产。⑤与经营活动无关的固定资产。⑥单独估价作为固定资产入账的土地。⑦其他不得计算折旧扣除的固定资产。

3. 固定资产计税基础的确定

固定资产按照以下方法确定计税基础:

（1）外购的固定资产,以购买价款和支付的相关税费以及直接归属于使该资产达到预定用途发生的其他支出为计税基础。

（2）自行建造的固定资产,以竣工结算前发生的支出为计税基础。

（3）融资租入的固定资产,以租赁合同约定的付款总额和承租人在签订租赁合同过程中发生的相关费用为计税基础,租赁合同未约定付款总额的,以该资产的公允价值和承租人在签订租赁合同过程中发生的相关费用为计税基础。

（4）盘盈的固定资产,以同类固定资产的重置完全价值为计税基础。

（5）通过捐赠、投资、非货币性资产交换、债务重组等方式取得的固定资产,以该资产的公允价值和支付的相关税费为计税基础。

（6）改建的固定资产,除了法定的支出,以改建过程中发生的改建支出增加计税基础。

4. 固定资产折旧的计算方法

固定资产按照直线法计算的折旧,准予扣除。企业应当自固定资产投入使用月份的次月起计算折旧;停止使用的固定资产,应当自停止使用月份的次月起停止计算折旧。企业应当根据固定资产的性质和使用情况,合理确定固定资产的预计净残值。固定资产的预计净残值一经确定,不得变更。

5. 固定资产计算折旧的最低年限

除了国务院财政、税务主管部门另有规定的,固定资产计算折旧的最低年限,如表 5-5所示。

表 5-5   固定资产折旧最低年限

固定资产类型	折旧最低年限
房屋、建筑物	20 年
飞机、火车、轮船、机器、机械和其他生产设备	10 年
与生产经营活动有关的器具、工具、家具等	5 年
飞机、火车、轮船以外的运输工具	4 年
电子设备	3 年

（三）生产性生物资产

生产性生物资产包括以下内容。

1. 生产性生物资产的定义

生产性生物资产是指企业为生产农产品、提供劳务或者出租等而持有的生物资产，包括经济林、薪炭林、产畜和役畜等。

2. 生产性生物资产计税基础的确定

生产性生物资产按照以下方法确定计税基础：

（1）外购的生产性生物资产，以购买价款和支付的相关税费为计税基础。

（2）通过捐赠、投资、非货币性资产交换和债务重组等方式取得的生产性生物资产，以该资产的公允价值和支付的相关税费为计税基础。

3. 生产性生物资产折旧的计算方法

生产性生物资产按照直线法计算的折旧，准予扣除，企业应当自生产性生物资产投入使用月份的次月起计算折旧；停止使用的生产性生物资产，应当自停止使用月份的次月起停止计算折旧。企业应当根据生产性生物资产的性质和使用情况，合理确定生产性生物资产的预计净残值。生产性生物资产的预计净残值一经确定，不得变更。

4. 生产性生物资产计算折旧的最低年限

生产性生物资产计算折旧的最低年限如下：

（1）林木类生产性生物资产，为 10 年。

（2）畜类生产性生物资产，为 3 年。

（四）无形资产

无形资产包括以下内容。

1. 无形资产的定义

无形资产是指企业为生产产品、提供劳务、出租或者经营管理而持有的、没有实物形态的非货币性长期资产，包括专利权、商标权、著作权、土地使用权、非专利技术和商誉等。

2. 不得扣除摊销费用的无形资产

在计算应纳税所得额时，企业按照规定计算的无形资产摊销费用，准予扣除。下列无形资产不得计算摊销费用扣除：

（1）自行开发的支出已在计算应纳税所得额时扣除的无形资产。

（2）自创商誉。

（3）与经营活动无关的无形资产。

（4）其他不得计算摊销费用扣除的无形资产。

3. 无形资产计税基础的确定

无形资产按照以下方法确定计税基础：

（1）外购的无形资产，以购买价款和支付的相关税费以及直接归属于使该资产达到预定用途发生的其他支出为计税基础。

（2）自行开发的无形资产，以开发过程中该资产符合资本化条件后至达到预定用途前发生的支出为计税基础。

（3）通过捐赠、投资、非货币性资产交换和债务重组等方式取得的无形资产，以该资产的公允价值和支付的相关税费为计税基础。

4. 无形资产摊销费用的计算方法

无形资产按照直线法计算的摊销费用，准予扣除。无形资产的摊销年限不得低于 10 年。作为投资或者受让的无形资产，有关法律规定或者合同约定了使用年限的，可以按照规定或者约定的使用年限分期摊销。外购商誉的支出，在企业整体转让或者清算时，准予扣除。

（五）长期待摊费用

长期待摊费用包括以下内容。

1. 长期待摊费用的定义

长期待摊费用是指企业发生的应在 1 个年度以上进行摊销的费用。

2. 长期待摊费用的扣除

在计算应纳税所得额时，企业发生的下列支出作为长期待摊费用，按照规定摊销的，准予扣除：

（1）已足额提取折旧的固定资产的改建支出，按照固定资产预计尚可使用年限分期摊销。

（2）租入固定资产的改建支出，按照合同约定的剩余租赁期限分期摊销。固定资产的改建支出，是指改变房屋或者建筑物结构、延长使用年限等发生的支出。改建的固定资产延长使用年限的，除了前述规定，应当适当延长折旧年限。

（3）固定资产的大修理支出，按照固定资产尚可使用年限分期摊销。固定资产的大修理支出，是指同时符合下列条件的支出：①修理支出达到取得固定资产时的计税基础 50% 以上。②修理后固定资产的使用年限延长 2 年以上。

（4）其他应当作为长期待摊费用的支出，自支出发生月份的次月起，分期摊销，摊销年限不得低于 3 年。

（六）投资资产

投资资产包括以下内容。

1. 投资资产的定义

投资资产是指企业对外进行权益性投资和债权性投资形成的资产。

2. 投资资产成本的扣除

企业对外投资期间，投资资产的成本在计算应纳税所得额时不得扣除。企业在转让或者处置投资资产时,投资资产的成本准予扣除。

3. 投资资产成本的确定

投资资产按照以下方式确定成本:

(1) 通过支付现金方式取得的投资资产,以购买价款为成本。

(2) 通过支付现金以外的方式取得的投资资产,以该资产的公允价值和支付的相关税费为成本。

（七）存货

存货包括以下内容。

1. 存货的定义

存货是指企业持有以备出售的产品或者商品、处在生产过程中的在产品、在生产或者提供劳务过程中耗用的材料和物料等。

2. 存货成本的确定

存货按照以下方法确定成本:

(1) 通过支付现金方式取得的存货,以购买价款和支付的相关税费为成本。

(2) 通过支付现金以外的方式取得的存货,以该存货的公允价值和支付的相关税费为成本。

(3) 生产性生物资产收获的农产品,以产出或者采收过程中发生的材料费、人工费和分摊的间接费用等必要支出为成本。

3. 存货成本的扣除及计算方法

企业使用或者销售存货,按照规定计算的存货成本,准予在计算应纳税所得额时扣除。企业使用或者销售的存货的成本计算方法,可以在先进先出法、加权平均法和个别计价法中选用一种。计价方法一经选用,不得随意变更。

（八）资产损失

1. 资产损失的定义

资产损失是指企业在生产经营活动中实际发生的、与取得应税收入有关的资产损失。资产损失包括现金损失,存款损失,坏账损失,贷款损失,股权投资损失,固定资产和存货的盘亏、毁损、报废、被盗损失,自然灾害等不可抗力因素造成的损失以及其他损失。

2. 资产损失的扣除

企业发生上述资产损失,应在按税法规定实际确认或者实际发生的当年申报扣除。企业以前年度发生的资产损失未能在当年税前扣除的,可以按照规定,向税务机关说明并进行专项申报扣除。其中,属于实际资产损失,准予追补至该项损失发生年度扣除,其追补确认期限一般不得超过 5 年。企业因以前年度实际资产损失未在税前扣除而多缴的企业所得税税款,可在追补确认年度企业所得税应纳税款中予以抵扣,不足抵扣的,向以后年度递延抵扣。

● 任务实施

根据任务背景,计算十里香酒业有限公司 2022 年度企业所得税应纳税所得额。

任务评价

评价项目	掌握情况	完成情况	未掌握情况
任务指导			
任务实施			

任务拓展

企业采用商业折扣方式销售货物,企业所得税处理与增值税处理是否一样?

任务三 / 企业所得税应纳税额的计算

任务背景

根据任务二背景资料,计算十里香酒业有限公司 2022 年度企业所得税应纳税额。

任务要求

1. 掌握企业所得税应纳税额的计算公式
2. 了解境外所得税收抵免的计算

任务指导

一、企业所得税应纳税额的计算公式

企业所得税应纳税额的计算公式为:

$$应纳税额=应纳税所得额×适用税率-减免税额-抵免税额$$

其中的减免税额和抵免税额,是指依照《企业所得税法》和国务院的税收优惠规定减征、免征和抵免的应纳税额。

二、境外所得税收抵免

企业取得的下列所得已在境外缴纳的所得税税额,可以从其当期应纳税额中抵免,抵免限额为该项所得依照规定计算的应纳税额;超过抵免限额的部分,可以在以后 5 个年度内,

用每年抵免限额抵免当年应抵税额后的余额进行抵补：

（1）居民企业来源于中国境外的应税所得。

（2）非居民企业在中国境内设立机构、场所，取得发生在中国境外但与该机构、场所有实际联系的应税所得。

已在境外缴纳的所得税税额是指企业来源于中国境外的所得依照境外税收法律以及相关规定应当缴纳并已经实际缴纳的企业所得税性质的税款。

抵免限额是指企业来源于中国境外的所得，依照规定计算的应纳税额。

5个年度是指从企业取得的来源于中国境外的所得，已经在中国境外缴纳的企业所得税性质的税额超过抵免限额的当年的次年起连续5个纳税年度。

自2017年7月1日起，企业可以选择按国（地区）别分别计算［即"分国（地区）不分项"］或者不按国（地区）别汇总计算［即"不分国（地区）不分项"］其来源于境外的应纳税所得额，按照规定的税率，分别计算其可抵免境外所得税税额和抵免限额。上述方式一经选择，5年内不得改变。

居民企业从其直接或间接控制的外国企业分得的来源于中国境外的股息、红利等权益性投资收益，外国企业在境外实际缴纳的所得税税额中属于该项所得负担的部分，可以作为该居民企业的可抵免境外所得税税额，在规定的抵免限额内抵免。

⊙ 任务实施

根据任务二背景资料，计算十里香酒业有限公司2022年度企业所得税应纳税额。

⊙ 任务评价

评价项目	掌握情况	完成情况	未掌握情况
任务指导			
任务实施			

⊙ 任务拓展

企业以买一赠一方式组合销售，企业所得税处理与增值税处理是否一样？

任务四／企业所得税税收征管

⊙ 任务背景

十里香酒业有限公司2022年全年已经预缴企业所得税额300 000.00元。2023年3月进行企业所得税的汇算清缴。根据任务二背景资料和任务三背景资料,填写十里香酒业有限公司 2022 年企业所得税年度纳税申报表及相关附表。

● 任务要求

1. 准确界定纳税期限
2. 依法确定纳税地点
3. 正确填制预缴所得税申报表
4. 正确填制汇算清缴所得税申报表
5. 遵从税法规定

● 任务指导

一、纳税期限

企业所得税纳税期限的规定包括以下内容。

(一)纳税年度

企业所得税纳税按年计征,分月或者分季预缴,年终汇算清缴,多退少补。纳税年度自公历 1 月 1 日起至 12 月 31 日止。

企业在一个纳税年度中间开业,或者终止经营活动,使该纳税年度的实际经营期不足12 个月的,应当以其实际经营期为一个纳税年度。

企业依法清算时,应当以清算期间作为一个纳税年度。

(二)预缴方法

企业所得税按年计算,分月或分季预缴,由税务机关具体核定。按月或按季预缴的,应当自月份或者季度终了之日起 15 日内,向税务机关报送预缴企业所得税纳税申报表,预缴税款。

企业分月或者分季预缴企业所得税时,应当按照月度或者季度的实际利润额预缴;按照月度或者季度的实际利润额预缴有困难的,可以按照上一纳税年度应纳税所得额的月度或者季度平均额预缴,或者按照经税务机关认可的其他方法预缴。预缴方法一经确定,该纳税年度内不得随意变更。

(三)汇算清缴

企业应当自年度终了之日起 5 个月内,向税务机关报送年度企业所得税纳税申报表,并汇算清缴,结清应缴应退税款。

企业在年度中间终止经营活动的,应当自实际经营终止之日起 60 日内,向税务机关办理当期企业所得税汇算清缴。

二、纳税地点

企业所得税纳税地点的规定包括以下内容。

（一）居民企业的纳税地点

除了税收法律、行政法规另有规定，居民企业以企业登记注册地为纳税地点；但登记注册地在境外的，以实际管理机构所在地为纳税地点。

居民企业在中国境内设立不具有法人资格的营业机构的，应当汇总计算并缴纳企业所得税。除了国务院另有规定，企业之间不得合并缴纳企业所得税。

（二）非居民企业的纳税地点

非居民企业在中国境内设立机构、场所的，以机构、场所所在地为纳税地点。非居民企业在中国境内设立两个或者两个以上机构、场所的，符合国务院税务主管部门规定条件的，可以选择由其主要机构、场所汇总缴纳企业所得税。

在中国境内未设立机构、场所的，或者虽设立机构、场所但取得的所得与其所设机构、场所没有实际联系的非居民企业，以扣缴义务人所在地为纳税地点。

三、纳税申报

企业所得税的纳税申报包括以下内容。

（一）一般规定

企业在报送企业所得税纳税申报表时，应当按照规定附送财务会计报告和其他有关资料。

企业应当在办理注销登记前，就其清算所得向税务机关申报并依法缴纳企业所得税。

企业在纳税年度内无论盈利或者亏损，都应当依照规定期限，向税务机关报送预缴企业所得税纳税申报表、年度企业所得税纳税申报表、财务会计报告和税务机关规定应当报送的其他有关资料。

企业所得税以人民币计算。企业所得以人民币以外的货币计算的，预缴企业所得税时，应当按照月度或者季度最后一日的人民币汇率中间价，折合成人民币计算应纳税所得额。年度终了汇算清缴时，对已经按照月度或者季度预缴税款的，不再重新折合计算，只就该纳税年度内未缴纳企业所得税的部分，按照纳税年度最后一日的人民币汇率中间价，折合成人民币计算应纳税所得额。经税务机关检查确认，企业少计或者多计前述规定的所得的，应当按照检查确认补税或者退税时的上一个月最后一日的人民币汇率中间价，将少计或者多计的所得折合成人民币计算应纳税所得额，再计算应补缴或者应退的税款。

（二）纳税申报流程

纳税申报流程包括预缴所得税和年终汇算清缴所得税。

1. 预缴所得税

居民企业（查账征收）以及在中国境内设立机构的非居民企业在预缴企业所得税时填制《中华人民共和国企业所得税月（季）预缴纳税申报表》（A类）；实行核定征收管理办法的企业填制《中华人民共和国企业所得税月（季）预缴纳税申报表》（B类）。

纳税申报的操作流程：

以查账征收为例，纳税人登录电子税务局，点击"我要办税—税费申报及缴纳—企业所得税申报"，选择"企业所得税（查账征收）月（季）度预缴纳税申报表（A类2021年版）"菜单进入申报界面。表中第 7 行"减：免税收入、减计收入、加计扣除（7.1＋7.2＋…）"下拉选项"通用优惠事项"增加加计扣除优惠事项。需要说明的是，预缴所得税申报表中"附报事项名称（金额或事项）"只填报，不参与预缴税款的计算。中华人民共和国企业所得税月（季）度预缴纳税申报表（A 类），如表 5-6 所示。

表 5-6　　　　　中华人民共和国企业所得税月（季）度预缴纳税申报表（A 类）

税款所属期间：　　年　　月　　日至　　年　　月　　日

纳税人识别号（统一社会信用代码）：□□□□□□□□□□□□□□□□□□□

纳税人名称　　　　　　　　　　　　　　　　　　　　　　　金额单位：人民币元（列至角分）

优惠及附报事项有关信息									
项目	一季度		二季度		三季度		四季度		季度平均值
	季初	季末	季初	季末	季初	季末	季初	季末	
从业人数									
资产总额（万元）									
国家限制或禁止行业	□是□否				小型微利企业				□是□否
	附报事项名称								金额或选项
事项 1	（填写特定事项名称）								
事项 2	（填写特定事项名称）								

行次	预缴税款计算	本年累计
1	营业收入	
2	营业成本	
3	利润总额	
4	加：特定业务计算的应纳税所得额	
5	减：不征税收入	
6	减：资产加速折旧、摊销（扣除）调减额（填写 A201020）	
7	减：免税收入、减计收入、加计扣除（7.1＋7.2＋…）	
7.1	（填写优惠事项名称）	
7.2	（填写优惠事项名称）	
8	减：所得减免（8.1＋8.2＋…）	
8.1	（填写优惠事项名称）	
8.2	（填写优惠事项名称）	
9	减：弥补以前年度亏损	
10	实际利润额（3＋4－5－6－7－8－9）\按照上一纳税年度应纳税所得额平均额确定的应纳税所得额	

（续表）

	预缴税款计算	本年累计
11	税率（25%）	
12	应纳所得税额（10×11）	
13	减：减免所得税额（13.1+13.2+…）	
13.1	（填写优惠事项名称）	
13.2	（填写优惠事项名称）	
14	减：本年实际已缴纳所得税额	
15	减：特定业务预缴（征）所得税额	
16	本期应补（退）所得税额（12−13−14−15）\税务机关确定的本期应纳所得税额	
汇总纳税企业总分机构税款计算		
17	总机构本期分摊应补（退）所得税额（18+19+20）	
18	总机构 其中：总机构分摊应补（退）所得税额（16×总机构分摊比例____%）	
19	财政集中分配应补（退）所得税额（16×财政集中分配比例____%）	
20	总机构具有主体生产经营职能的部门分摊所得税额（16×全部分支机构分摊比例____%×总机构具有主体生产经营职能部门分摊比例____%）	
21	分支机构 分支机构本期分摊比例	
22	分支机构本期分摊应补（退）所得税额	
实际缴纳企业所得税计算		
23	减：民族自治地区企业所得税地方分享部分（□免征 □减征：减征幅度____%）	本年累计应减免金额［（12−13−15）×40%×减征幅度］
24	实际应补（退）所得税额	

谨声明：本纳税申报表是根据国家税收法律法规及相关规定填报的，是真实的、可靠的、完整的。

纳税人（签章）： 年 月 日

经办人： 经办人身份证号： 代理机构签章： 代理机构统一社会信用代码：	受理人： 受理税务机关（章）： 受理日期： 年 月 日

2. 年终汇算清缴所得税

查账征收企业所得税的纳税人在年度汇算清缴时，无论盈利或亏损，均必须在税法规定的期限内进行纳税申报，填写企业基础信息表（必填）、年度纳税申报表主表（必填）及有关附表。2018年12月修订后的企业所得税年度纳税申报表共有37张，其中，1张基础信息表、

1 张主表、35 张附表。2021 年 3 月对部分表单及部分表单的填写说明进行了调整。

以查账征收为例,纳税人登录电子税务局,点击"我要办税"—"税费申报及缴纳"—"企业所得税申报"—"居民企业(查账征收)企业所得税年度申报"。

电子税务局企业所得税年度申报表实现了表间关系的自动计算和自动生成。为保证报表填列的连贯性和准确性,企业办税人员应先填列收入明细表、成本支出明细表、期间费用明细表、主表 1～13 行相关财务数据(小型微利企业可手工填写)并保存,再填列其他报表。由于申报表间的取数关系,应按先填写附表再填写上一级报表的顺序填写。

报表数据填写完毕,需点击报表下方的"保存"按钮。在报表填写过程中,如需删除已填写数据,需点击下方的"删除"按钮。企业所得税年度纳税申报表及相关附表,如表 5-7 至表 5-20 所示。

表 5-7 企业所得税年度纳税申报基础信息表

A000000

基本经营情况(必填项目)			
101 纳税申报企业类型(填写代码)		102 分支机构就地纳税比例(%)	
103 资产总额(填写平均值,单位:万元)		104 从业人数(填写平均值,单位:人)	
105 所属国民经济行业(填写代码)		106 从事国家限制或禁止行业	□是□否
107 适用会计准则或会计制度(填写代码)		108 采用一般企业财务报表格式(2019 年版)	□是□否
109 小型微利企业	□是 □否	110 上市公司	是(□境内 □境外) □否
有关涉税事项情况(存在或者发生下列事项时必填)			
201 从事股权投资业务	□是	202 存在境外关联交易	□是
203 境外所得信息	203-1 选择采用的境外所得抵免方式	□分国(地区)不分项 □不分国(地区)不分项	
	203-2 新增境外直接投资信息	是(产业类别:□旅游业□现代服务业□高新技术产业)	
204 有限合伙制创业投资企业的法人合伙人	□是	205 创业投资企业	□是
206 技术先进型服务企业类型(填写代码)		207 非营利组织	□是
208 软件、集成电路企业类型(填写代码)		209 集成电路生产项目类型	□130 纳米 □65 纳米 □28 纳米
210 科技型中小企业	210-1 ___年(申报所属期年度)入库编号 1		210-2 入库时间 1
	210-3 ___年(所属期下一年度)入库编号 2		210-4 入库时间 2

(续表)

211 高新技术企业申报所属期年度有效的高新技术企业证书	211-1 证书编号 1		211-2 发证时间 1	
	211-3 证书编号 2		211-4 发证时间 2	
212 重组事项税务处理方式	□一般性□特殊性	213 重组交易类型(填写代码)		
214 重组当事方类型(填写代码)		215 政策性搬迁开始时间	___年___月	
216 发生政策性搬迁且停止生产经营无所得年度	□是	217 政策性搬迁损失分期扣除年度	□是	
218 发生非货币性资产对外投资递延纳税事项	□是	219 非货币性资产对外投资转让所得递延纳税年度	□是	
220 发生技术成果投资入股递延纳税事项	□是	221 技术成果投资入股递延纳税年度	□是	
222 发生资产(股权)划转特殊性税务处理事项	□是	223 债务重组所得递延纳税年度	□是	
224 研发支出辅助账样式	□2015 版 □2021 版 □自行设计			

主要股东及分红情况(必填项目)					
股东名称	证件种类	证件号码	投资比例(%)	当年(决议日)分配的股息、红利等权益性投资收益金额	国籍(注册地址)
其余股东合计	—	—			—

表 5-8　　　　　　　中华人民共和国企业所得税年度纳税申报表(A 类)

A100000

单位:元

行次	类别	项目	金额
1	利润总额计算	一、营业收入(填写 A101010\101020\103000)	
2		减:营业成本(填写 A102010\102020\103000)	
3		减:税金及附加	
4		减:销售费用(填写 A104000)	
5		减:管理费用(填写 A104000)	
6		减:财务费用(填写 A104000)	
7		减:资产减值损失	
8		加:公允价值变动收益	

（续表）

行次	类别	项目	金额
9	利润总额计算	加：投资收益	
10		二、营业利润（1－2－3－4－5－6－7＋8＋9）	
11		加：营业外收入（填写 A101010\101020\103000）	
12		减：营业外支出（填写 A102010\102020\103000）	
13		三、利润总额（10＋11－12）	
14	应纳税所得额计算	减：境外所得（填写 A108010）	
15		加：纳税调整增加额（填写 A105000）	
16		减：纳税调整减少额（填写 A105000）	
17		减：免税、减计收入及加计扣除（填写 A107010）	
18		加：境外应税所得抵减境内亏损（填写 A108000）	
19		四、纳税调整后所得（13－14＋15－16－17＋18）	
20		减：所得减免（填写 A107020）	
21		减：弥补以前年度亏损（填写 A106000）	
22		减：抵扣应纳税所得额（填写 A107030）	
23		五、应纳税所得额（19－20－21－22）	
24	应纳税额计算	税率（25%）	
25		六、应纳所得税额（23×24）	
26		减：减免所得税额（填写 A107040）	
27		减：抵免所得税额（填写 A107050）	
28		七、应纳税额（25－26－27）	
29		加：境外所得应纳所得税额（填写 A108000）	
30		减：境外所得抵免所得税额（填写 A108000）	
31		八、实际应纳所得税额（28＋29－30）	
32		减：本年累计实际已缴纳的所得税额	
33		九、本年应补（退）所得税额（31－32）	
34		其中：总机构分摊本年应补（退）所得税额（填写 A109000）	
35		财政集中分配本年应补（退）所得税额（填写 A109000）	
36		总机构主体生产经营部门分摊本年应补（退）所得税额（填写 A109000）	
37	实际应纳税额计算	减：民族自治地区企业所得税地方分享部分：（□ 免征 □ 减征：减征幅度____%）	
38		十、本年实际应补（退）所得税额（33－37）	

表 5-9　　　　　　　　　　　一般企业收入明细表

A101010　　　　　　　　　　　　　　　　　　　　　　　　　　　　　　单位:元

行次	项　目	金额
1	一、营业收入(2+9)	
2	（一）主营业务收入(3+5+6+7+8)	
3	1. 销售商品收入	
4	其中:非货币性资产交换收入	
5	2. 提供劳务收入	
6	3. 建造合同收入	
7	4. 让渡资产使用权收入	
8	5. 其他	
9	（二）其他业务收入(10+12+13+14+15)	
10	1. 销售材料收入	
11	其中:非货币性资产交换收入	
12	2. 出租固定资产收入	
13	3. 出租无形资产收入	
14	4. 出租包装物和商品收入	
15	5. 其他	
16	二、营业外收入(17+18+19+20+21+22+23+24+25+26)	
17	（一）非流动资产处置利得	
18	（二）非货币性资产交换利得	
19	（三）债务重组利得	
20	（四）政府补助利得	
21	（五）盘盈利得	
22	（六）捐赠利得	
23	（七）罚没利得	
24	（八）确实无法偿付的应付款项	
25	（九）汇兑收益	
26	（十）其他	

表 5-10　　　　　　　　　　　　　　　一般企业成本支出明细表

A102010　　　　　　　　　　　　　　　　　　　　　　　　　　　　　　　　　　单位:元

行次	项　　目	金额
1	一、营业成本(2+9)	
2	（一）主营业务成本(3+5+6+7+8)	
3	1. 销售商品成本	
4	其中:非货币性资产交换成本	
5	2. 提供劳务成本	
6	3. 建造合同成本	
7	4. 让渡资产使用权成本	
8	5. 其他	
9	（二）其他业务成本(10+12+13+14+15)	
10	1. 销售材料成本	
11	其中:非货币性资产交换成本	
12	2. 出租固定资产成本	
13	3. 出租无形资产成本	
14	4. 包装物出租成本	
15	5. 其他	
16	二、营业外支出(17+18+19+20+21+22+23+24+25+26)	
17	（一）非流动资产处置损失	
18	（二）非货币性资产交换损失	
19	（三）债务重组损失	
20	（四）非常损失	
21	（五）捐赠支出	
22	（六）赞助支出	
23	（七）罚没支出	
24	（八）坏账损失	
25	（九）无法收回的债券股权投资损失	
26	（十）其他	

表 5-11　　　　　　　　　　　　期间费用明细表

A104000　　　　　　　　　　　　　　　　　　　　　　　　　　　单位:元

行次	项　目	销售费用	其中:境外支付	管理费用	其中:境外支付	财务费用	其中:境外支付
		1	2	3	4	5	6
1	一、职工薪酬		＊		＊	＊	＊
2	二、劳务费					＊	＊
3	三、咨询顾问费					＊	＊
4	四、业务招待费		＊		＊	＊	＊
5	五、广告费和业务宣传费		＊		＊	＊	＊
6	六、佣金和手续费						
7	七、资产折旧摊销费		＊		＊	＊	＊
8	八、财产损耗、盘亏及毁损损失		＊		＊	＊	＊
9	九、办公费		＊		＊	＊	＊
10	十、董事会费				＊	＊	＊
11	十一、租赁费					＊	＊
12	十二、诉讼费		＊		＊	＊	＊
13	十三、差旅费		＊			＊	＊
14	十四、保险费		＊		＊		
15	十五、运输、仓储费					＊	＊
16	十六、修理费					＊	＊
17	十七、包装费		＊		＊	＊	＊
18	十八、技术转让费					＊	＊
19	十九、研究费用						＊
20	二十、各项税费		＊		＊		＊
21	二十一、利息收支	＊		＊			
22	二十二、汇兑差额	＊	＊	＊	＊		
23	二十三、现金折扣	＊	＊	＊	＊		＊
24	二十四、党组织工作经费	＊	＊		＊	＊	＊
25	二十五、其他						
26	合计(1+2+3+…25)						

表 5-12　　　　　　　　　　　　　　　纳税调整项目明细表

A105000　　　　　　　　　　　　　　　　　　　　　　　　　　　　　　　单位:元

行次	项目	账载金额	税收金额	调增金额	调减金额
		1	2	3	4
1	一、收入类调整项目(2+3+…8+10+11)	＊	＊		
2	（一）视同销售收入(填写 A105010)	＊			＊
3	（二）未按权责发生制原则确认的收入(填写 A105020)				
4	（三）投资收益(填写 A105030)				
5	（四）按权益法核算长期股权投资对初始投资成本调整确认收益	＊	＊	＊	
6	（五）交易性金融资产初始投资调整	＊	＊		＊
7	（六）公允价值变动净损益		＊		
8	（七）不征税收入	＊	＊		
9	其中:专项用途财政性资金(填写 A105040)	＊	＊		
10	（八）销售折扣、折让和退回				
11	（九）其他				
12	二、扣除类调整项目(13+14+…24+26+27+28+29+30)	＊	＊		
13	（一）视同销售成本(填写 A105010)	＊		＊	
14	（二）职工薪酬(填写 A105050)				
15	（三）业务招待费支出				＊
16	（四）广告费和业务宣传费支出(填写 A105060)	＊	＊		
17	（五）捐赠支出(填写 A105070)				
18	（六）利息支出				
19	（七）罚金、罚款和被没收财物的损失		＊		＊
20	（八）税收滞纳金、加收利息		＊		＊
21	（九）赞助支出		＊		＊
22	（十）与未实现融资收益相关在当期确认的财务费用				

(续表)

行次	项目	账载金额	税收金额	调增金额	调减金额
		1	2	3	4
23	（十一）佣金和手续费支出（保险企业填写 A105060）				
24	（十二）不征税收入用于支出所形成的费用	＊	＊		＊
25	其中:专项用途财政性资金用于支出所形成的费用(填写 A105040)	＊	＊		＊
26	（十三）跨期扣除项目				
27	（十四）与取得收入无关的支出		＊		＊
28	（十五）境外所得分摊的共同支出	＊			＊
29	（十六）党组织工作经费				
30	（十七）其他				
31	三、资产类调整项目(32＋33＋34＋35)	＊	＊		
32	（一）资产折旧、摊销(填写 A105080)				
33	（二）资产减值准备金		＊		
34	（三）资产损失(填写 A105090)	＊	＊		
35	（四）其他				
36	四、特殊事项调整项目(37＋38＋…＋43)	＊	＊		
37	（一）企业重组及递延纳税事项(填写 A105100)				
38	（二）政策性搬迁(填写 A105110)	＊	＊		
39	（三）特殊行业准备金 (39.1＋39.2＋39.4＋39.5＋39.6＋39.7)	＊	＊		
39.1	1. 保险公司保险保障基金				
39.2	2. 保险公司准备金				
39.3	其中:已发生未报案未决赔款准备金				
39.4	3. 证券行业准备金				
39.5	4. 期货行业准备金				
39.6	5. 中小企业融资(信用)担保机构准备金				

（续表）

行次	项目	账载金额	税收金额	调增金额	调减金额
		1	2	3	4
39.7	6. 金融企业、小额贷款公司准备金（填写A105 120）	*	*		
40	（四）房地产开发企业特定业务计算的纳税调整额（填写A105010）	*			
41	（五）合伙企业法人合伙人应分得的应纳税所得额				
42	（六）发行永续债利息支出				
43	（七）其他	*	*		
44	五、特别纳税调整应税所得	*	*		
45	六、其他	*	*		
46	合计（1+12+31+36+44+45）	*	*		

表 5-13　　　　视同销售和房地产开发企业特定业务纳税调整明细表

A105010

单位:元

行次	项目	税收金额	纳税调整金额
		1	2
1	一、视同销售（营业）收入（2+3+4+5+6+7+8+9+10）		
2	（一）非货币性资产交换视同销售收入		
3	（二）用于市场推广或销售视同销售收入		
4	（三）用于交际应酬视同销售收入		
5	（四）用于职工奖励或福利视同销售收入		
6	（五）用于股息分配视同销售收入		
7	（六）用于对外捐赠视同销售收入		
8	（七）用于对外投资项目视同销售收入		
9	（八）提供劳务视同销售收入		
10	（九）其他		
11	二、视同销售（营业）成本（12+13+14+15+16+17+18+19+20）		
12	（一）非货币性资产交换视同销售成本		

（续表）

行次	项目	税收金额	纳税调整金额
		1	2
13	（二）用于市场推广或销售视同销售成本		
14	（三）用于交际应酬视同销售成本		
15	（四）用于职工奖励或福利视同销售成本		
16	（五）用于股息分配视同销售成本		
17	（六）用于对外捐赠视同销售成本		
18	（七）用于对外投资项目视同销售成本		
19	（八）提供劳务视同销售成本		
20	（九）其他		
21	三、房地产开发企业特定业务计算的纳税调整额（22－26）		
22	（一）房地产企业销售未完工开发产品特定业务计算的纳税调整额（24－25）		
23	1. 销售未完工产品的收入		*
24	2. 销售未完工产品预计毛利额		
25	3. 实际发生的税金及附加、土地增值税		
26	（二）房地产企业销售的未完工产品转完工产品特定业务计算的纳税调整额（28－29）		
27	1. 销售未完工产品转完工产品确认的销售收入		*
28	2. 转回的销售未完工产品预计毛利额		
29	3. 转回实际发生的税金及附加、土地增值税		

表 5-14　　　　　　　　　　　职工薪酬支出及纳税调整明细表

A105050　　　　　　　　　　　　　　　　　　　　　　　　　　　　　　　　单位:元

行次	项目	账载金额	实际发生额	税收规定扣除率	以前年度累计结转扣除额	税收金额	纳税调整金额	累计结转以后年度扣除额
		1	2	3	4	5	6(1－5)	7(1+4－5)
1	一、工资薪金支出			*	*			*
2	其中:股权激励			*	*			*

（续表）

行次	项目	账载金额	实际发生额	税收规定扣除率	以前年度累计结转扣除额	税收金额	纳税调整金额	累计结转以后年度扣除额
		1	2	3	4	5	6(1−5)	7(1+4−5)
3	二、职工福利费支出				＊			＊
4	三、职工教育经费支出			＊				
5	其中:按税收规定比例扣除的职工教育经费							
6	按税收规定全额扣除的职工培训费用				＊			＊
7	四、工会经费支出				＊			＊
8	五、各类基本社会保障性缴款			＊	＊			＊
9	六、住房公积金			＊	＊			＊
10	七、补充养老保险				＊			＊
11	八、补充医疗保险				＊			＊
12	九、其他			＊	＊			＊
13	合计(1+3+4+7+8+9+10+11+12)			＊				

表 5-15　　　　　　　　　广告费和业务宣传费跨年度纳税调整明细表

A105060　　　　　　　　　　　　　　　　　　　　　　　　　　　　　　单位:元

行次	项　目	金额
1	一、本年广告费和业务宣传费支出	
2	减:不允许扣除的广告费和业务宣传费支出	
3	二、本年符合条件的广告费和业务宣传费支出(1−2)	
4	三、本年计算广告费和业务宣传费扣除限额的销售(营业)收入	
5	乘:税收规定扣除率	
6	四、本企业计算的广告费和业务宣传费扣除限额(4×5)	
7	五、本年结转以后年度扣除额(3>6,本行=3−6;3≤6,本行=0)	

（续表）

行次	项 目	金额
8	加：以前年度累计结转扣除额	
9	减：本年扣除的以前年度结转额[3＞6,本行＝0；3≤6,本行＝8与（6－3）孰小值]	
10	六、按照分摊协议归集至其他关联方的广告费和业务宣传费（10≤3与6孰小值）	
11	按照分摊协议从其他关联方归集至本企业的广告费和业务宣传费	
12	七、本年广告费和业务宣传费支出纳税调整金额 （3＞6,本行＝2＋3－6＋10－11；3≤6,本行＝2＋10－11－9）	
13	八、累计结转以后年度扣除额（7＋8－9）	

表 5-16　　　　　　　　　　　捐赠支出及纳税调整明细表

A105070　　　　　　　　　　　　　　　　　　　　　　　　　　　　　　单位:元

行次	项目	账载金额	以前年度结转可扣除的捐赠额	按税收规定计算的扣除限额	税收金额	纳税调增金额	纳税调减金额	可结转以后年度扣除的捐赠额
		1	2	3	4	5	6	7
1	一、非公益性捐赠		＊	＊	＊		＊	＊
2	二、限额扣除的公益性捐赠 （3＋4＋5＋6）							
3	前三年度（＿＿＿＿年）	＊		＊	＊	＊		＊
4	前二年度（＿＿＿＿年）	＊		＊	＊	＊		＊
5	前一年度（＿＿＿＿年）	＊		＊	＊	＊		＊
6	本年（　　年）		＊				＊	
7	三、全额扣除的公益性捐赠		＊	＊		＊	＊	＊
8	1.		＊	＊		＊	＊	＊
9	2.		＊	＊		＊	＊	＊
10	3.		＊	＊		＊	＊	＊
11	合计（1＋2＋7）							
附列资料	2015 年度至本年发生的公益性扶贫捐赠合计金额		＊	＊				＊

表 5-17
A105080

资产折旧、摊销及纳税调整明细表

单位:元

行次	项　　目	账载金额			税收金额					纳税调整金额
		资产原值	本年折旧、摊销额	累计折旧、摊销额	资产计税基础	税收折旧、摊销额	享受加速折旧政策的资产按税收一般规定计算的折旧、摊销额	加速折旧、摊销统计额	累计折旧、摊销额	
		1	2	3	4	5	6	7(5-6)	8	9(2-5)
1	一、固定资产(2+3+4+5+6+7)						*	*		
2	(一)房屋、建筑物						*	*		
3	(二)飞机、火车、轮船、机器、机械和其他生产设备						*	*		
4	所有固定资产 (三)与生产经营活动有关的器具、工具、家具等						*	*		
5	(四)飞机、火车、轮船以外的运输工具						*	*		
6	(五)电子设备						*	*		
7	(六)其他						*	*		
8	(一)重要行业固定资产加速折旧(不含一次性扣除)									*
9	(二)其他行业研发设备加速折旧									*

（续表）

行次	项　目	账载金额			税收金额					纳税调整金额
		资产原值	本年折旧、摊销额	累计折旧、摊销额	资产计税基础	税收折旧、摊销额	享受加速折旧政策的资产按税收一般规定计算的折旧、摊销额	加速折旧、摊销统计额	累计折旧、摊销额	
		1	2	3	4	5	6	7(5-6)	8	9(2-5)
10	（三）特定地区企业固定资产加速折旧(10.1+10.2)									
10.1	1.海南自由贸易港企业固定资产加速折旧									*
10.2	2.横琴粤澳深度合作区企业固定资产加速折旧									*
	（四）500万元以下设备器具一次性扣除(11.1+11.2)									*
	其中:享受固定资产加速折旧政策的资产加速折旧额及一次性扣除政策的资产加速折旧额大于一般折旧额的部分									*
11	1.高新技术企业2022年度第四季度(10月~12月)购置单价500万元以下设备器具一次性扣除									*
	2.购置单价500万元以下设备器具一次性扣除(不含高新技术企业2022年度第四季度购置)									*

（续表）

行次	项 目	账载金额			税收金额					纳税调整金额
		资产原值	本年折旧、摊销额	累计折旧、摊销额	资产计税基础	税收折旧、摊销额	享受加速折旧政策的资产按税收一般规定计算的折旧、摊销额	加速折旧、摊销统计额	累计折旧、摊销额	
		1	2	3	4	5	6	7(5-6)	8	9(2-5)
12	（五）500万元以上设备一次性扣除(12.1+12.2+12.3+12.4)									
	中小微企业单价500万元以上设备器具 1. 最低折旧年限为3年的设备器具一次性扣除									*
	2. 最低折旧年限为4年、5年的设备器具50%部分一次性扣除									*
	3. 最低折旧年限为10年的设备器具50%部分一次性扣除									*
	4. 高新技术企业2022年第四季度(10月~12月)购置单价500万元以上设备器具一次性扣除									*
13	（六）特定地区企业固定资产一次性扣除(13.1+13.2)									*

（续表）

项　目	行次	账载金额			税收金额					纳税调整金额
		资产原值	本年折旧、摊销额	累计折旧、摊销额	资产计税基础	税收折旧、摊销额	享受加速折旧政策的资产按一般规定计算的折旧、摊销额	加速折旧、摊销统计额 7(5—6)	累计折旧、摊销额	9(2—5)
		1	2	3	4	5	6	7(5—6)	8	9(2—5)
1. 海南自由贸易港企业固定资产一次性扣除	13.1									*
2. 横琴粤澳深度合作区企业固定资产一次性扣除	13.2									*
（七）技术进步、更新换代固定资产加速折旧	14									*
（八）常年强震动、高腐蚀固定资产加速折旧	15									*
（九）外购软件加速折旧	16									*
（十）集成电路企业生产设备加速折旧	17									*
二、生产性生物资产（19＋20）	18						*	*		
（一）林木类	19						*	*		
（二）畜类	20						*	*		
三、无形资产（22＋23＋24＋25＋26＋27＋28＋29）	21						*	*		
（一）专利权	22						*	*		
（二）商标权	23						*	*		

（续表）

行次	项目	账载金额			资产计税基础	税收金额			累计折旧、摊销额	纳税调整金额
		资产原值	本年折旧、摊销额	累计折旧、摊销额		税收折旧、摊销额	享受加速折旧政策的资产按税收一般规定计算的折旧、摊销额	加速折旧、摊销统计额		
		1	2	3	4	5	6	7(5-6)	8	9(2-5)
24	（三）著作权						*	*		
25	（四）土地使用权						*	*		
26	（五）非专利技术						*	*		
27	（六）特许权使用费						*	*		
28	（七）软件						*	*		
29	（八）其他						*	*		
30	其中：享受无形资产加速摊销政策的资产加速摊销及一次性摊销额大于一般 （一）企业外购软件加速摊销									*
31	（二）特定地区企业无形资产加速摊销（31.1＋31.2）									*
31.1	1.海南自由贸易港企业无形资产加速摊销									*
31.2	2.横琴粤澳深度合作区企业无形资产加速摊销									*
32	（三）特定地区企业无形资产一次性摊销（32.1＋32.2）									*

（续表）

行次	项目	账载金额			税收金额					纳税调整金额
		资产原值	本年折旧、摊销额	累计折旧、摊销额	资产计税基础	税收折旧、摊销额	享受加速折旧政策的资产按税收一般计算的折旧、摊销额	加速折旧、摊销统计额	累计折旧、摊销额	
		1	2	3	4	5	6	7（5－6）	8	9（2－5）
32.1	摊销额的部分　1.海南自由贸易港企业无形资产一次性摊销									*
32.2	2.横琴粤澳深度合作区企业无形资产一次性摊销									*
33	四、长期待摊费用（34＋35＋36＋37＋38）						*	*		
34	（一）已足额提取折旧的固定资产的改建支出						*	*		
35	（二）租入固定资产的改建支出						*	*		
36	（三）固定资产的大修理支出						*	*		
37	（四）开办费						*	*		
38	（五）其他						*	*		
39	五、油气勘探投资						*			
40	六、油气开发投资						*	*		
41	合计（1＋18＋21＋33＋39＋40）									
附列资料	全民所有制企业公司制改制资产评估增值政策资产						*			

表 5-18

A106000

企业所得税弥补亏损明细表

单位:元

行次	项目	年度	当年境内所得额	分立转出的亏损额	合并、分立转入的亏损额			弥补亏损企业类型	当年亏损额	当年待弥补的亏损额	用本年度所得额弥补的以前年度亏损额		当年可结转以后年度弥补的亏损额
					可弥补年限5年	可弥补年限8年	可弥补年限10年				使用境内所得弥补	使用境外所得弥补	
		1	2	3	4	5	6	7	8	9	10	11	12
1	前十年度												
2	前九年度												
3	前八年度												
4	前七年度												
5	前六年度												
6	前五年度												
7	前四年度												
8	前三年度												
9	前二年度												
10	前一年度												
11	本年度												
12	可结转以后年度弥补的亏损额合计												

表 5-19 免税、减计收入及加计扣除优惠明细表

A107010 单位:元

行次	项 目	金额
1	一、免税收入(2+3+9+…+16)	
2	(一)国债利息收入免征企业所得税	
3	(二)符合条件的居民企业之间的股息、红利等权益性投资收益免征企业所得税(4+5+6+7+8)	
4	1. 一般股息红利等权益性投资收益免征企业所得税(填写 A107011)	
5	2. 内地居民企业通过沪港通投资且连续持有 H 股满 12 个月取得的股息红利所得免征企业所得税(填写 A107011)	
6	3. 内地居民企业通过深港通投资且连续持有 H 股满 12 个月取得的股息红利所得免征企业所得税(填写 A107011)	
7	4. 居民企业持有创新企业 CDR 取得的股息红利所得免征企业所得税(填写 A107011)	
8	5. 符合条件的永续债利息收入免征企业所得税(填写 A107011)	
9	(三)符合条件的非营利组织的收入免征企业所得税	
10	(四)中国清洁发展机制基金取得的收入免征企业所得税	
11	(五)投资者从证券投资基金分配中取得的收入免征企业所得税	
12	(六)取得的地方政府债券利息收入免征企业所得税	
13	(七)中国保险保障基金有限责任公司取得的保险保障基金等收入免征企业所得税	
14	(八)中国奥委会取得北京冬奥组委支付的收入免征企业所得税	
15	(九)中国残奥委会取得北京冬奥组委分期支付的收入免征企业所得税	
16	(十)其他	
17	二、减计收入(18+19+23+24)	
18	(一)综合利用资源生产产品取得的收入在计算应纳税所得额时减计收入	
19	(二)金融、保险等机构取得的涉农利息、保费减计收入(20+21+22)	
20	1. 金融机构取得的涉农贷款利息收入在计算应纳税所得额时减计收入	
21	2. 保险机构取得的涉农保费收入在计算应纳税所得额时减计收入	
22	3. 小额贷款公司取得的农户小额贷款利息收入在计算应纳税所得额时减计收入	
23	(三)取得铁路债券利息收入减半征收企业所得税	
24	(四)其他(24.1+24.2)	

行次	项　目	金额
24.1	1. 取得的社区家庭服务收入在计算应纳税所得额时减计收入	
24.2	2. 其他	
25	三、加计扣除（26＋27＋28＋29＋30）	
26	（一）开发新技术、新产品、新工艺发生的研究开发费用加计扣除（填写A107012）	
27	（二）科技型中小企业开发新技术、新产品、新工艺发生的研究开发费用加计扣除（填写A107012）	
28	（三）企业为获得创新性、创意性、突破性的产品进行创意设计活动而发生的相关费用加计扣除（加计扣除比例＿＿＿％）	
29	（四）安置残疾人员所支付的工资加计扣除	
30	（五）其他	
31	合计（1＋17＋25）	

表 5-20　　　　　　　　　所得减免优惠明细表

A107020　　　　　　　　　　　　　　　　　　　　　　　　　　　　　单位:元

行次	减免项目	项目名称	优惠事项名称	优惠方式	项目收入	项目成本	相关税费	应分摊期间费用	纳税调整额	项目所得额		减免所得额
										免税项目	减半项目	
		1	2	3	4	5	6	7	8	9	10	11（9＋10×50％）
1	一、农、林、牧、渔业项目											
2												
3		小计	*	*								
4	二、国家重点扶持的公共基础设施项目											
5												
6		小计	*	*								
7	三、符合条件的环境保护、节能节水项目											
8												
9		小计	*	*								
10	四、符合条件的技术转让项目		*	*						*	*	*
11			*	*						*	*	*
12		小计		*								

（续表）

行次	减免项目	项目名称	优惠事项名称	优惠方式	项目收入	项目成本	相关税费	应分摊期间费用	纳税调整额	项目所得额		减免所得额
										免税项目	减半项目	
		1	2	3	4	5	6	7	8	9	10	11（9＋10×50%）
13	五、清洁发展机制项目		*									
14			*									
15		小计	*	*								
16	六、符合条件的节能服务公司实施的合同能源管理项目		*									
17			*									
18		小计	*	*								
19	七、线宽小于130纳米（含）的集成电路生产项目											
20												
21		小计	*	*								
22	八、线宽小于65纳米（含）或投资额超过150亿元的集成电路生产项目											
23												
24		小计	*	*								
25	九、线宽小于28纳米（含）的集成电路生产项目		*									
26			*									
27		小计	*	*								
28	十、其他											
29												
30		小计	*	*								
31	合计	*	*	*								

● 任务实施

填写十里香酒业有限公司 2022 年度企业所得税年度纳税申报表及有关附表。

任务评价

评价项目	掌握情况	完成情况	未掌握情况
任务指导			
任务实施			

任务拓展

　　某企业 2022 纳税年度缴纳企业所得税 1 200 万元,企业预计 2023 年每季度应纳税所得额将分别达到 1 600 万元、1 600 万元、1 500 万元和 800 万元。请同学们思考:2023 年度企业预缴企业所得税是按照季度实际数额预缴还是按上一纳税年度应纳税所得额的 1/4 预缴?

项目六　个人所得税

 党的二十大精神专栏

　　完善个人所得税制度,规范收入分配秩序,规范财富积累机制,保护合法收入,调节过高收入,取缔非法收入。

　　我们坚持把实现人民对美好生活的向往作为现代化建设的出发点和落脚点,着力维护和促进社会公平正义,着力促进全体人民共同富裕,坚决防止两极分化。

学习目标

➤ **知识目标**

1. 了解个人所得税的概念和特点
2. 掌握个人所得税的纳税人、应税项目和税率
3. 理解个人所得税的减免税
4. 掌握个人所得税的计税依据
5. 理解个人所得税的纳税方式、纳税地点和纳税期限

➤ **能力目标**

1. 计算个人所得税应纳税额
2. 填写个人所得税纳税预缴申报表和汇算清缴申报表
3. 办理个人所得税预缴和汇算清缴

➤ **素养目标**

1. 树立诚信纳税、依法纳税意识
2. 培养爱国情、强国志、报国行的意识
3. 厚植以人为本的人文情怀

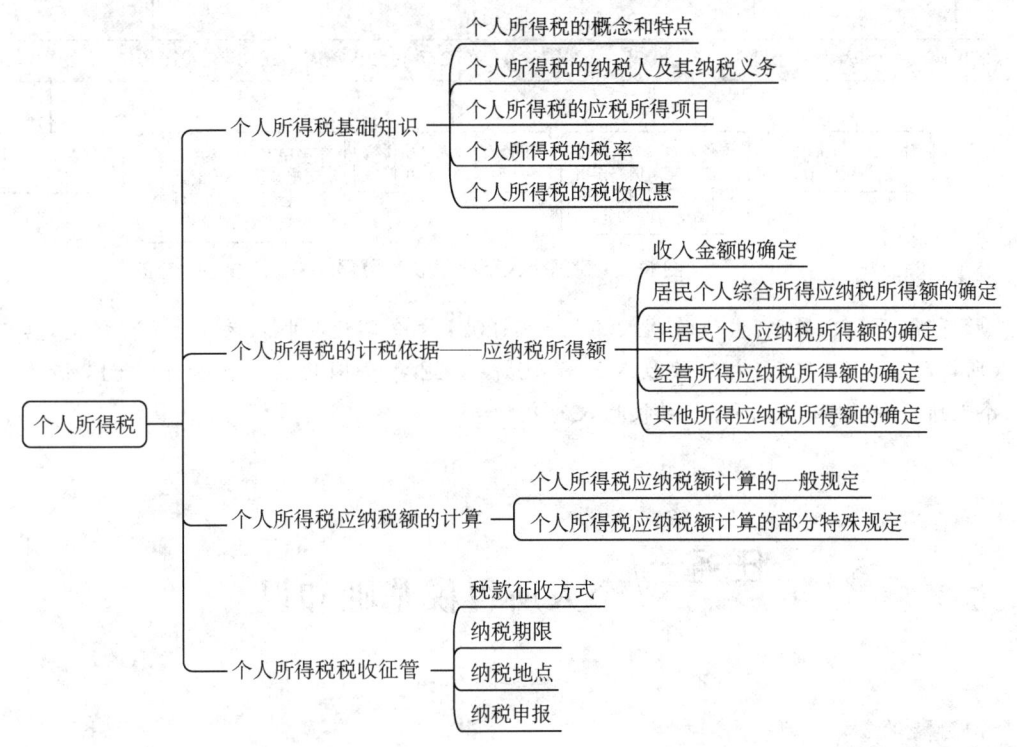

引 子

个人所得税溯源

个人所得税是对个人(即自然人)取得的各项应税所得征收的一种税。1980年9月10日,第五届全国人民代表大会第三次会议通过《中华人民共和国个人所得税法》(以下简称《个人所得税法》),此后全国人大常委会分别于1993年10月31日、1999年8月30日、2005年10月27日、2007年6月29日、2007年12月29日、2011年6月30日和2018年8月31日对《个人所得税法》作出修正,1994年1月28日,国务院公布《中华人民共和国个人所得税法实施条例》(以下简称《个人所得税法实施条例》),此后国务院分别于2005年12月19日、2008年2月18日、2011年7月19日和2018年12月18日对《个人所得税法实施条例》作出修订,国家财政、税务主管部门又制定了一系列部门规章和规范性文件。2019年1月1日,国家税务总局施行《个人所得税专项附加扣除操作办法(试行)》。2022年1月1日起,3岁以下婴幼儿照护列入专项附加扣除政策。2022年12月30日《中华人民共和国增值税法(草案)》向社会公开征求意见。我国个人所得税改革历程,如图6-1所示。

个人所得税作为地方税体系的主体税种,2020年全国税收收入为154 310亿元,其中,

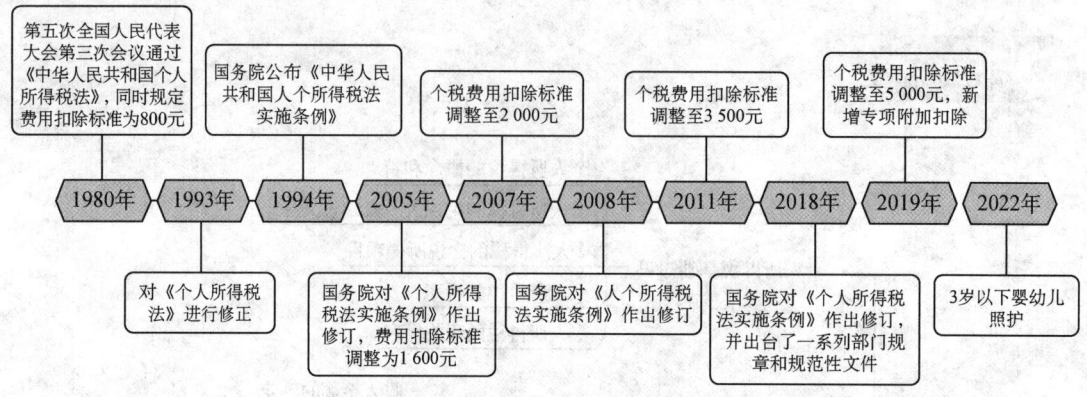

图 6-1 我国个人所得税改革历程

个人所得税 11 568 亿元,占税收收入的 7.5%;2021 年全国税收收入为 172 731 亿元,其中,个人所得税 13 993 亿元,占税收收入的 8.10%;2022 年全国税收收入为 166 614 亿元,其中,个人所得税 14 923 亿元,占税收收入的 8.96%。

任务一 个人所得税基础知识

⊙ 任务背景

(1) 十里香酒业有限公司 2023 年 1 月部分职工信息,如表 6-1 所示。

表 6-1 部分员工基础信息

工号	姓名	性别	身份证号码	联系电话	任职日期	任职受雇类型
1	张文	女	450201197901193512	15102256789	2010-03-05	雇员
2	王明	男	350102197602165417	17753123456	2000-09-01	雇员
3	刘芳	女	150802199003253056	16602234567	2012-08-06	雇员
4	徐非	男	380204197805124096	13945612456		其他

(2) 2023 年 1 月,正常工资薪金收入明细,如表 6-2 所示。

表 6-2 工资薪金收入明细

工号	姓名	应发工资合计	基本养老保险	基本医疗保险	失业保险	住房公积金	年金
1	张文	13 209.90	747.04	186.76	28.01	1 134.24	373.52
2	王明	7 479.20	583.52	145.88	21.88	877.08	291.76
3	刘芳	7 144.45	391.28	97.82	14.67	576.12	195.64

（3）2023年1月10日，十里香酒业有限公司聘请徐非给公司的财务人员做了一场税收筹划讲座，支付其劳务报酬10 000.00元。

（4）张文与某高校老师合著一本书，张文获得稿酬4 000.00元，未缴纳个人所得税。

（5）2023年1月15日，王明获得一笔国债利息收入2 000.00元。

要求：辨别张文等人应纳个人所得税的项目。

任务要求

1. 界定个人所得税的征税范围
2. 准确区分居民纳税人和非居民纳税人及其纳税义务
3. 准确适用不同应税项目的税率
4. 理解税收优惠

任务指导

一、个人所得税的概念和特点

（一）个人所得税的概念

个人所得税是以个人（自然人）取得的各项应税所得为征税对象所征收的一种税。它最早于1799年在英国创立，目前世界上已有140多个国家开征了这一税种。

（二）个人所得税的特点

我国现行个人所得税具有如下特点。

1. 实行综合与分类相结合的征收模式

自2019年1月1日，我国《个人所得税法》实施全员全额申报纳税的综合与分类相结合的课征模式。《个人所得税法》将个人所得区分为综合所得和分类所得，将工资薪金所得、劳务报酬所得、稿酬所得和特许权使用费所得界定为综合所得，合并计税；经营所得，利息、股息、红利所得，财产租赁所得，财产转让所得和偶然所得为分类所得，单独计税。

确立综合所得实施合并计税，是我国个人所得税改革的重大突破，为下一步提高调节的力度和精准性夯实了制度基础。

2. 实行综合所得特别调节的专项附加扣除机制

《个人所得税法》引入了对综合所得特别调节的专项附加扣除机制，在费用扣除和专项扣除基础上，增加7项专项附加扣除，包括子女教育、继续教育、大病医疗、住房贷款利息或住房租金、赡养老人、3岁以下婴幼儿照护等支出项目。

不同类型专项扣除的实施，相当程度上考虑了个人生存发展和家庭因素，其意义不仅强化了调节的针对性，更重要的是确立了差异化调节的制度化机制，并与普遍性的费用扣除和专项扣除相结合。因此，我国个人所得税基本形成了普遍与特殊相结合的系统化扣除体系。

3. 累进税率与比例税率并用

分类所得税制一般采用比例税率，综合所得税制通常采用累进税率。比例税率计算简便,便于实行源泉扣缴;累进税率可以合理调节收入分配,体现公平。

我国现行个人所得税根据各类个人所得的不同性质和特点,将这两种形式的税率综合运用于个人所得税制。

4. 采取源泉扣缴和自行申报两种征纳方法

我国《个人所得税法》规定,对纳税人的应纳税额分别采取由支付单位源泉扣缴和纳税人自行申报两种方法。对凡是可以在应税所得的支付环节扣缴个人所得税的,均由扣缴义务人履行代扣代缴义务;没有扣缴义务人的,以及个人在两处以上取得工资、薪金所得的,由纳税人自行申报纳税。此外,对其他不便于扣缴税款的,亦规定由纳税人自行申报纳税。

二、个人所得税的纳税人及其纳税义务

(一) 纳税人

个人所得税纳税人包括中国公民、个体工商户、个人独资企业投资人和合伙企业的个人合伙人等。个人所得税纳税人依据住所和居住时间两个标准,分为居民个人和非居民个人。

1. 居民个人

在中国境内有住所,或者无住所而1个纳税年度内在中国境内居住累计满183天的个人,为居民个人。在中国境内有住所,是指因户籍、家庭和经济利益关系而在中国境内习惯性居住。无住所个人1个纳税年度内在中国境内累计居住天数,按照个人在中国境内累计停留的天数计算;在中国境内停留的当天满24小时的,计入中国境内居住天数,在中国境内停留的当天不足24小时的,不计入中国境内居住天数。纳税年度,自公历1月1日起至12月31日止。

2. 非居民个人

在中国境内无住所又不居住,或者无住所而1个纳税年度内在中国境内居住累计不满183天的个人,为非居民个人。

(二) 纳税义务

1. 居民个人的纳税义务

居民个人负有无限纳税义务。其所取得的应纳税所得,无论是来源于中国境内还是中国境外,都要在中国缴纳个人所得税。

在中国境内无住所的个人,在中国境内居住累计满183天的年度连续不满6年的,经向主管税务机关备案,其来源于中国境外且由境外单位或者个人支付的所得,免予缴纳个人所得税;在中国境内居住累计满183天的任一年度中有1次离境超过30天的,其在中国境内居住累计满183天的年度的连续年限重新起算。

需要说明的是,中国境内无住所的个人1个纳税年度在中国境内累计居住满183天的,如果此前6年在中国境内每年累计居住天数都满183天而且没有任何一年单次离境超过30天,该纳税年度来源于中国境内、境外所得应当缴纳个人所得税;如果此前6年的任一年在中国境内累计居住天数不满183天或者单次离境超过30天,该纳税年度来源于中国境外且由境外单位或者个人支付的所得,免予缴纳个人所得税。此前6年是指该纳税年度的前1年至前6年的连续6个年度,此前6年的起始年度自2019年(含)以后开始计算。

2. 非居民个人的纳税义务

非居民个人承担有限纳税义务,仅就其来源于中国境内的所得,缴纳个人所得税。

需要说明的是,在中国境内无住所的个人,1 个纳税年度内在中国境内居住累计不超过90 天的,其来源于中国境内的所得,由境外雇主支付并且不由该雇主在中国境内的机构、场所负担的部分,免予缴纳个人所得税。

(三) 所得来源地的确定

1. 来源于中国境内的所得

下列所得,不论支付地点是否在中国境内,均为来源于中国境内的所得(财政部、税务总局另有规定的除外):

(1) 因任职、受雇、履约等在中国境内提供劳务取得的所得。

(2) 将财产出租给承租人在中国境内使用而取得的所得。

(3) 许可各种特许权在中国境内使用而取得的所得。

(4) 转让中国境内的不动产等财产或者在中国境内转让其他财产取得的所得。

(5) 从中国境内企业、事业单位、其他组织以及居民个人取得的利息、股息、红利所得。

2. 来源于中国境外的所得

下列所得,为来源于中国境外的所得(财政部、税务总局另有规定的除外):

(1) 因任职、受雇、履约等在中国境外提供劳务取得的所得。

(2) 中国境外企业以及其他组织支付且负担的稿酬所得。

(3) 许可各种特许权在中国境外使用而取得的所得。

(4) 在中国境外从事生产、经营活动而取得的与生产、经营活动相关的所得。

(5) 从中国境外企业、其他组织以及非居民个人取得的利息、股息、红利所得。

(6) 将财产出租给承租人在中国境外使用而取得的所得。

(7) 转让中国境外的不动产、转让对中国境外企业以及其他组织投资形成的股票、股权以及其他权益性资产(以下称权益性资产)或者在中国境外转让其他财产取得的所得。但转让对中国境外企业以及其他组织投资形成的权益性资产,该权益性资产被转让前 3 年(连续36 个公历月份)内的任一时间,被投资企业或其他组织的资产公允价值 50% 以上直接或间接来自中国境内的不动产的,取得的所得为来源于中国境内的所得。

(8) 中国境外企业、其他组织以及非居民个人支付且负担的偶然所得。

三、个人所得税的应税所得项目

按应纳税所得的来源划分,现行个人所得税共分为 9 个应税项目。

(一) 工资、薪金所得

工资、薪金所得,是指个人因任职或者受雇而取得的工资、薪金、奖金、年终加薪、劳动分红、津贴、补贴以及与任职或者受雇有关的其他所得。

下列项目不属于工资、薪金性质的补贴、津贴,不征收个人所得税。这些项目包括:①独生子女补贴。②执行公务员工资制度未纳入基本工资总额的补贴、津贴差额和家属成员的副食补贴。③托儿补助费。④差旅费津贴、误餐补助。其中,误餐补助是指按照财政部规定,个人因公在城区、郊区工作,不能在工作单位或返回就餐的,根据实际误餐顿数,按规定的标准领取的误餐费。单位以误餐补助名义发给职工的补助、津贴不包括在内,应当并入当月工资、薪金所得计征个人所得税。

(二) 劳务报酬所得

劳务报酬所得,是指个人从事劳务取得的所得,包括从事设计、装潢、安装、制图、化验、测试、医疗、法律、会计、咨询、讲学、翻译、审稿、书画、雕刻、影视、录音、录像、演出、表演、广告、展览、技术服务、介绍服务、经纪服务、代办服务以及其他劳务取得的所得。

区分"劳务报酬所得"和"工资、薪金所得",主要看是否存在雇佣与被雇佣的关系。"工资、薪金所得"是个人从事非独立劳动,从所在单位(雇主)领取的报酬,存在雇佣与被雇佣的关系,即在机关、团体、学校、部队、企事业单位及其他组织中任职、受雇而得到的报酬。"劳务报酬所得"是指个人独立从事某种技艺、独立提供某种劳务而取得的报酬,一般不存在雇佣关系。

(三) 稿酬所得

稿酬所得,是指个人因其作品以图书、报刊形式出版、发表而取得的所得。作品包括文学作品、书画作品、摄影作品以及其他作品。作者去世后,财产继承人取得的遗作稿酬,也应按"稿酬所得"征收个人所得税。

(四) 特许权使用费所得

特许权使用费所得,是指个人提供专利权、商标权、著作权、非专利技术以及其他特许权的使用权取得的所得。提供著作权的使用权取得的所得,不包括稿酬所得。对于作者将自己的文字作品手稿原件或复印件拍卖取得的所得、个人取得专利赔偿所得、剧本作者从电影(或电视剧)的制作单位取得的剧本使用费(不再区分剧本的使用方是否为其任职单位)等,均按照"特许权使用费所得"项目缴纳个人所得税。

(五) 经营所得

经营所得,是指:

(1) 个体工商户从事生产、经营活动取得的所得,个人独资企业投资人、合伙企业的个人合伙人来源于境内注册的个人独资企业、合伙企业生产、经营的所得。

(2) 个人依法从事办学、医疗、咨询以及其他有偿服务活动取得的所得。

(3) 个人对企业、事业单位承包经营、承租经营以及转包、转租取得的所得。

(4) 个人从事其他生产、经营活动取得的所得。

(六) 利息、股息、红利所得

利息、股息、红利所得,是指个人拥有债权、股权等而取得的利息、股息、红利所得。其中,利息是指存款、贷款和债券的利息。股息、红利是指个人拥有股权取得的公司、企业分红。按照一定的比率派发的每股息金,称为股息。红利是指根据公司、企业应分配的超过股息部分的利润,按股派发的红股。

(七) 财产租赁所得

财产租赁所得,是指个人出租不动产、机器设备、车船以及其他财产取得的所得。

(八) 财产转让所得

财产转让所得,是指个人转让有价证券、股权、合伙企业中的财产份额、不动产、机器设备、车船以及其他财产取得的所得。

(九) 偶然所得

偶然所得,是指个人得奖、中奖、中彩以及其他偶然性质的所得。偶然所得应缴纳的个人所得税税款一律由发奖单位或机构代扣代缴。

个人取得的所得,难以界定应纳税所得项目的,由国务院税务主管部门确定。

居民个人取得上述(一)至(四)项所得(综合所得),按纳税年度合并计算个人所得税;非居民个人取得上述(一)至(四)项所得,按月或者按次分项计算个人所得税。纳税人取得上述(五)至(九)项所得,依照法律规定分别计算个人所得税。

四、个人所得税的税率

(一) 综合所得适用的税率

居民个人每一纳税年度内取得的综合所得适用3%~45%的超额累进税率。具体税率,如表6-3所示。

表 6-3   个人所得税税率表一

(综合所得适用)

级数	全年应纳税所得额	税率	速算扣除数
1	不超过 36 000 元的部分	3%	0
2	超过 36 000 元至 144 000 元的部分	10%	2 520
3	超过 144 000 元至 300 000 元的部分	20%	16 920
4	超过 300 000 元至 420 000 元的部分	25%	31 920
5	超过 420 000 元至 660 000 元的部分	30%	52 920
6	超过 660 000 元至 960 000 元的部分	35%	85 920
7	超过 960 000 元的部分	45%	181 920

(二) 经营所得适用的税率

经营所得适用5%~35%的超额累进税率。具体税率,如表6-4所示。

表 6-4   个人所得税税率表二

(经营所得适用)

级数	全年应纳税所得额	税率	速算扣除数
1	不超过 30 000 元的部分	5%	0
2	超过 30 000 元至 90 000 元的部分	10%	1 500
3	超过 90 000 元至 300 000 元的部分	20%	10 500
4	超过 300 000 元至 500 000 元的部分	30%	40 500
5	超过 500 000 元的部分	35%	65 500

（三）其他所得适用的税率

利息、股息、红利所得，财产租赁所得，财产转让所得和偶然所得适用比例税率，税率为20%。

自2001年1月1日起，对个人出租住房取得的所得暂减按10%的税率征收个人所得税。

五、个人所得税的税收优惠

《个人所得税法》及其实施条例，以及财政部、国家税务总局的若干规定，都对个人所得税项目给予了税收优惠。

（一）免税项目

免税项目包括：

（1）省级人民政府、国务院部委和中国人民解放军军以上单位，以及外国组织、国际组织颁发的科学、教育、技术、文化、卫生、体育和环境保护等方面的奖金。

（2）国债和国家发行的金融债券利息。其中，国债利息，是指个人持有中华人民共和国财政部发行的债券而取得的利息；国家发行的金融债券利息，是指个人持有经国务院批准发行的金融债券而取得的利息。

（3）按照国家统一规定发给的补贴、津贴，是指按照国务院规定发给的政府特殊津贴、院士津贴以及国务院规定免纳个人所得税的其他补贴、津贴。

（4）福利费、抚恤金、救济金。其中，福利费是指根据国家有关规定，从企业、事业单位、国家机关、社会组织提留的福利费或者工会经费中支付给个人的生活补助费；救济金是指各级人民政府民政部门支付给个人的生活困难补助费。

（5）保险赔款。

（6）军人的转业费、复员费、退役金。

（7）按照国家统一规定发给干部、职工的安家费、退职费、基本养老金或者退休费、离休费、离休生活补助费。

（8）依照有关法律规定应予免税的各国驻华使馆、领事馆的外交代表、领事官员和其他人员的所得。

（9）中国政府参加的国际公约、签订的协议中规定免税的所得。

（10）国务院规定的其他免税所得。该项免税规定，由国务院报全国人大常委会备案。

（二）减税项目

减税项目包括：

（1）残疾、孤老人员和烈属的所得。

（2）因自然灾害造成重大损失的。

上述减税项目的减征幅度和期限，由省、自治区、直辖市人民政府规定，并报同级人民代表大会常务委员会备案。国务院可以规定其他减税情形，报全国人大常委会备案。

（三）其他免税和暂免征税项目

其他免税和暂免征税项目包括：

（1）外籍个人的下列所得暂免征收个人所得税：①以非现金形式或实报实销形式取得的住房补贴、伙食补贴、搬迁费、洗衣费。②按合理标准取得的境内、外出差补贴。③探亲费、语言训练费、子女教育费等，经当地税务机关审核批准为合理的部分。④从外商投资企业取得的股息、红利所得。⑤符合条件的外籍专家取得工资、薪金所得。但自2022年1月1日起，外籍个人符合居民个人条件的，不再享受住房补贴、语言训练费、子女教育费津补贴免税优惠政策，应按规定享受专项附加扣除。

（2）对个人在上海证券交易所、深圳证券交易所转让从上市公司公开发行和转让市场取得的上市公司股票所得，免征个人所得税。自2018年11月1日起，对个人转让全国中小企业股份转让系统（新三板）挂牌公司非原始股取得的所得，暂免征收个人所得税。

（3）个人举报、协查各种违法、犯罪行为而获得的奖金暂免征收个人所得税。

（4）个人办理代扣代缴手续，按规定取得的扣缴手续费暂免征收个人所得税。

（5）个人转让自用达5年以上，并且是唯一的家庭生活用房取得的所得，暂免征收个人所得税。

（6）对个人购买福利彩票、体育彩票，一次中奖收入在1万元以下（含1万元）的暂免征收个人所得税，超过1万元的，全额征收个人所得税。个人取得单张有奖发票奖金所得不超过800元（含800元）的，暂免征收个人所得税。

（7）达到离休、退休年龄，但确因工作需要，适当延长离休、退休年龄的高级专家（指享受国家发放的政府特殊津贴的专家、学者），其在延长离休、退休期间的工资、薪金所得，视同离休、退休工资免征个人所得税。

（8）个人领取原提存的住房公积金、基本医疗保险金、基本养老保险金以及失业保险金，免予征收个人所得税。企事业单位按照国家或省（自治区、直辖市）人民政府规定的缴费比例或办法实际缴付的基本养老保险费、基本医疗保险费和失业保险费，免征个人所得税。对工伤职工及其近亲属按照《工伤保险条例》规定取得的工伤保险待遇，免征个人所得税。

（9）企业和事业单位根据国家有关政策规定的办法和标准，为在本单位任职或者受雇的全体职工缴付的企业年金或职业年金单位缴费部分，在计入个人账户时，暂不缴纳个人所得税。个人根据国家有关政策规定缴付的年金个人缴费部分，在不超过本人缴费工资计税基数的4%标准内的部分，暂从个人当期的应纳税所得额中扣除。年金基金投资运营收益分配计入个人账户时，个人暂不缴纳个人所得税。

（10）企业依照国家有关法律规定宣告破产，企业职工从该破产企业取得的一次性安置费收入，免征个人所得税。

（11）自2008年10月9日起，对居民储蓄存款利息暂免征收个人所得税。

（12）自2015年9月8日起，个人从公开发行和转让市场取得的上市公司股票，持股期限超过1年的，股息、红利所得暂免征收个人所得税。自2019年7月1日至2024年6月30日，个人持有全国中小企业股份转让系统挂牌公司的股票，持股期限超过1年的，股息、红利暂免征收个人所得税。

（13）对被拆迁人按照国家有关城镇房屋拆迁管理办法规定的标准取得的拆迁补偿款，免征个人所得税。

（14）房屋产权无偿赠与的，对当事人双方均不征收个人所得税：①房屋产权所有人将房屋产权无偿赠与配偶、父母、子女、祖父母、外祖父母、孙子女、外孙子女、兄弟姐妹。②无偿赠与对其承担直接抚养或者赡养义务的抚养人或者赡养人。③房屋产权所有人死亡,依法取得房屋产权的法定继承人、遗嘱继承人或者受遗赠人。

（15）个体工商户、个人独资企业和合伙企业或个人从事种植业、养殖业、饲养业、捕捞业取得的所得,暂不征收个人所得税。

（16）企业在销售商品（产品）和提供服务过程中向个人赠送礼品,属于下列情形之一的,不征收个人所得税:①企业通过价格折扣、折让方式向个人销售商品（产品）和提供服务。②企业在向个人销售商品（产品）和提供服务的同时给予赠品,如通信企业对个人购买手机赠话费、入网费,或者购话费赠手机等。③企业对累积消费达到一定额度的个人按消费积分反馈礼品。

（17）自 2023 年 1 月 1 日至 2024 年 12 月 31 日,对个体工商户年应纳税所得额不超过100 万元的部分,在现行优惠政策基础上,减半征收个人所得税。

（四）公益性捐赠的扣除

公益性捐赠的扣除包括:

（1）个人将其所得对教育、扶贫、济困等公益慈善事业进行捐赠,捐赠额未超过应纳税所得额 30％的部分,准予从其应纳税所得额中扣除。

（2）个人通过非营利性的社会团体和国家机关向红十字事业、农村义务教育、公益性青少年活动场所、福利性（非营利性）老年服务机构的捐赠,在计算缴纳个人所得税时,准予在其应纳税所得额中全额扣除。

（3）个人通过宋庆龄基金会等 6 家单位、中国医药卫生事业发展基金会等 8 家单位、中华健康快车基金会等 5 家单位用于公益救济性的捐赠,符合相关条件的,准予在缴纳个人所得税前全额扣除。

⊙ 任务实施

请同学们以小组为单位分析张文等人的收入属于个人所得税的哪些应税项目? 适用什么形式的税率? 是否符合减免税规定?

⊙ 任务评价

评价项目	掌握情况	完成情况	未掌握情况
任务指导			
任务实施			

⊙ 任务拓展

请同学们了解身边的亲戚朋友有哪些收入? 是否缴纳了个人所得税?

任务二／个人所得税的计税依据——应纳税所得额

◉ 任务背景

（1）~（5）同任务一任务背景。

（6）张文家庭情况：现居济州市，兄妹二人（妹妹：张红，身份证 370156198001263056），需赡养其父（父亲：张大强，身份证 370156195410164067），兄妹二人按照平均分摊比例扣除。王明家庭情况：现居济州市，家中独子，有一儿子读高中，女儿 2 周岁，父母均 68 岁。刘芳情况：有首套住房贷款利息支出；2022 年 10 月，取得中级会计师资格证书；在职研究生在读（2021 年 9 月入学，预计 2023 年 7 月毕业）；租房居住每月支付租金。

分析：分别确定张文、王明和刘芳等人各应税项目的应纳税所得额。

◉ 任务要求

1. 确定居民个人综合所得的应纳税所得额
2. 了解非居民个人的应纳税所得额
3. 熟悉经营所得的应纳税所得额
4. 掌握其他所得的应纳税所得额

◉ 任务指导

个人所得税的计税依据是纳税人取得的应纳税所得额。由于个人所得税的应税项目不同，扣除费用标准也各不相同，需按不同应税项目分项计算应纳税所得额。

一、收入金额的确定

个人取得收入的形式，包括现金、实物、有价证券和其他形式的经济利益。纳税人的所得为实物的，应当按照取得的凭证上所注明的价格计算；无凭证的实物或者凭证上所注明的价格明显偏低的，参照市场价格核定；纳税人的所得为有价证券的，根据票面价格和市场价格核定；所得为其他形式的经济利益的，参照市场价格核定。

二、居民个人综合所得应纳税所得额的确定

居民个人的综合所得，以每一纳税年度的收入额减除费用 6 万元、专项扣除、专项附加扣除和依法确定的其他扣除后的余额，为应纳税所得额。其计算公式如下：

应纳税所得额＝每一纳税年度的收入额－费用 6 万元－专项扣除－专项附加扣除－依法确定的其他扣除

（一）收入额

收入额为居民个人的综合所得，包括工资、薪金所得，劳务报酬所得，稿酬所得和特许权使用费所得。劳务报酬所得、稿酬所得、特许权使用费所得以收入减除20％的费用后的余额为收入额。稿酬所得的收入额减按70％计算。

（二）专项扣除

专项扣除包括居民个人按照国家规定的范围和标准缴纳的基本养老保险、基本医疗保险、失业保险等社会保险费和住房公积金等。

（三）专项附加扣除

专项附加扣除包括3岁以下婴幼儿照护、子女教育、继续教育、大病医疗、住房贷款利息或者住房租金、赡养老人等支出。

1. 婴幼儿照护

自2022年1月1日起，纳税人照护3岁以下婴幼儿子女的相关支出，按照每个婴幼儿每月1 000元的标准定额扣除。父母可以选择由其中一方按扣除标准的100％扣除，也可以选择由双方分别按扣除标准的50％扣除，具体扣除方式在一个纳税年度内不能变更。

2. 子女教育

纳税人的子女接受全日制学历教育的相关支出。年满3岁至小学入学前处于学前教育阶段的子女，按照每个子女每月1 000元的标准定额扣除。学历教育包括义务教育（小学、初中教育）、高中阶段教育（普通高中、中等职业、技工教育）、高等教育（大学专科、大学本科、硕士研究生、博士研究生教育）。

父母可以选择由其中一方按扣除标准的100％扣除，也可以选择由双方分别按扣除标准的50％扣除，具体扣除方式在1个纳税年度内不能变更。纳税人子女在中国境外接受教育的，纳税人应当留存境外学校录取通知书、留学签证等相关教育的证明资料备查。

3. 继续教育

纳税人在中国境内接受学历（学位）继续教育的支出，在学历（学位）教育期间按照每月400元定额扣除。同一学历（学位）继续教育的扣除期限不能超过48个月。纳税人接受技能人员职业资格继续教育、专业技术人员职业资格继续教育的支出，在取得相关证书的当年，按照3 600元定额扣除。

个人接受本科及以下学历（学位）继续教育，符合本办法规定扣除条件的，可以选择由其父母扣除，也可以选择由本人扣除。纳税人接受技能人员职业资格继续教育、专业技术人员职业资格继续教育的，应当留存相关证书等资料备查。

4. 大病医疗

在1个纳税年度内，纳税人发生的与基本医保相关的医药费用支出，扣除医保报销后个人负担（指医保目录范围内的自付部分）累计超过15 000元的部分，由纳税人在办理年度汇算清缴时，在80 000元限额内据实扣除。纳税人及其配偶、未成年子女发生的医药费用支出，按上述规定分别计算扣除额。

纳税人发生的医药费用支出可以选择由本人或者其配偶扣除；未成年子女发生的医药费用支出可以选择由其父母一方扣除。纳税人应当留存医药服务收费及医保报销相关票据原件（或者复印件）等资料备查。

5. 住房贷款利息

纳税人本人或者配偶单独或者共同使用商业银行或者住房公积金个人住房贷款为本人或者其配偶购买中国境内住房,发生的首套住房贷款利息支出,在实际发生贷款利息的年度,按照每月1 000元的标准定额扣除,扣除期限最长不超过240个月。纳税人只能享受一次首套住房贷款的利息扣除。首套住房贷款是指购买住房享受首套住房贷款利率的住房贷款。

经夫妻双方约定,可以选择由其中一方扣除,具体扣除方式在1个纳税年度内不能变更。夫妻双方婚前分别购买住房发生的首套住房贷款,其贷款利息支出,婚后可以选择其中1套购买的住房,由购买方按扣除标准的100%扣除,也可以由夫妻双方对各自购买的住房分别按扣除标准的50%扣除,具体扣除方式在一个纳税年度内不能变更。纳税人应当留存住房贷款合同、贷款还款支出凭证备查。

6. 住房租金

纳税人在主要工作城市没有自有住房而发生的住房租金支出,可以按照以下标准定额扣除:①直辖市、省会(首府)城市、计划单列市以及国务院确定的其他城市,扣除标准为每月1 500元。②除了上述所列城市,市辖区户籍人口超过100万的城市,扣除标准为每月1 100元。③市辖区户籍人口不超过100万的城市,扣除标准为每月800元。

纳税人的配偶在纳税人的主要工作城市有自有住房的,视同纳税人在主要工作城市有自有住房。主要工作城市是指纳税人任职受雇的直辖市、计划单列市、副省级城市、地级市(地区、州、盟)全部行政区域范围;纳税人无任职受雇单位的,为受理其综合所得汇算清缴的税务机关所在城市。夫妻双方主要工作城市相同的,只能由一方扣除住房租金支出。纳税人及其配偶不能同时分别享受住房贷款利息和住房租金专项附加扣除。纳税人应当留存住房租赁合同、协议等有关资料备查。

7. 赡养老人

纳税人赡养1位及以上被赡养人的赡养支出,按照以下标准定额扣除:纳税人为独生子女的,按照每月2 000元的标准定额扣除;纳税人为非独生子女的,由其与兄弟姐妹分摊每月2 000元的扣除额度,每人分摊的额度不能超过每月1 000元。扣除额度可以由赡养人均摊或者约定分摊,也可以由被赡养人指定分摊。约定或者指定分摊的须签订书面分摊协议,指定分摊优先于约定分摊。具体分摊方式和额度在一个纳税年度内不能变更。

被赡养人是指年满60岁的父母,以及子女均已去世的年满60岁的祖父母、外祖父母。父母是指生父母、继父母、养父母;子女是指婚生子女、非婚生子女、继子女、养子女。父母之外的其他人担任未成年人的监护人的,比照上述规定执行。

(四) 其他扣除

其他扣除包括个人缴付符合国家规定的企业年金、职业年金,个人购买符合国家规定的商业健康保险、税收递延型商业养老保险的支出,以及国务院规定可以扣除的其他项目。

个人自行购买符合规定的商业健康保险产品的支出,允许在当年(月)计算应纳税所得额时予以税前扣除,扣除限额为2 400元/年(200元/月)。单位统一为员工购买符合规定的商业健康保险产品的支出,应分别计入员工个人工资、薪金,视同个人购买,并自购买产品次月起,按上述限额予以扣除。

上述专项扣除、专项附加扣除和依法确定的其他扣除,以居民个人一个纳税年度的应纳税所得额为限额;一个纳税年度扣除不完的,不得结转以后年度扣除。

三、非居民个人应纳税所得额的确定

非居民个人的工资、薪金所得,以每月收入额减除费用5 000元后的余额为应纳税所得额;劳务报酬所得、稿酬所得、特许权使用费所得,以每次收入额为应纳税所得额。其中,劳务报酬所得、稿酬所得、特许权使用费所得以收入减除20%的费用后的余额为收入额。稿酬所得的收入额减按70%计算。

非居民个人取得的劳务报酬所得、稿酬所得、特许权使用费所得,属于一次性收入的,以取得该项收入为1次;属于同一项目连续性收入的,以1个月内取得的收入为1次。

四、经营所得应纳税所得额的确定

(一)经营所得应纳税所得额的计算

经营所得,以每一纳税年度的收入总额减除成本、费用以及损失后的余额,为应纳税所得额。其计算公式如下:

$$应纳税所得额＝收入总额－成本－费用－损失－准予扣除的税金$$

成本、费用是指生产、经营活动中发生的各项直接支出和分配计入成本的间接费用以及销售费用、管理费用、财务费用;损失是指生产、经营活动中发生的固定资产和存货的盘亏、毁损、报废损失,转让财产损失,坏账损失,自然灾害等不可抗力因素造成的损失以及其他损失。

取得经营所得的个人,没有综合所得的,计算其每一纳税年度的应纳税所得额时,应当减除费用6万元、专项扣除、专项附加扣除以及依法确定的其他扣除。专项附加扣除在办理汇算清缴时减除。

从事生产、经营活动,未提供完整、准确的纳税资料,不能正确计算应纳税所得额的,由主管税务机关核定应纳税所得额或者应纳税额。

(二)个体工商户经营所得应纳税所得额计算的具体规定

1. 应纳税所得额计算的基本规定

个体工商户的生产、经营所得,以每一纳税年度的收入总额,减除成本、费用、税金、损失、其他支出以及允许弥补的以前年度亏损后的余额,为应纳税所得额。其计算公式如下:

$$应纳税所得额＝收入总额－成本－费用－损失－准予扣除的税金－其他支出－允许弥补的以前年度亏损$$

成本是指个体工商户在生产经营活动中发生的销售成本、销货成本、业务支出以及其他耗费;费用是指个体工商户在生产经营活动中发生的销售费用、管理费用和财务费用,已经计入成本的有关费用除外;税金是指个体工商户在生产经营活动中发生的个人所得税和允许抵扣的增值税以外的各项税金及其附加;损失是指个体工商户在生产经营活动中发生的固定资产和存货的盘亏、毁损、报废损失,转让财产损失,坏账损失,自然灾害等不可抗力因素造成的损失以及其他损失;其他支出是指成本、费用、税金和损失以外,个体工商户在生产经营活动中发生的与生产经营活动有关的、合理的支出;允许弥补的以前年度亏损是指个体

工商户依照规定计算的应纳税所得额小于零的数额。

2. 不得扣除的支出

个体工商户下列支出不得扣除：①个人所得税税款。②税收滞纳金。③罚金、罚款和被没收财物的损失。④不符合扣除规定的捐赠支出。⑤赞助支出。⑥用于个人和家庭的支出。⑦与取得生产经营收入无关的其他支出。⑧个体工商户代其从业人员或者他人负担的税款。⑨个体工商户业主的工资薪金支出。⑩国家税务总局规定不准扣除的支出。

3. 业主及从业人员相关支出的扣除

业主及从业人员相关支出的扣除如下：

（1）个体工商户实际支付给从业人员的、合理的工资薪金支出，准予扣除。

（2）个体工商户按照国务院有关主管部门或者省级人民政府规定的范围和标准为其业主和从业人员缴纳的基本养老保险费、基本医疗保险费、失业保险费、工伤保险费和住房公积金，准予扣除。

（3）个体工商户为从业人员缴纳的补充养老保险费、补充医疗保险费，分别在不超过从业人员工资总额5%标准内的部分据实扣除；超过部分，不得扣除；个体工商户业主本人缴纳的补充养老保险费、补充医疗保险费，以当地（地级市）上年度社会平均工资的3倍为计算基数，分别在不超过该计算基数5%标准内的部分据实扣除；超过部分，不得扣除。

（4）除了个体工商户依照国家有关规定为特殊工种从业人员支付的人身安全保险费和财政部、国家税务总局规定可以扣除的其他商业保险费，个体工商户业主本人或者为从业人员支付的商业保险费，不得扣除。

（5）个体工商户向当地工会组织拨缴的工会经费、实际发生的职工福利费支出、职工教育经费支出分别在工资薪金总额的2%、14%、2.5%的标准内据实扣除。职工教育经费的实际发生数额超出规定比例当期不能扣除的数额，准予在以后纳税年度结转扣除。个体工商户业主本人向当地工会组织缴纳的工会经费、实际发生的职工福利费支出、职工教育经费支出，以当地（地级市）上年度社会平均工资的3倍为计算基数，在规定比例内据实扣除。

（6）个体工商户发生的合理的劳动保护支出，准予扣除。

4. 借款费用与利息支出的扣除

个体工商户在生产经营活动中发生的合理的不需要资本化的借款费用，准予扣除。

个体工商户向金融企业借款的利息支出、向非金融企业和个人借款的利息支出，不超过按照金融企业同期同类贷款利率计算的数额的部分准予扣除。

5. 业务招待费与广宣费支出的扣除

个体工商户发生的与生产经营活动有关的业务招待费，按照实际发生额的60%扣除，但最高不得超过当年销售（营业）收入的5‰。业主自申请营业执照之日起至开始生产经营之日止所发生的业务招待费，按照实际发生额的60%计入个体工商户的开办费。

个体工商户每一纳税年度发生的与其生产经营活动直接相关的广告费和业务宣传费不超过当年销售（营业）收入15%的部分，可以据实扣除；超过部分，准予在以后纳税年度结转扣除。

6. 开办费及研发费支出的扣除

个体工商户自申请营业执照之日起至开始生产经营之日止所发生符合规定的费用，除了为取得固定资产、无形资产的支出，以及应计入资产价值的汇兑损益、利息支出，作为开办费,个体工商户可以选择在开始生产经营的当年一次性扣除,也可以自生产经营月份起在不短于3年期限内摊销扣除,但一经选定,不得改变。开始生产经营之日为个体工商户取得第1笔销售(营业)收入的日期。

个体工商户研究开发新产品、新技术、新工艺所发生的开发费用,以及研究开发新产品、新技术而购置单台价值在10万元以下的测试仪器和试验性装置的购置费准予直接扣除;单台价值在10万元以上(含10万元)的测试仪器和试验性装置,按固定资产管理,不得在当期直接扣除。

7. 公益性捐赠的扣除

个体工商户通过公益性社会团体或者县级以上人民政府及其部门,用于《中华人民共和国公益事业捐赠法》规定的公益事业的捐赠,捐赠额不超过其应纳税所得额30%的部分可以据实扣除;财政部、国家税务总局规定可以全额在税前扣除的捐赠支出项目,按有关规定执行;个体工商户直接对受益人的捐赠不得扣除。

8. 其他支出的扣除

个体工商户按照规定缴纳的摊位费、行政性收费和协会会费等,按实际发生数额扣除;个体工商户参加财产保险,按照规定缴纳的保险费,准予扣除。

个体工商户生产经营活动中,应当分别核算生产经营费用和个人、家庭费用。对于生产经营与个人、家庭生活混用难以分清的费用,其40%视为与生产经营有关的费用,准予扣除。

9. 亏损弥补

个体工商户纳税年度发生的亏损,准予向以后年度结转,用以后年度的生产经营所得弥补,但结转年限最长不得超过5年。

(三) 个人独资企业和合伙企业经营所得应纳税所得额计算的具体规定

1. 个人独资企业和合伙企业应纳税所得额的确定

个人独资企业和合伙企业应纳税所得额的确定如下:

(1) 个人独资企业的投资者以全部生产经营所得为应纳税所得额。投资者兴办2个或2个以上企业,并且企业性质全部是个人独资的,年度终了后汇算清缴时,应汇总其投资兴办的所有企业的经营所得作为应纳税所得额,以此确定适用税率,计算出全年经营所得的应纳税额,再根据每个企业的经营所得占所有企业经营所得的比例,分别计算出每个企业的应纳税额和应补缴税额。

(2) 合伙企业的投资者按照下列原则确定应纳税所得额:①合伙企业的合伙人以合伙企业的生产经营所得和其他所得,按照合伙协议约定的分配比例确定应纳税所得额。②合伙协议未约定或者约定不明确的,以全部生产经营所得和其他所得,按照合伙人协商决定的分配比例确定应纳税所得额。③协商不成的,以全部生产经营所得和其他所得,按照合伙人实缴出资比例确定应纳税所得额。④无法确定出资比例的,以全部生产经营所得和其他所得,按照合伙人数量平均计算每个合伙人的应纳税所得额。

上述生产经营所得,包括个人独资企业和合伙企业分配给投资者个人的所得和企业当年留存的所得(利润)。

(3) 个人独资企业和合伙企业与其关联企业之间的业务往来,应当按照独立企业之间的业务往来收取或者支付价款、费用。不按照独立企业之间的业务往来收取或者支付价款、费用,而减少其应纳税所得额的,主管税务机关有权进行合理调整。

2. 查账征收的个人独资企业和合伙企业各项支出的扣除

查账征收的个人独资企业和合伙企业(以下简称企业)的扣除项目比照个体工商户经营所得应纳税所得额计算的具体规定确定。投资者兴办2个或2个以上企业的,其投资者个人费用扣除标准由投资者选择在其中一个企业的生产经营所得中扣除。

需要说明的是,企业计提的各种准备金不得扣除。

3. 个人独资企业和合伙企业的核定征收

下列情形的个人独资企业和合伙企业实行核定征收个人所得税:

(1) 依照国家有关规定应当设置但未设置账簿的。

(2) 虽设置账簿,但账目混乱或者成本资料、收入凭证、费用凭证残缺不全,难以查账的。

(3) 纳税人发生纳税义务,未按照规定的期限办理纳税申报,经税务机关责令限期申报,逾期仍不申报的。

核定征收方式包括定额征收、核定应税所得率征收以及其他合理的征收方式。

五、其他所得应纳税所得额的确定

(一) 财产租赁所得

财产租赁所得,每次收入不超过 4 000 元的,减除费用 800 元;4 000 元以上的,减除 20% 的费用,其余额为应纳税所得额。财产租赁所得,以 1 个月内取得的收入为 1 次。

(二) 财产转让所得

财产转让所得,以转让财产的收入额减除财产原值和合理费用后的余额,为应纳税所得额。

财产原值,按照下列方法计算:

(1) 有价证券,为买入价以及买入时按照规定缴纳的有关费用。

(2) 建筑物,为建造费或者购进价格以及其他有关费用。

(3) 土地使用权,为取得土地使用权所支付的金额、开发土地的费用以及其他有关费用。

(4) 机器设备、车船,为购进价格、运输费、安装费以及其他有关费用。

纳税人未提供完整、准确的财产原值凭证,不能按照规定的方法确定财产原值的,由主管税务机关核定财产原值。

合理费用是指卖出财产时按照规定支付的有关税费。

(三) 利息、股息、红利所得和偶然所得

利息、股息、红利所得和偶然所得,以每次收入额为应纳税所得额。利息、股息、红利所得以支付利息、股息、红利时取得的收入为 1 次;偶然所得,以每次取得该项收入为 1 次。

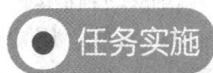

请同学们以小组为单位计算分析张文等人各应税项目的应纳税所得额。

◉ 任务评价

评价项目	掌握情况	完成情况	未掌握情况
任务指导			
任务实施			

◉ 任务拓展

十里香酒业有限公司职工张文 2023 年 1 月取得 2022 年度的一次性奖金 6 万元,请同学们思考该笔奖金如何计税?

任务三 / 个人所得税应纳税额的计算

◉ 任务背景

根据任务二背景资料计算张文等人应该缴纳的个人所得税。

◉ 任务要求

1. 掌握居民个人综合所得预扣预缴税额和汇算清缴税额的计算
2. 熟悉非居民个人所得应纳税额的计算
3. 掌握经营所得应纳税额的计算
4. 掌握其他所得应纳税额的计算

◉ 任务指导

一、个人所得税应纳税额计算的一般规定

自 2019 年 1 月 1 日起,我国个人所得税采用综合与分类相结合的所得税制。居民个人取得的工资薪金、劳务报酬、稿酬和特许权使用费四项所得按纳税年度合并计算个人所得税,有扣缴义务人的,由扣缴义务人按月或按次预扣预缴税款;需要办理汇算清缴的,在取得所得的次年规定时间内办理。非居民个人取得的工资薪金、劳务报酬、稿酬和特许权使用费四项所得按月或者按次分项计算个人所得税。经营所得按年计算,分期预缴。其他所得分项按次计税。

（一）居民个人应纳税额的计算

1. 居民个人综合所得预扣预缴税款的计算

居民个人取得综合所得，有扣缴义务人的，由扣缴义务人按月或按次预扣预缴税款。

1）工资、薪金所得的预扣预缴

扣缴义务人向居民个人支付工资、薪金所得时，按照累计预扣法计算预扣税款，并按月办理全员全额扣缴申报。其计算公式如下：

$$本期应预扣预缴税额＝（累计预扣预缴应纳税所得额×预扣率－速算扣除数）－$$
$$累计减免税额－累计已预扣预缴税额$$

$$累计预扣预缴应纳税所得额＝累计收入－累计免税收入－累计减除费用－累计专项扣除－$$
$$累计专项附加扣除－累计依法确定的其他扣除$$

其中，累计减除费用按照 5 000 元/月乘以纳税人当年截至本月在本单位的任职受雇月份数计算。

居民个人工资、薪金所得预扣预缴税额的预扣率、速算扣除数，如表 6-5 所示。

表 6-5   **个人所得税预扣率表**

（居民个人工资、薪金所得预扣预缴适用）

级数	累计预扣预缴应纳税所得额	预扣率	速算扣除数
1	不超过 36 000 元的部分	3%	0
2	超过 36 000 元至 144 000 元的部分	10%	2 520
3	超过 144 000 元至 300 000 元的部分	20%	16 920
4	超过 300 000 元至 420 000 元的部分	25%	31 920
5	超过 420 000 元至 660 000 元的部分	30%	52 920
6	超过 660 000 元至 960 000 元的部分	35%	85 920
7	超过 960 000 元的部分	45%	181 920

需要说明的两点包括：

第一，自 2020 年 7 月 1 日起，对 1 个纳税年度内首次取得工资、薪金所得的居民个人，扣缴义务人在预扣预缴个人所得税时，可按照 5 000 元/月乘以纳税人当年截至本月月份数计算累计减除费用。

第二，自 2021 年 1 月 1 日起，对上一完整纳税年度内每月均在同一单位预扣预缴工资、薪金所得个人所得税且全年工资、薪金收入不超过 6 万元的居民个人，扣缴义务人在预扣预缴本年度工资、薪金所得个人所得税时，累计减除费用自 1 月份起直接按照全年 6 万元计算扣除。即在纳税人累计收入不超过 6 万元的月份，暂不预扣预缴个人所得税；在其累计收入超过 6 万元的当月及年内后续月份，再预扣预缴个人所得税。

【学以致用 6-1】 达康医药有限公司职员刘刚 2022 年 1～3 月每月取得工资、薪金收入均为 10 000 元。当地规定的社会保险和住房公积金个人缴存比例为基本养老保险 8%，基本医疗保险 2%，失业保险 0.5%，住房公积金 12%。社保部门核定的王某 2022 年社会保险费的缴费工资基数为 8 000 元。分别计算刘刚 1 月、2 月和 3 月应预扣预缴的个人所得税税额。

【学以致用6-1解析】

1月应预扣预缴的个人所得税税额：

(1) 累计收入＝10 000(元)

(2) 累计减除费用＝5 000(元)

(3) 累计专项扣除＝8 000×(8%＋2%＋0.5%＋12%)＝1 800(元)

(4) 累计预扣预缴应纳税所得额＝10 000－5 000－1 800＝3 200(元)

(5) 应预扣预缴税额＝3 200×3%＝96(元)

2月应预扣预缴的个人所得税税额：

(1) 累计收入＝10 000×2＝20 000(元)

(2) 累计减除费用＝5 000×2＝10 000(元)

(3) 累计专项扣除＝8 000×(8%＋2%＋0.5%＋12%)×2＝3 600(元)

(4) 累计预扣预缴应纳税所得额＝20 000－10 000－3 600＝6 400(元)

(5) 应预扣预缴税额＝6 400×3%－96＝96(元)

3月应预扣预缴的个人所得税税额：

(1) 累计收入＝10 000×3＝30 000(元)

(2) 累计减除费用＝5 000×3＝15 000(元)

(3) 累计专项扣除＝8 000×(8%＋2%＋0.5%＋12%)×3＝5 400(元)

(4) 累计预扣预缴应纳税所得额＝30 000－15 000－5 400＝9 600(元)

(5) 应预扣预缴税额＝9 600×3%－192＝96(元)

2) 劳务报酬所得、稿酬所得、特许权使用费所得的预扣预缴

扣缴义务人向居民个人支付劳务报酬所得、稿酬所得、特许权使用费所得,按次或者按月预扣预缴个人所得税。属于一次性收入的,以取得该项收入为1次;属于同一项目连续性收入的,以1个月内取得的收入为1次。其计算公式如下:

劳务报酬所得应预扣预缴税额＝预扣预缴应纳税所得额×预扣率－速算扣除数

＝(每次收入－800)×20%　(每次收入≤4 000元)

或　　　　＝每次收入×(1－20%)×预扣率－速算扣除数　(每次收入＞4 000元)

稿酬所得应预扣预缴税额＝预扣预缴应纳税所得额×20%

＝(每次收入－800)×70%×20%　(每次收入≤4 000元)

或　　　　＝每次收入×(1－20%)×70%×20%(每次收入＞4 000元)

特许权使用费所得应预扣预缴税额＝预扣预缴应纳税所得额×20%

＝(每次收入－800)×20%　(每次收入≤4 000元)

或　　　　＝每次收入×(1－20%)×20%(每次收入＞4 000元)

劳务报酬所得适用20%～40%的超额累进预扣率,如表6-6所示。稿酬所得、特许权使用费所得适用20%的比例预扣率。

表 6-6 　　　　　　　　　　　个人所得税预扣率表
（居民个人劳务报酬所得预扣预缴适用）

级数	累计预扣预缴应纳税所得额	预扣率	速算扣除数
1	不超过 20 000 元的部分	20%	0
2	超过 20 000 元至 50 000 元的部分	30%	2 000
3	超过 50 000 元的部分	40%	7 000

居民个人工资、薪金所得,劳务报酬所得,稿酬所得,特许权使用费所得年度预扣预缴税额与年度应纳税额不一致的,由居民个人于次年 3 月 1 日至 6 月 30 日向主管税务机关办理综合所得年度汇算清缴,税款多退少补。

【学以致用 6-2】 2022 年 12 月,王明为一公司提供设计服务,取得劳务报酬所得 10 000 元。计算王明当月该笔劳务报酬所得应预扣预缴的个人所得税税额。

【学以致用 6-2 解析】 劳务报酬所得每次收入不超过 4 000 元的,减除费用按 800 元计算;每次收入 4 000 元以上的,减除费用按 20% 计算。预扣预缴应纳税所得额不超过 20 000 元的,预扣率为 20%。

应预扣预缴的个人所得税税额＝10 000×(1－20%)×20%＝1 600(元)

【学以致用 6-3】 2022 年 12 月,赵欣所写的一部小说出版,取得稿酬所得 50 000 元。计算赵欣该笔稿酬所得应预扣预缴的个人所得税税额。

【学以致用 6-3 解析】 稿酬所得每次收入不超过 4 000 元的,减除费用按 800 元计算;每次收入 4 000 元以上的,减除费用按 20% 计算。稿酬所得的收入额减按 70% 计算。预扣率为 20%。

应预扣预缴的个人所得税税额＝50 000×(1－20%)×70%×20%＝5 600(元)

2. 居民个人综合所得应纳税额的汇算清缴

居民个人取得综合所得,有下列情形之一的,需要在取得所得的次年 3 月 1 日至 6 月 30 日内办理汇算清缴:①在两处或者两处以上取得综合所得,且综合所得年收入额减去专项扣除的余额超过 6 万元。②取得劳务报酬所得、稿酬所得、特许权使用费所得中一项或者多项所得,且综合所得年收入额减去专项扣除的余额超过 6 万元。③纳税年度内预缴税额低于应纳税额的。④纳税人申请退税。

其计算公式如下:

全年应纳税额＝应纳税所得额×适用税率－速算扣除数

＝(全年收入额－费用 6 万元－专项扣除－专项附加扣除－依法确定的其他扣除)×适用税率－速算扣除数

汇算清缴应补(退)税额＝全年应纳税额－累计预扣预缴税额

个人所得税税率表,如表 6-7 所示。

表 6-7   个人所得税税率表
（综合所得适用）

级数	全年应纳税所得额	税率	速算扣除数
1	不超过 36 000 元的部分	3%	0
2	超过 36 000 元至 144 000 元的部分	10%	2 520
3	超过 144 000 元至 300 000 元的部分	20%	16 920
4	超过 300 000 元至 420 000 元的部分	25%	31 920
5	超过 420 000 元至 660 000 元的部分	30%	52 920
6	超过 660 000 元至 960 000 元的部分	35%	85 920
7	超过 960 000 元的部分	45%	181 920

【学以致用 6-4】 达康医药有限公司职员李飞 2022 年全年取得工资、薪金收入 180 000 元。当地规定的社会保险和住房公积金个人缴存比例为：基本养老保险 8%，基本医疗保险 2%，失业保险 0.5%，住房公积金 12%。社保部门核定的李飞 2022 年社会保险费的缴费工资基数为 10 000 元。李飞正在偿还首套住房贷款及利息；李飞为独生女，其独生子正就读研究生；李飞父母均已过 60 岁。李飞夫妻约定由李飞扣除贷款利息和子女教育费。计算李飞 2022 年应纳个人所得税税额。

【学以致用 6-4 解析】

（1）全年减除费用 60 000 元。

（2）专项扣除＝10 000×（8%＋2%＋0.5%＋12%）×12＝27 000（元）

（3）专项附加扣除：子女教育每年扣除 12 000 元，住房贷款利息每年扣除 12 000 元，赡养老人每年扣除 24 000 元

专项附加扣除合计＝12 000＋12 000＋24 000＝48 000（元）

（4）扣除项合计＝60 000＋27 000＋48 000＝135 000（元）

（5）应纳税所得额＝180 000－135 000＝45 000（元）

（6）应纳个人所得税额＝45 000×10%－2 520＝1 980（元）

（二）非居民个人扣缴个人所得税的计算

扣缴义务人向非居民个人支付工资、薪金所得，劳务报酬所得，稿酬所得和特许权使用费所得时，按以下方法按月或者按次代扣代缴个人所得税：

非居民个人工资、薪金所得应纳税额＝应纳税所得额×税率－速算扣除数

＝（每月收入－5 000 元）×税率－速算扣除数

劳务报酬所得应纳税额＝应纳税所得额×税率－速算扣除数

＝每次收入×（1－20%）×税率－速算扣除数

稿酬所得应纳税额＝应纳税所得额×税率－速算扣除数

＝每次收入×（1－20%）×70%×税率－速算扣除数

特许权使用费所得应纳税额＝应纳税所得额×税率－速算扣除数

$$=每次收入×(1-20\%)×税率-速算扣除数$$

非居民个人适用税率,如表6-8所示。

表6-8 个人所得税税率表

(非居民个人工资、薪金所得,劳务报酬所得,稿酬所得,特许权使用费所得适用)

级数	累计预扣预缴应纳税所得额	预扣率	速算扣除数
1	不超过3 000元的部分	3%	0
2	超过3 000元至12 000元的部分	10%	210
3	超过12 000元至25 000元的部分	20%	1 410
4	超过25 000元至35 000元的部分	25%	2 660
5	超过35 000元至55 000元的部分	30%	4 410
6	超过55 000元至80 000元的部分	35%	7 160
7	超过80 000元的部分	45%	15 160

【学以致用6-5】 约翰是我国非居民纳税人,2022年12月在我国境内取得工资30 000元,未在我国缴纳"三险一金";在我国境内因出版著作获得稿酬80 000元。计算支付所得的单位应代扣代缴的个人所得税税额。

【学以致用6-5解析】

工资、薪金应纳税所得额=30 000-5 000=25 000(元)

应代扣代缴税额=25 000×20%-1 410=3 590(元)

稿酬应纳税所得额=80 000×(1-20%)×70%=44 800(元)

应代扣代缴税额=44 800×30%-4 410=9 030(元)

(三) 经营所得应纳税额的计算

个体工商户的生产、经营所得应纳税额的计算公式如下:

$$应纳税额=应纳税所得额×适用税率-速算扣除数$$

$$=(全年收入总额-成本、费用、税金、损失、其他支出-以前年度亏损)×适用税率-速算扣除数$$

(四) 利息、股息、红利所得,偶然所得应纳税额的计算

利息、股息、红利所得,偶然所得应纳税额的计算公式如下:

$$应纳税额=应纳税所得额×适用税率=每次收入额×适用税率$$

(五) 财产租赁所得应纳税额的计算

财产租赁所得应纳税额的计算公式如下:

(1) 每次(月)收入不超过4 000元的。

$$应纳税额=[每次(月)收入额-财产租赁过程中缴纳的税费-修缮费用(800元为限)-800元]×20\%$$

(2) 每次(月)收入超过4 000元的。

应纳税额＝[每次(月)收入额－财产租赁过程中缴纳的税费－修缮费用(800元为限)]×(1－20%)×20%

需要说明的是,个人出租房屋的个人所得税应税收入不含增值税,计算房屋出租所得可扣除的税费不包括本次出租缴纳的增值税。个人转租房屋的,其向房屋出租方支付的租金及增值税额,在计算转租所得时予以扣除。

【学以致用6-6】 周森从2022年10月开始将其自有房屋出租,每月取得租金收入2 000元,租期1年。10月,因下水道堵塞找人修理,发生修理费用600元,有维修部门的正式收据。计算周森2022年10月租金收入应缴纳的个人所得税税额。

【学以致用6-6解析】

10月应纳税所得额＝2 000－600－800＝600(元)

10月应纳税额＝600×10%＝60(元)

(六) 财产转让所得应纳税额的计算

财产转让所得应纳税额的计算公式如下:

$$应纳税额＝应纳税所得额×适用税率$$

$$＝(收入总额－财产原值－合理费用)×20\%$$

需要说明的是,个人转让房屋的个人所得税应税收入不含增值税,其取得房屋时所支付价款中包含的增值税计入财产原值,计算转让所得时可扣除的税费不包括本次转让缴纳的增值税。

【学以致用6-7】 张良为中国公民,2022年12月取得如下收入:

(1) 到期国债利息收入1 160元。

(2) 购买福利彩票支出500元,取得一次性中奖收入20 000元。

(3) 境内上市公司股票转让所得10 000元。

(4) 转让自用住房1套,取得转让收入800万元,该套住房购买价为300万元,购买时间为2009年并且是唯一的家庭生活用房。

计算张良当月应缴纳的个人所得税税额。

【学以致用6-7解析】 国债利息收入、股票转让所得免征个人所得税,转让自用5年以上并且是唯一的家庭生活用房取得的所得暂免征个人所得税,福利彩票收入20 000元(超过10 000元)应缴纳个人所得税,且不得扣除购买彩票支出。

中奖收入应缴纳个人所得税税额＝20 000×20%＝4 000(元)

张良当月应缴纳的个人所得税税额为4 000元。

(七) 居民个人境外所得已纳税额抵免的计税方法

居民个人来源于中国境外的综合所得,应当与境内综合所得合并计算应纳税额;来源于中国境外的经营所得,应当与境内经营所得合并计算应纳税额,来源于境外的经营所得,按照我国税法计算的亏损,不得抵减其境内或他国(地区)的应纳税所得额,但可以用来源于同一国家(地区)以后年度的经营所得按我国税法规定弥补;居民个人来源于中国境外的利息、股息、红利所得,财产租赁所得,财产转让所得和偶然所得,不得与境内所得合并,应当分别单独计算应纳税额。

为避免重复征税，居民个人从中国境外取得的所得，准予其在应纳税额中抵免已在境外缴纳的个人所得税税额，但抵免额不得超过该纳税人境外所得依照我国税法规定计算的应纳税额（即抵免限额）。我国个人所得税的抵免限额采用分国限额法，即来源于中国境外一个国家（地区）的综合所得抵免限额、经营所得抵免限额以及其他所得抵免限额之和，为来源于该国家（地区）所得的抵免限额。

居民个人在中国境外一个国家（地区）实际已经缴纳的个人所得税税额，低于依照规定计算出的来源于该国家（地区）所得的抵免限额的，应当在中国缴纳差额部分的税款；超过来源于该国家（地区）所得的抵免限额的，其超过部分不得在本纳税年度的应纳税额中抵免，但是可以在以后纳税年度来源于该国家（地区）所得的抵免限额的余额中补扣，补扣期限最长不得超过 5 年。

二、个人所得税应纳税额计算的部分特殊规定

个人所得税应纳税额计算的部分特殊规定如下所述。

（一）居民个人取得全年一次性奖金

居民个人取得全年一次性奖金，符合《国家税务总局关于调整个人取得全年一次性奖金等计算征收个人所得税方法问题的通知》（国税发〔2005〕9 号）规定的，可以选择并入当年综合所得计算纳税；但在 2023 年 12 月 31 日前，也可以选择不并入当年综合所得，以全年一次性奖金收入除以 12 个月得到的数额，按照按月换算后的综合所得税率表，确定适用税率和速算扣除数，单独计算纳税。其计算公式如下：

$$应纳税额＝全年一次性奖金收入×适用税率－速算扣除数$$

（二）个人领取的企业年金、职业年金

个人达到国家规定的退休年龄，领取的企业年金、职业年金，符合相关规定的，不并入综合所得，全额单独计算应纳税款。其中按月领取的，适用月度税率表计算纳税；按季领取的，平均分摊计入各月，按每月领取额适用月度税率表计算纳税；按年领取的，适用综合所得税率表计算纳税。个人因出境定居而一次性领取的年金个人账户资金，或个人死亡后，其指定的受益人或法定继承人一次性领取的年金个人账户余额，适用个人所得税税率表（综合所得适用）计算纳税。

（三）解除劳动关系取得的一次性补偿收入

个人与用人单位解除劳动关系取得一次性补偿收入（包括用人单位发放的经济补偿金、生活补助费和其他补助费），在当地上年职工平均工资 3 倍数额以内的部分，免征个人所得税；超过 3 倍数额的部分，不并入当年综合所得，单独适用个人所得税税率表（综合所得适用），计算纳税。

（四）提前退休取得的一次性补贴收入

个人办理提前退休手续而取得的一次性补贴收入，应按照办理提前退休手续至法定离退休年龄之间实际年度数平均分摊，确定适用税率和速算扣除数，单独适用个人所得税税率表（综合所得适用），计算纳税。

（五）内部退养取得的一次性收入

实行内部退养的个人在其办理内部退养手续后至法定离退休年龄之间从原任职单位取得的工资、薪金，不属于离退休工资，应按"工资、薪金所得"项目计征个人所得税。个人在办理内部退养手续后从原任职单位取得的一次性收入，应按办理内部退养手续后至法定离退休年龄之间的所属月份进行平均，并与领取当月的工资、薪金所得合并后减除当月费用扣除标准，以余额为基数确定适用税率，再将当月工资、薪金加上取得的一次性收入，减去费用扣除标准，按适用税率计征个人所得税。个人在办理内部退养手续后至法定离退休年龄之间重新就业取得的工资、薪金所得，应与其从原任职单位取得的同一月份的工资、薪金所得合并，并依法自行向主管税务机关申报缴纳个人所得税。

（六）个人取得的公务交通、通信补贴收入

个人因公务用车和通信制度改革而取得的公务用车、通信补贴收入，扣除一定标准的公务费用后，按照"工资、薪金所得"项目计征个人所得税。

（七）退休人员再任职取得的收入

退休人员再任职取得的收入，在减除按个人所得税法规定的费用扣除标准后，按"工资、薪金所得"应税项目缴纳个人所得税。

（八）离退休人员从原任职单位取得的各类补贴、奖金、实物

离退休人员除了按规定领取离退休工资或养老金，另从原任职单位取得的各类补贴、奖金、实物，不属于免税的退休工资、离休工资、离休生活补助费，应在减除费用扣除标准后，按"工资、薪金所得"应税项目缴纳个人所得税。

（九）兼职律师从律师事务所取得工资、薪金性质的所得

兼职律师从律师事务所取得工资、薪金性质的所得，律师事务所在代扣代缴其个人所得税时，不再减除个人所得税法规定的费用扣除标准，以收入全额（取得分成收入的为扣除办理案件支出费用后的余额）直接确定适用税率，计算扣缴个人所得税。兼职律师应自行向主管税务机关申报两处或两处以上取得的工资、薪金所得，合并计算缴纳个人所得税。

（十）科技人员从职务科技成果转化收入中取得的现金奖励

依法批准设立的非营利性研究开发机构和高等学校根据《中华人民共和国促进科技成果转化法》规定，从职务科技成果转化收入中给予科技人员的现金奖励减按50%计入科技人员当月工资、薪金所得，依法缴纳个人所得税。

（十一）保险营销员、证券经纪人取得的佣金收入

保险营销员、证券经纪人取得的佣金收入，属于"劳务报酬所得"，以不含增值税的收入减除20%的费用后的余额为收入额，收入额减去展业成本以及附加税费后，并入当年综合所得，计算缴纳个人所得税。保险营销员、证券经纪人展业成本按照收入额的25%计算。

（十二）个人取得上市公司的股息红利所得

个人从公开发行和转让市场取得的上市公司股票，持股期限在1个月以内（含1个月）的，其股息红利所得全额计入应纳税所得额；持股期限在1个月以上至1年（含1年）的，暂减按50%计入应纳税所得额。对个人持有的上市公司限售股，解禁后取得的股息红利，按照

上市公司股息红利差别化个人所得税政策规定计算纳税,持股时间自解禁日起计算;解禁前取得的股息红利继续暂减按 50% 计入应纳税所得额,适用 20% 的税率计征个人所得税。对个人转让限售股取得的所得,按照"财产转让所得"项目征收个人所得税。

自 2019 年 7 月 1 日至 2024 年 6 月 30 日,个人持有全国中小企业股份转让系统挂牌公司的股票,持股期限在 1 个月以内(含 1 个月)的,其股息红利所得全额计入应纳税所得额;持股期限在 1 个月以上至 1 年(含 1 年)的,其股息红利所得暂减按 50% 计入应纳税所得额;上述所得统一适用 20% 的税率计征个人所得税。

● 任务实施

请同学们以小组为单位计算分析张文等人应该缴纳的个人所得税。

● 任务评价

评价项目	掌握情况	完成情况	未掌握情况
任务指导			
任务实施			

● 任务拓展

请同学们帮助张文筹划其取得的一次性奖金是单独计算纳税还是并入 2022 年度综合所得计税?

任务四　个人所得税税收征管

● 任务背景

根据任务一和任务二背景资料,张文等人怎样进行纳税申报?

● 任务要求

1. 理解个人所得税的纳税方式、纳税地点和纳税期限
2. 掌握个人所得税纳税申报表的填写方法

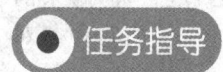

一、税款征收方式

我国个人所得税采取支付单位源泉扣缴和纳税人自行申报两种征收方法。

（一）支付单位源泉扣缴方法

个人所得税以所得人为纳税人，以支付所得的单位或者个人为扣缴义务人。扣缴义务人向个人支付应税款项（包括现金、实物及其他各种形式支付）时，应当依照规定预扣或代扣税款，按时缴库，并专项记载备查。

扣缴义务人应当按照国家规定办理全员全额扣缴申报，并向纳税人提供其个人所得和已扣缴税款等信息。全员全额扣缴申报是指扣缴义务人在代扣税款的次月 15 日内，向主管税务机关报送其支付所得的所有个人的有关信息、支付所得数额、扣除事项和数额、扣缴税款的具体数额和总额以及其他相关涉税信息资料。

税务机关对扣缴义务人按照所扣缴的税款，付给 2% 的手续费。

（二）纳税人自行申报缴纳方法

有下列情形之一的，纳税人应当依法办理纳税申报：①取得综合所得需要办理汇算清缴。②取得应税所得没有扣缴义务人。③取得应税所得，扣缴义务人未扣缴税款。④取得境外所得。⑤因移居境外注销中国户籍。⑥非居民个人在中国境内从两处以上取得工资、薪金所得。⑦国务院规定的其他情形。

纳税人可以委托扣缴义务人或者其他单位和个人办理汇算清缴。

二、纳税期限

个人所得税的纳税期限如下所述。

（一）取得综合所得

居民纳税人取得综合所得，按年计算个人所得税；有扣缴义务人的，由扣缴义务人按月或者按次预扣预缴税款；纳税人需要办理汇算清缴的，应当在取得所得的次年 3 月 1 日至 6 月 30 日内办理汇算清缴，并报送《个人所得税年度自行纳税申报表》。居民个人向扣缴义务人提供专项附加扣除信息的，扣缴义务人按月预扣预缴税款时应当按照规定予以扣除，不得拒绝。

（二）取得经营所得

纳税人取得经营所得，按年计算个人所得税，由纳税人在月度或者季度终了后 15 日内办理预缴纳税申报，并报送《个人所得税经营所得纳税申报表（A 表）》；纳税人需要办理汇算清缴的，应当在取得所得的次年 3 月 31 日前办理汇算清缴，并报送《个人所得税经营所得纳税申报表（B 表）》；纳税人在中国境内两处以上取得经营所得，办理合并计算个人所得税的年度汇总纳税申报时，应报送《个人所得税经营所得纳税申报表（C 表）》。

（三）取得应税所得，扣缴义务人未扣缴税款

（1）居民纳税人取得综合所得，扣缴义务人未扣缴税款，需要办理汇算清缴的，应当在

取得所得的次年 3 月 1 日至 6 月 30 日内办理纳税申报。

（2）非居民纳税人取得工资、薪金所得，劳务报酬所得，稿酬所得，特许权使用费所得，扣缴义务人未扣缴税款，需要办理汇算清缴的，应当在取得所得的次年 6 月 30 日前办理纳税申报。

（3）非居民纳税人在次年 6 月 30 日前离境（临时离境除外）的，应当在离境前办理纳税申报。

（4）纳税人取得利息、股息、红利所得，财产租赁所得，财产转让所得和偶然所得，扣缴义务人未扣缴税款，需要办理汇算清缴的，应当在取得所得的次年 6 月 30 日前办理纳税申报。

（5）税务机关通知限期缴纳的，纳税人应当按照期限缴纳税款。

（四）居民个人从中国境外取得所得

居民个人从中国境外取得所得的，应当在取得所得的次年 3 月 1 日至 6 月 30 日内申报纳税。

（五）纳税人因移居境外注销中国户籍

纳税人因移居境外注销中国户籍的，应当在注销中国户籍前办理税款清算。

（六）非居民个人在中国境内从两处以上取得工资、薪金所得

非居民个人在中国境内从两处以上取得工资、薪金所得的，应当在取得所得的次月 15 日内申报纳税，并报送《个人所得税自行纳税申报表（A 表）》。

三、纳税地点

个人所得税的纳税地点如下所述。

（一）取得综合所得需要办理汇算清缴的纳税人

取得综合所得需要办理汇算清缴的纳税人，纳税地点规定如下：

（1）应向任职、受雇单位所在地主管税务机关办理纳税申报。

（2）纳税人有两处以上任职、受雇单位的，选择向其中一处任职、受雇单位所在地主管税务机关办理纳税申报。

（3）纳税人没有任职、受雇单位的，向户籍所在地或经常居住地主管税务机关办理纳税申报。

（二）取得经营所得的纳税人

取得经营所得的纳税人，纳税地点规定如下：

（1）应向经营管理所在地主管税务机关办理预缴纳税申报，在取得所得的次年 3 月 31 日前，向经营管理所在地主管税务机关办理汇算清缴。

（2）从两处以上取得经营所得的，选择向其中一处经营管理所在地主管税务机关办理年度汇总申报。

（三）取得应税所得，扣缴义务人未扣缴税款的

取得应税所得，扣缴义务人未扣缴税款的，纳税地点规定如下：

（1）居民纳税人取得综合所得的，应向任职、受雇单位所在地主管税务机关办理纳税申报。

（2）非居民纳税人取得工资、薪金所得，劳务报酬所得，稿酬所得，特许权使用费所得的，应向扣缴义务人所在地主管税务机关办理纳税申报。

（3）有两个以上扣缴义务人均未扣缴税款的，选择向其中一处扣缴义务人所在地主管税务机关办理纳税申报。

（四）取得境外所得的纳税人

取得境外所得的纳税人，纳税地点规定如下：

（1）应向中国境内任职、受雇单位所在地主管税务机关办理纳税申报。

（2）在中国境内没有任职、受雇单位的，向户籍所在地或中国境内经常居住地主管税务机关办理纳税申报。

（3）户籍所在地与中国境内经常居住地不一致的，选择其中一地主管税务机关办理纳税申报。

（4）在中国境内没有户籍的，向中国境内经常居住地主管税务机关办理纳税申报。

（五）因移居境外注销中国户籍的纳税人

因移居境外注销中国户籍的纳税人，应向户籍所在地主管税务机关办理纳税申报。

（六）在中国境内从两处以上取得工资、薪金所得的非居民纳税人

在中国境内从两处以上取得工资、薪金所得的非居民纳税人，应向其中一处任职、受雇单位所在地主管税务机关办理纳税申报。

四、纳税申报

（一）基础信息表

《个人所得税基础信息表（A表）》（见表6-9）适用于扣缴义务人办理全员全额扣缴申报时，填报支付所得的自然人纳税人的基础信息；《个人所得税基础信息表（B表）》（见表6-10）适用于自然人直接向税务机关办理涉税事项时填报其个人基础信息。

（二）扣缴申报表

《个人所得税扣缴申报表》（见表6-11）由扣缴义务人填报，适用于扣缴义务人向居民个人支付工资、薪金所得，劳务报酬所得，稿酬所得和特许权使用费所得的个人所得税全员全额预扣预缴申报；向非居民个人支付工资、薪金所得，劳务报酬所得，稿酬所得和特许权使用费所得的个人所得税全员全额扣缴申报；以及向纳税人（居民个人和非居民个人）支付利息、股息、红利所得，财产租赁所得，财产转让所得和偶然所得的个人所得税全员全额扣缴申报。

（三）自行纳税申报表

自行纳税申报表包括：

（1）《个人所得税自行纳税申报表（A表）》（见表6-12）适用于纳税人向税务机关按月或按次办理自行纳税申报，包括居民个人取得综合所得以外的所得扣缴义务人未扣缴税款，非居民个人取得应税所得扣缴义务人未扣缴税款，非居民个人在中国境内从两处以上取得工资、薪金所得等。

(2)《个人所得税年度自行纳税申报表》[A 表（见表 6-13）、简易版表、问答版表]。A 表适用于居民个人取得境内综合所得汇算清缴申报；简易版表适用于纳税年度内仅从中国境内取得综合所得，且年综合所得收入额不超过 6 万元的居民个人，按税法规定进行年度汇算；问答版表通过提问的方式引导居民个人完成纳税申报，适用于纳税年度内仅从中国境内取得综合所得的居民个人，按税法规定进行年度汇算。

(3)《个人所得税年度自行纳税申报表》（B 表）适用于纳税年度内取得境外所得的居民个人，按税法规定进行个人所得税年度自行申报。同时，办理境外所得纳税申报时，需一并附报《境外所得个人所得税抵免明细表》，以便计算其取得境外所得的抵免限额。

(四) 经营所得纳税申报表

经营所得纳税申报表包括：

(1)《个人所得税经营所得纳税申报表（A 表）》（见表 6-14）适用于查账征收和核定征收的个体工商户业主、个人独资企业投资人、合伙企业个人合伙人、承包承租经营者个人以及其他从事生产、经营活动的个人在中国境内取得经营所得，按税法规定办理个人所得税预缴纳税申报。

(2)《个人所得税经营所得纳税申报表（B 表）》（见表 6-15）适用于查账征收的个体工商户业主、个人独资企业投资者、合伙企业个人合伙人、承包承租经营者个人以及其他从事生产、经营活动的个人在中国境内取得经营所得的汇算清缴申报。

(3)《个人所得税经营所得纳税申报表（C 表）》（见表 6-16）适用于个体工商户业主、个人独资企业投资者、合伙企业个人合伙人、承包承租经营者个人以及其他从事生产、经营活动的个人在中国境内两处及以上取得经营所得，办理个人所得税的年度汇总纳税申报。

个人所得税纳税申报表，如表 6-9 至表 6-16 所示。

表 6—9

个人所得税基础信息表（A表）

（适用于扣缴义务人填报）

扣缴义务人名称：

扣缴义务人纳税人识别号（统一社会信用代码）：□□□□□□□□□□□□□□□□□□

序号	纳税人基本信息（带*必填）						任职受雇从业信息				联系方式					银行账户		投资信息		其他信息		华侨、港澳台、外籍个人信息（带*必填）					备注
	纳税人识别号	*纳税人姓名	*身份证件类型	*身份证件号码	*出生日期	国籍\地区	类型	职务	学历	任职受雇从业日期	离职日期	手机号码	户籍所在地	经常居住地	联系地址	电子邮箱	开户银行	银行账号	投资额（元）	投资比例	是否残疾\孤老\烈属	残疾\烈属证号	*出生地	*性别	*首次入境时间	*预计离境时间	*涉税事由	
	1	2	3	4	5	6	7	8	9	10	11	12	13	14	15	16	17	18	19	20	21	22	23	24	25	26	27	28	29

谨声明：本表是根据国家税收法律法规及相关规定填报的，是真实的、可靠的、完整的。

经办人签字：
经办人身份证件号码：
代理机构签章：
代理机构统一社会信用代码：

扣缴义务人（签章）：
年　　月　　日

受理人：
受理税务机关章：
受理日期：　　年　　月　　日

表6-10

纳税人识别号：□□□□□□□□□□□□□□□□□□

个人所得税基础信息表（B表）

（适用于自然人填报）

基本信息（带＊必填）					
基本信息	＊纳税人姓名	中文名		英文名	
	＊身份证件	证件类型一		证件号码	
		证件类型二		证件号码	
	＊国籍/地区			＊出生日期	年　月　日
	户籍所在地	省（区、市）	市	区（县）	街道（乡、镇）
	经常居住地	省（区、市）	市	区（县）	街道（乡、镇）
联系方式	联系地址	省（区、市）	市	区（县）	街道（乡、镇）
	＊手机号码			电子邮箱	
	开户银行			银行账号	
其他信息	学历	□研究生　□大学本科　□大学本科以下			
	特殊情形	□残疾　残疾证号　　　　□烈属　烈属证号　　　　□孤老			
任职、受雇、从业信息					
任职受雇从业单位一	名称			国家/地区	
	纳税人识别号（统一社会信用代码）			任职受雇从业日期　年　月	离职日期　年　月
	类型	□雇员　□保险营销员　□证券经纪人　□其他		职务	□高层　□其他
任职受雇从业单位二	名称			国家/地区	
	纳税人识别号（统一社会信用代码）			任职受雇从业日期　年　月	离职日期　年　月
	类型	□雇员　□保险营销员　□证券经纪人　□其他		职务	□高层　□其他

（续表）

		该栏仅由投资者纳税人填写			
被投资单位一	名称			国家/地区	
	纳税人识别号（统一社会信用代码）			投资额（元）	投资比例
被投资单位二	名称			国家/地区	
	纳税人识别号（统一社会信用代码）			投资额（元）	投资比例

该栏仅由华侨、港澳台、外籍个人填写（带 * 必填）

* 出生地		* 首次入境时间 　　　年　　月　　日
* 性别		* 预计离境时间 　　　年　　月　　日
* 涉税事由	□任职受雇 　□提供临时劳务 　□转让财产 　□从事投资和经营活动 　□其他	

谨声明：本表是根据国家税收法律法规及相关规定填报的，是真实的、可靠的、完整的。

纳税人（签字）： 　　　　　　年　　月　　日

经办人签字：	受理人：
经办人身份证件号码：	受理税务机关（章）：
代理机构签章：	受理日期：　　　年　　月　　日
代理机构统一社会信用代码：	

表6-11

个人所得税扣缴申报表

税款所属期：　年　月　日　至　年　月　日

扣缴义务人名称：

扣缴义务人纳税人识别号/统一社会信用代码：□□□□□□□□□□□□□□□□□□

金额单位：人民币元（列至角分）

序号	姓名	身份证件类型	身份证件号码	纳税人识别号	是否为非居民个人	所得项目	本月（次）情况														累计情况												税款计算							备注
							收入额计算				专项扣除				其他扣除						累计收入额	累计减除费用	累计专项扣除	累计专项附加扣除						累计其他扣除	准予扣除的捐赠额	减按计税比例	应纳税所得额	税率\预扣率	速算扣除数	应纳税额	减免税额	已缴税额	应补\退税额	
							收入	费用	免税收入	减除费用	基本养老保险费	基本医疗保险费	失业保险费	住房公积金	年金	商业健康保险	税延养老保险	允许扣除的税费	财产原值	其他				子女教育	继续教育	住房贷款利息	住房租金	赡养老人	3岁以下婴幼儿照护											
1	2	3	4	5	6	7	8	9	10	11	12	13	14	15	16	17	18	19	20	21	22	23	24	25	26	27	28	29	30	31	32	33	34	35	36	37	38	39	40	41
1																																								
合计																																								

谨声明：本表是根据国家税收法律法规及相关规定填报的，是真实的、可靠的、完整的。

经办人签字：

经办人身份证件号码：

代理机构签章：

代理机构统一社会信用代码：

扣缴义务人（签章）：

年　月　日

受理人：

受理税务机关（章）：

受理日期：　年　月　日

表6-12

个人所得税自行纳税申报表（A表）

税款所属期：　　年　　月　　日至　　年　　月　　日

纳税人姓名：

纳税人识别号：□□□□□□□□□□□□□□□□□□

金额单位：人民币元（列至角分）

自行申报情形	□居民个人取得应税所得，扣缴义务人未扣缴税款 □非居民个人取得应税所得，扣缴义务人未扣缴税款 □非居民个人在中国境内从两处以上取得工资、薪金所得 □其他	是否为非居民个人	□是　□否	非居民个人本年度内居住天数	□不超过90天 □超过90天不超过183天

序号	所得项目	收入额计算				专项扣除				其他扣除			减按计税比例	准予扣除的捐赠额	应纳税所得额	税率	速算扣除数	税款计算				备注
		收入	费用	免税收入	减除费用	基本养老保险费	基本医疗保险费	失业保险费	住房公积金	财产原值	允许扣除的税费	其他						应纳税额	减免税额	已缴税额	应补/退税额	
1	2	3	4	5	6	7	8	9	10	11	12	13	14	15	16	17	18	19	20	21	22	23

谨声明：本表是根据国家税收法律法规及相关规定填报的，是真实的、可信的、完整的。

纳税人签字：　　　　年　　月　　日

经办人签字：

经办人身份证件号码：

代理机构签章：

代理机构统一社会信用代码：

受理人：

受理税务机关（章）：

受理日期：　　　　年　　月　　日

表 6-13　　　　　　　　**个人所得税年度自行纳税申报表（A 表）**

（仅取得境内综合所得年度汇算适用）

税款所属期：　年　月　日至　年　月　日

纳税人姓名：

纳税人识别号：□□□□□□□□□□□□□□□□□−□□　　　　　　金额单位：人民币元（列至角分）

基本情况					
手机号码		电子邮箱		邮政编码	□□□□□□
联系地址	＿＿省（区、市）＿＿市＿＿区（县）＿＿街道（乡、镇）＿＿				

纳税地点（单选）	
1. 有任职受雇单位的，需选本项并填写"任职受雇单位信息"：	□任职受雇单位所在地

任职受雇 单位信息	名称	
	纳税人识别号	□□□□□□□□□□□□□□□□□□

2. 没有任职受雇单位的，可以从本栏次选择一地：	□户籍所在地　　□经常居住地 □主要收入来源地
户籍所在地/经常居住地 /主要收入来源地	＿＿省（区、市）＿＿市＿＿区（县）＿＿街道（乡、镇）＿＿

申报类型（单选）
□首次申报　　　　　□更正申报

综合所得个人所得税计算

项　目	行次	金额
一、收入合计（第 1 行＝第 2 行＋第 3 行＋第 4 行＋第 5 行）	1	
（一）工资、薪金	2	
（二）劳务报酬	3	
（三）稿酬	4	
（四）特许权使用费	5	
二、费用合计［第 6 行＝（第 3 行＋第 4 行＋第 5 行）×20％］	6	
三、免税收入合计（第 7 行＝第 8 行＋第 9 行）	7	
（一）稿酬所得免税部分［第 8 行＝第 4 行×（1−20％）×30％］	8	
（二）其他免税收入（附报《个人所得税减免税事项报告表》）	9	
四、减除费用	10	
五、专项扣除合计（第 11 行＝第 12 行＋第 13 行＋第 14 行＋第 15 行）	11	
（一）基本养老保险费	12	
（二）基本医疗保险费	13	

项　目	行次	金额
（三）失业保险费	14	
（四）住房公积金	15	
六、专项附加扣除合计（附报《个人所得税专项附加扣除信息表》） （第16行＝第17行＋第18行＋第19行＋第20行＋第21行＋第22行＋第23行）	16	
（一）子女教育	17	
（二）继续教育	18	
（三）大病医疗	19	
（四）住房贷款利息	20	
（五）住房租金	21	
（六）赡养老人	22	
（七）3岁以下婴幼儿照护	23	
七、其他扣除合计（第24行＝第25行＋第26行＋第27行＋第28行＋第29行＋第30行）	24	
（一）年金	25	
（二）商业健康保险（附报《商业健康保险税前扣除情况明细表》）	26	
（三）税延养老保险（附报《个人税收递延型商业养老保险税前扣除情况明细表》）	27	
（四）允许扣除的税费	28	
（五）个人养老金	29	
（六）其他	30	
八、准予扣除的捐赠额（附报《个人所得税公益慈善事业捐赠扣除明细表》）	31	
九、应纳税所得额（第32行＝第1行－第6行－第7行－第10行－第11行－第16行－第24行－第31行）	32	
十、税率（%）	33	
十一、速算扣除数	34	
十二、应纳税额（第35行＝第32行×第33行－第34行）	35	
全年一次性奖金个人所得税计算 （无住所居民个人预判为非居民个人取得的数月奖金，选择按全年一次性奖金计税的填写本部分）		
一、全年一次性奖金收入	36	

项　目	行次	金额
二、准予扣除的捐赠额(附报《个人所得税公益慈善事业捐赠扣除明细表》)	37	
三、税率(%)	38	
四、速算扣除数	39	
五、应纳税额[第 40 行＝(第 36 行－第 37 行)×第 38 行－第 39 行]	40	
税额调整		
一、综合所得收入调整额(需在"备注"栏说明调整具体原因、计算方式等)	41	
二、应纳税额调整额	42	
应补/退个人所得税计算		
一、应纳税额合计(第 43 行＝第 35 行＋第 40 行＋第 42 行)	43	
二、减免税额(附报《个人所得税减免税事项报告表》)	44	
三、已缴税额	45	
四、应补/退税额(第 46 行＝第 43 行－第 44 行－第 45 行)	46	

无住所个人附报信息			
纳税年度内在中国境内居住天数		已在中国境内居住年数	

退税申请
(应补/退税额小于 0 的填写本部分)

□申请退税(需填写"开户银行名称""开户银行省份""银行账号")　　□放弃退税

开 户 银 行名 称		开户银行省份	
银行账号			

备注

谨声明:本表是根据国家税收法律法规及相关规定填报的,本人对填报内容(附带资料)的真实性、可靠性、完整性负责。

納税人签字:　　　年　月　日

经办人签字:
经办人身份证件类型:
经办人身份证件号码:
代理机构签章:
代理机构统一社会信用代码:

受理人:
受理税务机关(章):
受理日期:　　年　月　日

表6-14 个人所得税经营所得纳税申报表(A表)

税款所属期: 年 月 日至 年 月 日

纳税人姓名:

纳税人识别号:□□□□□□□□□□□□□□□□□□ 金额单位:人民币元(列至角分)

被投资单位信息		
名称		
纳税人识别号(统一社会信用代码)	□□□□□□□□□□□□□□□□□□	
征收方式(单选)		
□查账征收(据实预缴) □查账征收(按上年应纳税所得额预缴) □核定应税所得率征收 □核定应纳税所得额征收 □税务机关认可的其他方式_____		
个人所得税计算		
项 目	行次	金额/比例
一、收入总额	1	
二、成本费用	2	
三、利润总额(第3行=第1行-第2行)	3	
四、弥补以前年度亏损	4	
五、应税所得率(%)	5	
六、合伙企业个人合伙人分配比例(%)	6	
七、允许扣除的个人费用及其他扣除(第7行=第8行+第9行+第14行)	7	
(一)投资者减除费用	8	
(二)专项扣除(第9行=第10行+第11行+第12行+第13行)	9	
1. 基本养老保险费	10	
2. 基本医疗保险费	11	
3. 失业保险费	12	
4. 住房公积金	13	
(三)依法确定的其他扣除(第14行=第15行+第16行+第17行)	14	
1.	15	
2.	16	
3.	17	
八、准予扣除的捐赠额(附报《个人所得税公益慈善事业捐赠扣除明细表》)	18	
九、应纳税所得额	19	
十、税率(%)	20	
十一、速算扣除数	21	

（续表）

项　　目	行次	金额/比例
十二、应纳税额（第 22 行＝第 19 行×第 20 行－第 21 行）	22	
十三、减免税额（附报《个人所得税减免税事项报告表》）	23	
十四、已缴税额	24	
十五、应补/退税额（第 25 行＝第 22 行－第 23 行－第 24 行）	25	
备注		

谨声明:本表是根据国家税收法律法规及相关规定填报的,本人对填报内容(附带资料)的真实性、可靠性、完整性负责。

纳税人签字：　　　年　　月　　日

经办人签字： 经办人身份证件类型： 经办人身份证件号码： 代理机构签章： 代理机构统一社会信用代码：	受理人： 受理税务机关（章）： 受理日期：　　年　　月　　日

表 6-15　　　　　　　　　　**个人所得税经营所得纳税申报表（B 表）**

（适用于汇算清缴申报）

税款所属期：　　年　　月　　日至　　年　　月　　日

纳税人姓名：

纳税人识别号：□□□□□□□□□□□□□□□□□□　　　　　　　金额单位:人民币元(列至角分)

被投资 单位信息	名称		纳税人识别号 （统一社会信用代码）		
项　　目				行次	金额/比例
一、收入总额				1	
其中:国债利息收入				2	
二、成本费用(3＝4＋5＋6＋7＋8＋9＋10)				3	
（一）营业成本				4	
（二）营业费用				5	
（三）管理费用				6	
（四）财务费用				7	
（五）税金				8	
（六）损失				9	
（七）其他支出				10	

项　目	行次	金额/比例
三、利润总额(11＝1－2－3)	11	
四、纳税调整增加额(12＝13＋27)	12	
（一）超过规定标准的扣除项目金额(13＝14＋15＋16＋17＋18＋19＋20＋21＋22＋23＋24＋25＋26)	13	
1. 职工福利费	14	
2. 职工教育经费	15	
3. 工会经费	16	
4. 利息支出	17	
5. 业务招待费	18	
6. 广告费和业务宣传费	19	
7. 教育和公益事业捐赠	20	
8. 住房公积金	21	
9. 社会保险费	22	
10. 折旧费用	23	
11. 无形资产摊销	24	
12. 资产损失	25	
13. 其他	26	
（二）不允许扣除的项目金额(27＝28＋29＋30＋31＋32＋33＋34＋35＋36)	27	
1. 个人所得税税款	28	
2. 税收滞纳金	29	
3. 罚金、罚款和被没收财物的损失	30	
4. 不符合扣除规定的捐赠支出	31	
5. 赞助支出	32	
6. 用于个人和家庭的支出	33	
7. 与取得生产经营收入无关的其他支出	34	
8. 投资者工资薪金支出	35	
9. 其他不允许扣除的支出	36	
五、纳税调整减少额	37	
六、纳税调整后所得(38＝11＋12－37)	38	
七、弥补以前年度亏损	39	

(续表)

项 目	行次	金额/比例
八、合伙企业个人合伙人分配比例(%)	40	
九、允许扣除的个人费用及其他扣除(41＝42＋43＋48＋55)	41	
（一）投资者减除费用	42	
（二）专项扣除(43＝44＋45＋46＋47)	43	
1. 基本养老保险费	44	
2. 基本医疗保险费	45	
3. 失业保险费	46	
4. 住房公积金	47	
（三）专项附加扣除(48＝49＋50＋51＋52＋53＋54)	48	
1. 子女教育	49	
2. 继续教育	50	
3. 大病医疗	51	
4. 住房贷款利息	52	
5. 住房租金	53	
6. 赡养老人	54	
7. 3 岁以下婴幼儿照护	55	
（四）依法确定的其他扣除(56＝57＋58＋59＋60)	56	
1. 商业健康保险	57	
2. 税延养老保险	58	
3. 个人养老金	59	
4. 其他	60	
十、投资抵扣	61	
十一、准予扣除的个人捐赠支出	62	
十二、应纳税所得额(62＝38－39－41－61－62)或[63＝(38－39)×40－41－61－62]	63	
十三、税率(%)	64	
十四、速算扣除数	65	
十五、应纳税额(66＝63×64－65)	66	
十六、减免税额(附报《个人所得税减免税事项报告表》)	67	
十七、已缴税额	68	

(续表)

项　目	行次	金额/比例
十八、应补/退税额(69＝66－67－68)	69	

谨声明:本表是根据国家税收法律法规及相关规定填报的,是真实的、可靠的、完整的。

纳税人签字:　　年　　月　　日

经办人: 经办人身份证件号码: 代理机构签章: 代理机构统一社会信用代码:	受理人: 受理税务机关(章): 受理日期:　　年　　月　　日

表 6-16　　　　　　　　　　　个人所得税经营所得纳税申报表(C 表)

税款所属期:　年　月　日至　年　月　日

纳税人姓名:

纳税人识别号:□□□□□□□□□□□□□□□□□□　　　　　　　金额单位:人民币元(列至角分)

被投资 单位信息		单位名称		纳税人识别号 (统一社会信用代码)	投资者应纳 税所得额
	汇总地				
	非汇总地	1			
		2			
		3			
		4			
		5			

项　目	行次	金额/比例
一、投资者应纳税所得额合计	1	
二、应调整的个人费用及其他扣除(2＝3＋4＋5＋6)	2	
（一）投资者减除费用	3	
（二）专项扣除	4	
（三）专项附加扣除	5	
（四）依法确定的其他扣除	6	
三、应调整的其他项目	7	
四、调整后应纳税所得额(8＝1＋2＋7)	8	
五、税率(%)	9	
六、速算扣除数	10	
七、应纳税额(11＝8×9－10)	11	
八、减免税额(附报《个人所得税减免税事项报告表》)	12	

项　目	行次	金额/比例
九、已缴税额	13	
十、应补/退税额(14＝11－12－13)	14	

谨声明:本表是根据国家税收法律法规及相关规定填报的,是真实的、可靠的、完整的。

纳税人签字:　　年　　月　　日

经办人: 经办人身份证件号码: 代理机构签章: 代理机构统一社会信用代码:	受理人: 受理税务机关(章): 受理日期:　　年　　月　　日

任务实施

请同学们以小组为单位填报张文等人应该缴纳的个人所得税。

任务评价

评价项目	掌握情况	完成情况	未掌握情况
任务指导			
任务实施			

任务拓展

在手机上下载个税 App,了解其操作功能。

项目七　其他税种

党的二十大精神专栏

　　尊重自然、顺应自然、保护自然，是全面建设社会主义现代化国家的内在要求。必须牢固树立和践行绿水青山就是金山银山的理念，站在人与自然和谐共生的高度谋划发展。

> **知识目标**

　　1. 理解城镇土地使用税、房产税、印花税、资源税、土地增值税、车辆购置税各税种的概念、纳税人、征税范围和税率

　　2. 了解车船税、契税、耕地占用税、环境保护税、烟叶税各税种的概念、纳税人、征税范围和税率

　　3. 理解城镇土地使用税、房产税、印花税、土地增值税各税种应纳税额的计算

　　4. 了解车船税、资源税、契税、耕地占用税、环境保护税、烟叶税、车辆购置税各税种应纳税额的计算

> **能力目标**

　　1. 计算各税种应纳税额

　　2. 填写纳税申报表

　　3. 办理纳税申报

> **素养目标**

　　1. 树立人与自然和谐统一和绿色税收意识

　　2. 树立节约集约意识

　　3. 践行社会主义核心价值观

　　4. 遵从税法规定

知识导航

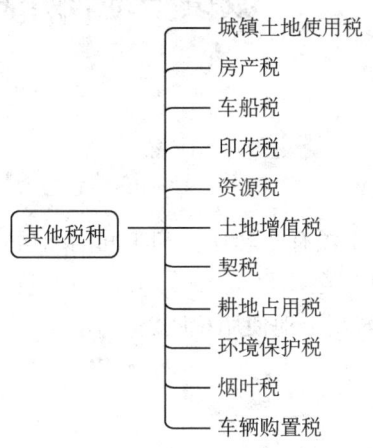

引 子

其他税种概述

其他税种是指除了流转税类(增值税、消费税、关税)、所得税类(企业所得税、个人所得税)的所有税类,包括资源税类(资源税、土地增值税、城镇土地使用税、耕地占用税)、财产税类(房产税、车船税、契税、船舶吨税)和行为税类(印花税、城市建设维护税、车辆购置税、环境保护税、烟叶税)。

2022 年全国各税种税收收入及占比,如图 7-1 所示。

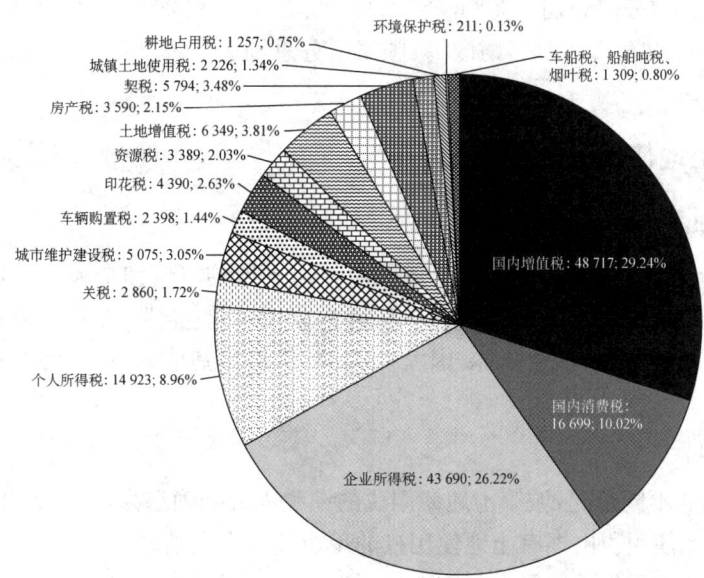

图 7-1 2022 年全国各税种税收收入(单位:亿元)及其占比

任务一 城镇土地使用税

● 任务背景

十里香酒业有限公司职工李颖有 2 套住房和 1 间门面房，1 套住房自住，1 套住房出租。出租的住房面积 80 平方米，月租金 1 500 元；另出租门面房一间，面积 30 平方米，月租金 5 000 元。请问李颖需要缴纳城镇土地使用税吗？

● 任务要求

1. 理解城镇土地使用税的概念、纳税人、征税范围和税率
2. 理解城镇土地使用税应纳税额的计算

● 任务指导

一、城镇土地使用税的概念

城镇土地使用税是指国家在城市、县城、建制镇和工矿区范围内，对使用土地的单位和个人，以其实际占用的土地面积为计税依据，按照规定的税额计算征收的一种税。我国自 1988 年 11 月 1 日施行《中华人民共和国城镇土地使用税暂行条例》（以下简称《城镇土地使用税暂行条例》）。国务院分别于 2006 年、2011 年、2013 年和 2019 年对《城镇土地使用税暂行条例》进行了四次修订。之后，财政部、国家税务总局也陆续发布了一些有关城镇土地使用税的规定和办法。

二、城镇土地使用税的纳税人

（一）一般规定

凡是在城市、县城、建制镇和工矿区范围内使用土地的单位和个人，为城镇土地使用税的纳税人。单位包括国有企业、集体企业、私营企业、股份制企业、外商投资企业、外国企业以及其他企业和事业单位、社会团体、国家机关、军队以及其他单位。个人包括个体工商户以及其他个人。

（二）具体规定

根据用地者的不同情况，城镇土地使用税的纳税人分别确定为：

（1）城镇土地使用税由拥有土地使用权的单位或个人缴纳。

（2）拥有土地使用权的纳税人不在土地所在地的，由代管人或实际使用人缴纳。

（3）土地使用权未确定或权属纠纷未解决的，由实际使用人缴纳。

（4）土地使用权共有的，共有各方均为纳税人，由共有各方分别缴纳。

【学以致用 7-1 单选题】 下列关于城镇土地使用税纳税人的表述中，不正确的是（ ）。

A. 城镇土地使用税由拥有土地使用权的单位和个人缴纳

B. 土地使用权共有的，共有各方均为纳税人，由共有各方分别缴纳

C. 土地使用权未确定或者权属纠纷未解决的，由实际使用人缴纳

D. 拥有土地使用权的纳税人不在土地所在地的，无需缴纳

【学以致用 7-1 解析】 答案：D。拥有土地使用权的纳税人不在土地所在地的，由代管人或实际使用人缴纳。

三、城镇土地使用税的征税范围

城镇土地使用税的征税范围包括在城市、县城、建制镇、工矿区范围内的属于国家所有和集体所有的土地。

城市是指国务院批准设立的市。城市的征税范围包括市区和郊区。

县城是指县人民政府所在地，县城的征税范围为县人民政府所在地的城镇。

建制镇是指经省级人民政府批准设立的建制镇，建制镇的征税范围为镇人民政府所在地的地区，但不包括镇政府所在地所辖行政村。

工矿区是指工商业比较发达，人口比较集中，符合国务院规定的建制镇标准，但尚未设立建制镇的大中型工矿企业所在地。工矿区的设立必须经省级人民政府批准。

城市、县城、建制镇和工矿区虽然有行政区域和城建区域之分，但区域中的不同地方，其自然条件和经济繁荣程度各不相同，各省级人民政府可根据税法的规定，划定本地城市、县城、建制镇和工矿区的具体征税范围。

建立在城市、县城、建制镇和工矿区以外的工矿企业不需缴纳城镇土地使用税。

公园、名胜古迹内的索道公司经营用地，应按规定缴纳城镇土地使用税。

四、城镇土地使用税的税率

城镇土地使用税采用定额税率，按大、中、小城市和县城、建制镇、工矿区分别规定每平方米城镇土地使用税年应纳税额。大、中、小城市以公安部门登记在册的非农业正式户口人数为依据，按照国务院颁布的《城市规划条例》中规定的标准划分。人口在 50 万以上的为大城市；人口在 20 万～50 万的为中等城市；人口在 20 万以下的为小城市。城镇土地使用税税率，如表 7-1 所示。

表 7-1　　　　　　　　　　　　城镇土地使用税税率

级别	人口	每平方米年税额
大城市	50 万人以上	1.5～30 元
中等城市	20 万～50 万人	1.2～24 元

级别	人口	每平方米年税额
小城市	20 万人以下	0.9～18 元
县城、建制镇、工矿区	—	0.6～12 元

城镇土地使用税规定幅度税额，且每个幅度税额的差距为 20 倍。这主要是考虑到我国各地存在着悬殊的土地级差收益，同一地区内不同地段的市政建设情况和经济发展程度也有较大的差别。

省、自治区、直辖市人民政府，在上述规定的税额幅度内，根据市政建设情况、经济繁荣程度等条件，确定所辖地区的适用税额幅度。在经济落后地区，城镇土地使用税的适用税额标准可适当降低，但降低幅度不得超过上述规定最低税额的 30%。在经济发达地区，城镇土地使用税的适用税额可以适当提高，但须报经财政部批准。

五、城镇土地使用税应纳税额的计算

（一）城镇土地使用税的计税依据

城镇土地使用税的计税依据是纳税人实际占用的土地面积。土地面积以平方米为计量标准。具体规定如下：

（1）测定的土地面积。凡由省级人民政府确定的单位组织测定土地面积的，以测定的土地面积为准。

（2）证书确定的土地面积。尚未组织测定，但纳税人持有政府部门核发的土地使用证书的，以证书确定的土地面积为准。

（3）申报的土地面积。尚未核发土地使用证书的，应由纳税人据实申报土地面积，并据以纳税，待核发土地使用证书后再作调整。

（二）城镇土地使用税应纳税额的计算

城镇土地使用税应纳税额的计算公式如下：

$$年应纳税额 = 实际占用应税土地面积（平方米） \times 适用税额$$

六、城镇土地使用税的税收优惠

（一）免征城镇土地使用税的范围

免征城镇土地使用税的范围如下：

（1）国家机关、人民团体、军队自用的土地。

（2）由国家财政部门拨付事业经费的单位自用的土地。

（3）宗教寺庙、公园、名胜古迹自用的土地。

（4）市政街道、广场、绿化地带等公共用地。

（5）直接用于农、林、牧、渔业的生产用地。

（6）经批准开山填海整治的土地和改造的废弃土地，从使用的月份起免缴土地使用税 5～10 年。

(7) 由财政部另行规定免税的能源、交通、水利设施用地和其他用地。

(二) 城镇土地使用税税收优惠的特殊规定

1. 城镇土地使用税与耕地占用税的征税范围衔接

为避免对一块土地同时征收耕地占用税和城镇土地使用税,凡是缴纳了耕地占用税的,从批准征用之日起满1年后征收城镇土地使用税;征用非耕地因不需要缴纳耕地占用税,应从批准征用之次月起征收城镇土地使用税。

2. 免税单位与纳税单位之间无偿使用的土地

对免税单位无偿使用纳税单位的土地(如公安、海关等单位使用铁路、民航等单位的土地),免征城镇土地使用税;对纳税单位无偿使用免税单位的土地,纳税单位应照章缴纳城镇土地使用税。

3. 房地产开发企业开发建造商品房的用地

房地产开发企业开发建造商品房的用地,除了经批准开发建设经济适用房的用地,对各类房地产开发用地一律不得减免城镇土地使用税。

4. 防火、防爆、防毒等安全防范用地

对于各类危险品仓库、厂房所需的防火、防爆、防毒等安全防范用地,可由各省、自治区、直辖市税务局确定,暂免征收城镇土地使用税;对仓库库区、厂房本身用地,应依法征收城镇土地使用税。

5. 企业的铁路专用线、公路等用地

对企业的铁路专用线、公路等用地除另有规定者,在企业厂区(包括生产、办公及生活区)以内的,应照章征收城镇土地使用税;在厂区以外、与社会公用地段未加隔离的,暂免征收城镇土地使用税。

6. 石油天然气(含页岩气、煤层气)生产企业用地

(1) 下列石油天然气生产建设用地减免征收城镇土地使用税:①地质勘探、钻井、井下作业、油气田地面工程等施工临时用地。②企业厂区以外的铁路专用线、公路及输油(气、水)管道用地。③油气长输管线用地。

(2) 对在城市、县城、建制镇以外工矿区内的消防、防洪排涝、防风、防沙设施用地,暂免征收城镇土地使用税。

(3) 除上述列举免税的土地外,其他油气生产及办公、生活区用地,依照规定征收城镇土地使用税。享受上述税收优惠的用地,用于非税收优惠用途的,不得享受税收优惠。

7. 林业系统用地

(1) 对林区的育林地、运材道、防火道、防火设施用地,免征城镇土地使用税。

(2) 对林业系统的森林公园、自然保护区可比照公园免征城镇土地使用税。

(3) 除上述列举免税的土地外,对林业系统的其他生产用地及办公、生活区用地,均应征收城镇土地使用税。

8. 盐场、盐矿用地

(1) 对盐场、盐矿的生产厂房、办公、生活区用地,应照章征收城镇土地使用税。

(2) 对盐场的盐滩、盐矿的矿井用地,暂免征收城镇土地使用税。

(3) 对盐场、盐矿的其他用地,由各省、自治区、直辖市税务局根据实际情况,确定征收城镇土地使用税或给予定期减征、免征的照顾。

9. 矿山企业用地

对矿山的采矿场、排土场、尾矿库、炸药库的安全区，以及运矿运岩公路、尾矿输送管道及回水系统用地，免征城镇土地使用税。

10. 电力行业用地

（1）对火电厂厂区围墙内的用地均应征收城镇土地使用税。对厂区围墙外的灰场、输灰管、输油（气）管道、铁路专用线用地，免征城镇土地使用税；厂区围墙外的其他用地，应照章征税。

（2）对水电站的发电厂房用地（包括坝内、坝外式厂房），生产、办公、生活用地，应征收城镇土地使用税；对其他用地给予免税照顾。

（3）对供电部门的输电线路用地、变电站用地，免征城镇土地使用税。

11. 水利设施用地

（1）对水利设施及其管护用地（如水库库区、大坝、堤防、灌渠、泵站等用地），免征城镇土地使用税；其他用地，如生产、办公、生活用地，应照章征税。

（2）对兼有发电的水利设施用地征免城镇土地使用税的具体办法比照电力行业征免城镇土地使用税的有关规定办理。

12. 交通部门港口用地

对港口的码头（即泊位，包括岸边码头、伸入水中的浮码头、堤岸、堤坝、栈桥等）用地，免征城镇土地使用税。

13. 民航机场用地

（1）对机场飞行区（包括跑道、滑行道、停机坪、安全带、夜航灯光区）用地、场内外通信导航设施用地和飞行区四周排水防洪设施用地，免征城镇土地使用税。

（2）在机场道路中，对场外道路用地免征城镇土地使用税；对场内道路用地依照规定征收城镇土地使用税。

（3）对机场工作区（包括办公、生产和维修用地及候机楼、停车场）用地、生活区用地、绿化用地，均须依照规定征收城镇土地使用税。

14. 老年服务机构自用的土地

老年服务机构是指专门为老年人提供生活照料、文化、护理、健身等多方面服务的福利性、非营利性的机构，主要包括老年社会福利院、敬老院（养老院）、老年服务中心、老年公寓（含老年护理院、康复中心、托老所）等。对老年服务机构自用土地免征城镇土地使用税。

15. 国家机关、军队、人民团体等单位用于体育活动的土地

国家机关、军队、人民团体、财政补助事业单位、居民委员会、村民委员会拥有的体育场馆，用于体育活动的土地，免征城镇土地使用税。

经费自理事业单位、体育社会团体、体育基金会、体育类民办非企业单位拥有并运营管理的体育场馆，符合相关条件的，其用于体育活动的土地，免征城镇土地使用税。

企业拥有并运营管理的大型体育场馆，其用于体育活动的土地，减半征收城镇土地使用税。

享受上述税收优惠体育场馆的运动场地用于体育活动的天数不得低于全年自然天数的 70%。

16. 农产品批发市场（农贸市场）专门用于经营农产品的土地

自 2019 年 1 月 1 日至 2023 年 12 月 31 日，对农产品批发市场、农贸市场（包括自有和承租）专门用于经营农产品的土地，暂免征收城镇土地使用税。对同时经营其他产品的，按其他产品与农产品交易场地面积的比例确定征免城镇土地使用税。

对农产品批发市场、农贸市场的行政办公区、生活区，以及商业餐饮娱乐等非直接为农产品交易提供服务的土地，应按规定征收城镇土地使用税。

17. 在孵对象用地

自 2019 年 1 月 1 日至 2023 年 12 月 31 日，对国家级、省级科技企业孵化器、大学科技园和国家备案众创空间自用以及无偿或通过出租等方式提供给在孵对象使用的房产、土地，免征城镇土地使用税。

18. 供热企业用地

自 2019 年 1 月 1 日至 2023 年供暖期结束，对向居民供热收取采暖费的供热企业，为居民供热所使用的土地免征城镇土地使用税；对供热企业其他土地，应当按照规定征收城镇土地使用税。

【学以致用 7-2　计算题】　2022 年美丽服装公司（位于某县城）实际占地面积 30 000 平方米，其中，办公楼占地 1 000 平方米，厂房仓库占地面积 22 000 平方米，厂区内铁路专用线、公路等用地 7 000 平方米。已知当地规定的城镇土地使用税每平方米年税额为 5 元。计算该企业全年应缴纳的城镇土地使用税税额。

【学以致用 7-2 解析】　该公司年应缴纳的城镇土地使用税税额＝实际占用应税土地面积（平方米）×适用税额＝30 000×5＝150 000（元）。

七、城镇土地使用税的征收管理

（一）纳税义务发生时间

（1）纳税人购置新建商品房，自房屋交付使用之次月起，缴纳城镇土地使用税。

（2）纳税人购置存量房，自办理房屋权属转移、变更登记手续，房地产权属登记机关签发房屋权属证书之次月起，缴纳城镇土地使用税。

（3）纳税人出租、出借房产，自交付出租、出借房产之次月起，缴纳城镇土地使用税。

（4）以出让或转让方式有偿取得土地使用权的，应由受让方从合同约定交付土地时间之次月起缴纳城镇土地使用税；合同未约定交付土地时间的，由受让方从合同签订之次月起缴纳城镇土地使用税。

（5）纳税人新征用的耕地，自批准征用之日起满 1 年时开始缴纳城镇土地使用税。

（6）纳税人新征用的非耕地，自批准征用次月起缴纳城镇土地使用税。

（二）纳税地点

城镇土地使用税在土地所在地缴纳。

纳税人使用的土地不属于同一省、自治区、直辖市管辖的，由纳税人分别向土地所在地税务机关缴纳城镇土地使用税；在同一省、自治区、直辖市管辖范围内，纳税人跨地区使用的土地，其纳税地点由各省、自治区、直辖市税务局确定。

（三）纳税期限

城镇土地使用税按年计算、分期缴纳，具体纳税期限由省、自治区、直辖市人民政府确定。

● 任务实施

根据任务背景，计算分析李颖应纳多少城镇土地使用税。

● 任务评价

评价项目	掌握情况	完成情况	未掌握情况
任务指导			
任务实施			

● 任务拓展

请同学们思考：李颖出租住房和非住房，除了本任务涉及的城镇土地使用税，还涉及哪些税种？

任务二 / 房 产 税

● 任务背景

十里香酒业有限公司职工李颖有 2 套住房和 1 间门面房，1 套住房自住，1 套住房出租。出租的住房面积 80 平方米，月租金 1 500 元；另出租门面房 1 间，面积 30 平方米，月租金 5 000 元。请问李颖需要缴纳房产税吗？

● 任务要求

1. 理解房产税的概念、纳税人、征税范围和税率
2. 理解房产税应纳税额的计算

一、房产税的概念

房产税是指以房产为征税对象,按照房产的计税价值或房产租金收入向产权所有人征收的一种税。我国现行房产税法规是国务院 1986 年 9 月颁布、同年 10 月 1 日实施、2011 年 1 月修订的《中华人民共和国房产税暂行条例》以及财政部、国家税务总局陆续发布的有关房产税的规定、办法。

二、房产税的纳税人

房产税的纳税人,是指在我国城市、县城、建制镇和工矿区内拥有房屋产权的单位和个人,具体包括产权所有人、承典人、房产代管人或者使用人。其中:

(1)产权属于国家所有的,其经营管理单位为纳税人;产权属于集体和个人所有的,集体单位和个人为纳税人。

(2)产权出典的,承典人为纳税人。产权出典是指产权所有人为了某种需要,将自己房屋的产权在一定期限内转让(出典)给他人使用而取得出典价款的一种融资行为。产权所有人(房主)称为房屋出典人;支付现金或实物取得房屋支配权的人称为房屋的承典人。

(3)产权所有人、承典人均不在房产所在地的,房产代管人或者使用人为纳税人。

(4)产权未确定以及租典纠纷未解决的,房产代管人或者使用人为纳税人。

(5)无租使用其他单位房产的应税单位和个人,依照房产余值代缴纳房产税。

三、房产税的征税范围

(一)房产税的征税对象

房产税的征税对象是房屋。所谓房屋,是指有屋面和围护结构(有墙或两边有柱),能够遮风避雨,可供人们在其中生产、工作、学习、娱乐、居住或储藏物资的场所。独立于房屋之外的建筑物,如围墙、烟囱、水塔、菜窖、室外游泳池等不属于房产税的征税对象。

房地产开发企业建造的商品房,在出售前,不征收房产税,但对出售前房地产开发企业已使用或出租、出借的商品房应按规定征收房产税。

(二)房产税的征税范围

房产税的征税范围为城市、县城、建制镇和工矿区的房屋。其中:

(1)城市是指国务院批准设立的市,其征税范围为市区、郊区和市辖县县城,不包括农村。

(2)县城是指未设立建制镇的县人民政府所在地的地区。

(3)建制镇是指经省、自治区、直辖市人民政府批准设立的建制镇。

(4)工矿区是指工商业比较发达,人口比较集中,符合国务院规定的建制镇的标准,但尚未设立建制镇的大中型工矿企业所在地。在工矿区开征房产税必须经省、自治区、直辖市人民政府批准。

四、房产税的税率

房产税采用比例税率,具体如下:

(1) 依照房产余值计算缴纳的,税率为1.2%。

(2) 依照房产租金收入计算缴纳的,税率为12%。对个人出租住房,不区分用途,按4%的税率征收房产税;自2021年10月1日起,对企事业单位、社会团体以及其他组织向个人、专业化规模化住房租赁企业出租住房的,减按4%的税率征收房产税。

五、房产税的计税依据

房产税以房产的计税价值或房产租金收入为计税依据。按房产计税价值征税的,称为从价计征;按房产租金收入征税的,称为从租计征。

（一）从价计征

从价计征的房产税,是以房产余值为计税依据。

房产余值是房产原值减除10%～30%后的剩余价值,具体扣减比例由省、自治区、直辖市人民政府确定。

房产原值是指纳税人按照会计制度规定,在账簿"固定资产"科目中记载的房屋原价。自2009年1月1日起,对依照房产原值计税的房产,不论是否记载在会计账簿"固定资产"科目中,均应按照房屋原价计算缴纳房产税。房屋原价应根据国家有关会计制度规定进行核算。对纳税人未按国家会计制度核算并记载的,应按规定予以调整或重新评估。房产原值应包括与房屋不可分割的各种附属设备或一般不单独计算价值的配套设施。纳税人对原有房屋进行改建、扩建的,要相应增加房屋的原值。对更换房屋附属设备和配套设施的,在将其价值计入房产原值时,可扣减原来相应设备和设施的价值;对附属设备和配套设施中易损坏、需要经常更换的零配件,更新后不再计入房产原值。

另外,需要注意以下三个问题:

(1) 投资联营房产的计税规定:①对以房产投资联营、投资者参与投资利润分红、共担风险的,按房产余值作为计税依据计缴房产税。②对以房产投资收取固定收入、不承担经营风险的,实际上是以联营名义取得房屋租金,应以出租方取得的租金收入为计税依据计缴房产税。

(2) 融资租赁房屋的计税规定。对融资租赁房屋的情况,由于租赁费包括购进房屋的价款、手续费、借款利息等,与一般房屋出租的"租金"内涵不同,且租赁期满后,当承租方偿还最后一笔租赁费时,房屋产权要转移到承租方。这实际上是一种变相的分期付款购买固定资产的形式,所以,在计征房产税时,应以房产余值计算征收,由承租人自融资租赁合同约定开始日的次月起依照房产余值缴纳房产税。合同未约定开始日的,由承租人自合同签订的次月起依照房产余值缴纳房产税。

(3) 居民住宅区内业主共有的经营性房产的计税规定。从2007年1月1日起,对居民住宅区内业主共有的经营性房产,由实际经营(包括自营和出租)的代管人或使用人缴纳房产税。其中,自营的依照房产原值减除10%～30%后的余值计征,没有房产原值或不能将业主共有房产与其他房产的原值准确划分开的,由房产所在地税务机关参照同类房产核定房产原值;出租房产的,按照租金收入计征。

(二)从租计征

房产出租的,以取得的租金收入为计税依据。计征房产税的租金收入不含增值税。免征增值税的,确定计税依据时,租金收入不扣减增值税额。对以劳务或其他形式为报酬抵付房租收入的,应根据当地同类房产的租金水平,确定一个标准租金额从租计征。

纳税人对个人出租房屋的租金收入申报不实或申报数与同一地段同类房屋的租金收入相比明显不合理的,税务部门可以按照《税收征收管理法》的有关规定,采取科学合理的方法核定其应纳税额。

六、房产税应纳税额的计算

(一)从价计征房产税应纳税额的计算

从价计征的,其应纳税额的计算公式如下:

$$年应纳税额=应税房产原值\times(1-扣除比例)\times1.2\%$$

(二)从租计征房产税应纳税额的计算

从租计征的,其应纳税额的计算公式如下:

$$年应纳税额=租金收入\times12\%$$

【学以致用7-3　计算题】　丰收商贸公司拥有1栋房产,原值1 000万元,2022年上半年该房产公司自用,同年7月1日将其对外出租,租期1年,每月收取不含税租金1万元。已知当地省政府规定计算房产余值的减除比例为30%。计算2022年该公司上述房产应缴纳的房产税。

【学以致用7-3解析】　该公司的房产上半年为自用,房产税按房产余值从价计征;下半年房产出租,房产税按租金从租计征。

$$该公司应缴纳的房产税=1 000\times(1-30\%)\times1.2\%\times6\div12+1\times12\%\times6$$
$$=4.92(万元)$$

七、房产税的税收优惠

(一)一般规定

(1)国家机关、人民团体、军队自用的房产免征房产税。

(2)由国家财政部门拨付事业经费(全额或差额)的单位(学校、医疗卫生单位、托儿所、幼儿园、敬老院以及文化、体育、艺术类单位)所有的、本身业务范围内使用的房产免征房产税。上述单位所属的附属工厂、商店、招待所等不属于单位公务、业务的用房,应照章纳税。

(3)宗教寺庙、公园、名胜古迹自用的房产免征房产税。宗教寺庙、公园、名胜古迹中附设的营业单位,如影剧院、饮食部、茶社、照相馆等所使用的房产及出租的房产,不属于免税范围,应照章征税。

(4)个人所有非营业用的房产免征房产税。个人所有的非营业用房,主要是指居民住房,不分面积多少,一律免征房产税。对个人拥有的营业用房或者出租的房产,不属于免税房产,应照章征税。

（二）经财政部批准免税的其他房产

（1）毁损不堪居住的房屋和危险房屋,经有关部门鉴定,在停止使用后,可免征房产税。

（2）纳税人因房屋大修导致连续停用半年以上的,在房屋大修期间免征房产税,免征税额由纳税人在申报缴纳房产税时自行计算扣除,并在申报表附表或备注栏中作相应说明。

（3）在基建工地为基建工地服务的各种工棚、材料棚、休息棚和办公室、食堂、茶炉房、汽车房等临时性房屋,施工期间一律免征房产税。工程结束后,施工企业将这种临时性房屋交还或估价转让给基建单位的,应从基建单位接收的次月起,照章纳税。

（4）对房管部门经租的居民住房,在房租调整改革之前收取租金偏低的,可暂缓征收房产税。对房管部门经租的其他非营业用房,是否给予照顾,由各省、自治区、直辖市根据当地具体情况按税收管理体制的规定办理。

（5）对高校学生公寓免征房产税。

（6）对非营利性医疗机构、疾病控制机构和妇幼保健机构等卫生机构自用的房产,免征房产税。

（7）对老年服务机构自用的房产免征房产税。

（8）对公共租赁住房免征房产税。公共租赁住房经营单位应单独核算公共租赁住房租金收入,未单独核算的,不得享受免征房产税优惠政策。对廉租住房经营管理单位按照政府规定价格向规定保障对象出租廉租住房的租金收入,免征房产税。

（9）对国家机关、军队、人民团体、财政补助事业单位、居民委员会、村民委员会拥有的体育场馆,用于体育活动的房产,免征房产税。对经费自理事业单位、体育社会团体、体育基金会、体育类民办非企业单位拥有并运营管理的体育场馆,符合相关条件的,其用于体育活动的房产,免征房产税。对企业拥有并运营管理的大型体育场馆,其用于体育活动的房产,减半征收房产税。享受上述税收优惠体育场馆的运动场地,用于体育活动的天数不得低于全年自然天数的70%。

（10）自2019年1月1日至2023年12月31日,对农产品批发市场、农贸市场（包括自有和承租）专门用于经营农产品的房产、土地,暂免征收房产税。对同时经营其他产品的,按其他产品与农产品交易场地面积的比例确定征免房产税。对农产品批发市场、农贸市场的行政办公区、生活区,以及商业餐饮娱乐等非直接为农产品交易提供服务的房产、土地,应按规定征收房产税。

（11）自2019年1月1日至2023年12月31日,对国家级、省级科技企业孵化器、大学科技园和国家备案众创空间自用以及无偿或通过出租等方式提供给在孵对象使用的房产、土地,免征房产税。

（12）自2019年1月1日至2023年供暖期结束,对向居民供热收取采暖费的供热企业,为居民供热所使用的厂房,免征房产税;对供热企业其他厂房,应当按照规定征收房产税。对专业供热企业,按其向居民供热取得的采暖费收入占全部采暖费收入的比例,计算免征的房产税。

【学以致用7-4　单选题】　王某2022年年初拥有一栋自有住房,房产原值为100万元,3月31日将其对外出租,租期1年,每月按照市场价格收取不含税租金4 000元。已知从价计征房产税税率为1.2%,个人出租住房从租计征的为4%,当地省政府规定计算房产余值的减除比例为30%。2022年王某上述房产应缴纳房产税税额的下列算式中,正确的是(　　)。

A. 4 000÷10 000×9×4%＝0.144(万元)

B. 100×(1－30%)×1.2%÷12×3＋4 000÷10 000×9×4%＝0.354(万元)

C. 100×(1－30%)×1.2%÷12×4＋4 000÷10 000×8×4%＝0.408(万元)

D. 100×(1－30%)×1.2%＝0.84(万元)

【学以致用7-4解析】　个人非营业用房免征房产税,出租住房按4%的税率征收房产税。所以正确答案为A。

八、房产税的征收管理

(一)纳税义务发生时间

(1)纳税人将原有房产用于生产经营,从生产经营之月起,缴纳房产税。

(2)纳税人自行新建房屋用于生产经营,从建成之次月起,缴纳房产税。

(3)纳税人委托施工企业建设的房屋,从办理验收手续之次月起,缴纳房产税。

(4)纳税人购置新建商品房,自房屋交付使用之次月起,缴纳房产税。

(5)纳税人购置存量房,自办理房屋权属转移、变更登记手续,房地产权属登记机关签发房屋权属证书之次月起,缴纳房产税。

(6)纳税人出租、出借房产,自交付出租、出借本企业房产之次月起,缴纳房产税。

(7)房地产开发企业自用、出租、出借本企业建造的商品房,自房屋使用或交付之次月起,缴纳房产税。

纳税人因房产的实物或权利状态发生变化而依法终止房产税纳税义务的,其应纳税款的计算截至房产的实物或权利状态发生变化的当月末。

(二)纳税地点

房产税在房产所在地缴纳。房产不在同一地方的纳税人,应按房产的坐落地点分别向房产所在地的税务机关申报纳税。

(三)纳税期限

房产税实行按年计算、分期缴纳的征收方法,具体纳税期限由省、自治区、直辖市人民政府确定。

任务实施

根据任务背景,计算分析李颖应纳房产税。

任务评价

评价项目	掌握情况	完成情况	未掌握情况
任务指导			
任务实施			

任务拓展

请同学们思考：李颖出租住房和门面房，除了涉及的城镇土地使用税和房产税，还涉及哪些税种？

任务三 / 车 船 税

任务背景

十里香酒业有限公司职工杨超于 2023 年 2 月 1 日购买小轿车 1 辆，该小轿车车船税年税额为 390 元/辆，杨超按规定缴纳了车船税。5 月 6 日，小轿车被盗，并取得公安机关开具的被盗证明。8 月 10 日，该小轿车被找回，并于当月取得公安机关出具的相关证明。请分析杨超缴纳车船税的情况。

任务要求

1. 了解车船税的概念、纳税人、征税范围和税率
2. 了解车船税应纳税额的计算

任务指导

一、车船税的概念

车船税是指对在中华人民共和国境内的车辆、船舶，按照规定的税目、计税单位和年税额标准计算征收的一种税。我国车船税基本法规是 2012 年 1 月 1 日起实施的《中华人民共和国车船税法》（以下简称《车船税法》）以及 2019 年 3 月 2 日修订的《中华人民共和国车船税法实施条例》。

二、车船税的纳税人

车船税的纳税人是指在中华人民共和国境内属于《车船税法》所附"车船税税目税额表"规定的车辆、船舶(以下简称车船)的所有人或者管理人。

从事机动车第三者责任强制保险业务的保险机构为机动车车船税的扣缴义务人,应当在收取保险费时依法代收车船税。

三、车船税的征税范围

车船税的征税范围是指在中华人民共和国境内属于《车船税法》所规定的应税车辆和船舶,包括依法应当在车船登记管理部门登记的机动车辆和船舶以及依法不需要在车船登记管理部门登记的在单位内部场所行驶或者作业的机动车辆和船舶。它具体包括以下几类。

(一)乘用车

乘用车是指在设计和技术特性上主要用于载运乘客及随身行李,核定载客人数包括驾驶员在内不超过9人的汽车。

(二)商用车

商用车是指除乘用车以外,在设计和技术特性上用于载运乘客、货物的汽车,划分为客车和货车。

客车是指核定载客人数9人以上的汽车,包括电车。

货车包括半挂牵引车、三轮汽车和低速载货汽车。半挂牵引车是指装备有特殊装置用于牵引半挂的商用车。三轮汽车是指最高设计车速不超过每小时50公里,具有3个车轮的货车。低速载货汽车是指以柴油机为动力,最高设计车速不超过每小时70公里,具有4个车轮的货车。

(三)挂车

挂车是指就其设计和技术特性需由汽车或者拖拉机牵引,才能正常使用的一种无动力的道路车辆。

(四)其他车辆

其他车辆是指专用作业车和轮式专用机械车。

专用作业车是指在其设计和技术特性上用于特殊工作的车辆。

轮式专用机械车是指具有特殊结构和专门功能,装有橡胶车轮可以自行行驶,最高设计车速大于每小时20公里的轮式工程机械车。

(五)摩托车

摩托车是指无论采用何种驱动方式,最高设计车速大于每小时50公里,或者使用内燃机,其排量大于50毫升的两轮或者三轮车辆。

(六)船舶

船舶是指各类机动、非机动船舶以及其他水上移动装置,包括机动船舶和游艇,但是船舶上装备的救生艇筏和长度小于5米的艇筏除外。

其中,机动船舶是指用机器推进的船舶;拖船是指专门用于拖(推)动运输船舶的专业作业船舶;非机动驳船是指在船舶登记管理部门登记为驳船的非机动船舶;游艇是指具备内置机械推进动力装置,长度在 90 米以下,主要用于游览观光、休闲娱乐、水上体育运动等活动,并应当具有船舶检验证书和适航证书的船舶。

四、车船税的税目、税率

车船税采用幅度定额税率。车辆的具体适用税额由省、自治区、直辖市人民政府依照《车船税法》所附"车船税税目税额表"规定的税额幅度和国务院的规定确定并报国务院备案;船舶的具体适用税额由国务院在《车船税法》所附"车船税税目税额表"规定的税额幅度内确定。车船税税目税额,如表 7-2 所示。

表 7-2　　　　　　　　　　　　　　　　车船税税目税额表

税目		计税单位	年基准税额	备注
乘用车[按发动机汽缸容量(排气量)分档]	1.0升(含)以下的	每辆	60~360 元	核定载客人数 9 人(含)以下
	1.0升以上至1.6升(含)的		300~540 元	
	1.6升以上至2.0升(含)的		360~660 元	
	2.0升以上至2.5升(含)的		660~1 200 元	
	2.5升以上至3.0升(含)的		1 200~2 400 元	
	3.0升以上至4.0升(含)的		2 400~3 600 元	
	4.0升以上的		3 600~5 400 元	
商用车	客车	每辆	480~1 440 元	核定载客人数 9 人以上,包括电车
	货车	整备质量(每吨)	16~120 元	包括半挂牵引车、三轮汽车和低速载货汽车等
挂车		整备质量(每吨)	按照货车税额的50%计算	
其他车辆	专用作业车	整备质量(每吨)	16~120 元	不包括拖拉机
	轮式专用机械车	整备质量(每吨)	16~120 元	
摩托车		每辆	36~180 元	
船舶	机动船舶	净吨位(每吨)	3~6 元	拖船、非机动驳船分别按照机动船舶税额的50%计算
	游艇	艇身长度(每米)	600~2 000 元	

【说明】

(1)排气量、整备质量、核定载客人数、净吨位、千瓦、艇身长度,以车船登记管理部门核发的车船登记证书或者行驶证所载数据为准。

(2)依法不需要办理登记的车船和依法应当登记而未办理登记或者不能提供车船登记证书、行驶证的车船,以车船出厂合格证明或者进口凭证标注的技术参数、数据为准;不能提供车船出厂合格证明或者进口凭证的,由主管税务机关参照国家相关标准核定,没有国家相关标准的参照同类车船核定。

五、车船税的计税依据

车船税以车船的计税单位数量为计税依据，《车船税法》按车船的种类和性能，分别以每辆、整备质量每吨、净吨位每吨和艇身长度每米为计税单位。具体规定如下所述。

（一）辆数

乘用车、商用客车和摩托车，以辆数为计税依据。

（二）整备质量吨位数

商用货车、挂车、专用作业车和轮式专用机械车，以整备质量吨位数为计税依据。

（三）净吨位数

机动船舶，以净吨位数为计税依据。

（四）艇身长度

游艇以艇身长度为计税依据。

【学以致用 7-5 单选题】 根据车船税法律制度的规定，下列各项中，属于商用货车计税依据的是（　　）。

A. 辆数　　　　　　　　　　　　B. 整备质量吨位数

C. 净吨位数　　　　　　　　　　D. 购置价格

【学以致用 7-5 解析】 商用货车、挂车、专用作业车和轮式专用机械车，以整备质量吨位数为计税依据。所以，正确答案为 B。

六、车船税应纳税额的计算

车船税各税目应纳税额的计算公式如下所述：

（一）乘用车、客车和摩托车

$$应纳税额 = 辆数 \times 适用年基准税额$$

（二）货车、挂车、专用作业车和轮式专用机械车

$$应纳税额 = 整备质量吨位数 \times 适用年基准税额$$

（三）机动船舶

$$应纳税额 = 净吨位数 \times 适用年基准税额$$

（四）拖船和非机动驳船

$$应纳税额 = 净吨位数 \times 适用年基准税额 \times 50\%$$

（五）游艇

$$应纳税额 = 艇身长度 \times 适用年基准税额$$

（六）购置的新车船

购置的新车船，购置当年的应纳税额自纳税义务发生的当月起按月计算。其计算公式

如下：

$$应纳税额＝适用年基准税额÷12×应纳税月份数$$

【学以致用7-6　计算题】　2022年丰收商贸公司拥有3辆载客汽车,4辆载货汽车,其整备质量分别为3吨、4吨、2.5吨、2吨。当地车船税的年税额为:载客汽车每辆为100元,载货汽车整备质量每吨为50元。请计算2019年该公司应纳车船税税额。

【学以致用7-6解析】　应纳车船税税额＝3×100＋(3＋4＋2.5＋2)×50＝875(元)

七、车船税的税收优惠

(一)法定减免

法定减免的车船如下：

(1) 捕捞、养殖渔船,是指在渔业船舶登记管理部门登记为捕捞船或者养殖船的船舶。

(2) 军队、武装警察部队专用的车船,是指按照规定在军队、武装警察部队车船登记管理部门登记,并领取军队、武警牌照的车船。

(3) 警用车船,是指公安机关、国家安全机关、监狱、劳动教养管理机关和人民法院、人民检察院领取警用牌照的车辆和执行警务的专用船舶。

(4) 悬挂应急救援专用号牌的国家综合性消防救援车辆和国家综合性消防救援船舶。

(5) 依照法律规定应予以免税的外国驻华使领馆、国际组织驻华代表机构及其有关人员的车船。

(6) 对节约能源、使用新能源的车船,减征或免征车船税。

(7) 临时入境的外国车船和香港特别行政区、澳门特别行政区、台湾地区的车船,不征收车船税。

(二)特定减免

特定减免的车船如下：

(1) 对受地震、洪涝等严重自然灾害影响纳税困难以及其他特殊原因确需减免税的车船,可以在一定期限内减征或者免征车船税。具体减免期限和数额由省、自治区、直辖市人民政府确定,报国务院备案。

(2) 省、自治区、直辖市人民政府根据当地实际情况,可以对公共交通车船,农村居民拥有并主要在农村地区使用的摩托车、三轮汽车和低速载货汽车定期减征或者免征车船税。

八、车船税的征收管理

(一)纳税义务发生时间

车船税纳税义务发生时间为取得车船所有权或者管理权的当月。"当月"应当以购买车船的发票或其他证明文件所载日期的当月为准。

(二)纳税期限

车船税按年申报,分月计算,一次性缴纳。纳税年度为公历1月1日至12月31日。其具体申报纳税期限由省、自治区、直辖市人民政府规定。

（三）纳税地点

车船税的纳税地点为车船的登记地或者车船税扣缴义务人所在地。

依法不需要办理登记的车船，其车船税的纳税地点为车船的所有人或者管理人所在地。

（四）其他规定

（1）已缴纳车船税的车船在同一纳税年度内办理转让过户的，不另纳税，也不退税。

（2）在一个纳税年度内，已完税车船被盗抢、报废、灭失的，纳税人可凭有关管理机关出具的证明和完税凭证，向纳税所在地的主管税务机关申请退还自被盗抢、报废、灭失月份起至该纳税年度终了期间的税款，已办理退税的被盗抢车船失而复得的，纳税人应当从公安机关出具相关证明的当月起计算缴纳车船税。

● 任务实施

计算十里香酒业有限公司 2022 年应缴纳的车船税。

● 任务评价

评价项目	掌握情况	完成情况	未掌握情况
任务指导			
任务实施			

● 任务拓展

1. 对照车船税税目税额表和车船税优惠政策，了解自家所拥有的车或船的缴税情况。

2. 请上网搜集你所喜欢的车、船或游艇，分析其是否可享受车船税优惠，根据网络报价试计算其应纳税额。

任务四 / 印 花 税

● 任务背景

十里香酒业有限公司 2022 年度签订买卖合同 100 份，合同总价款 200 000 000 元；签订借款合同 10 份，合同总标的 30 000 000 元；签订货物运输合同 100 份，合同标明运费金额 100 000 元；签订专利权转让合同，转让价格 1 000 000 元。请计算分析该公司应缴的印花税。

⦿ **任务要求**

1. 理解印花税的概念、纳税人、征税范围和税率
2. 理解印花税应纳税额的计算

⦿ **任务指导**

一、印花税的概念

印花税是指对经济活动和经济交往中书立应税凭证、进行证券交易征收的一种税。2022 年 7 月 1 日,《中华人民共和国印花税法》(以下简称《印花税法》)正式施行。为落实好《印花税法》,财政部、国家税务总局联合制发《关于印花税若干事项政策执行口径的公告》(财政部 税务总局公告 2022 年第 22 号)(以下简称《政策执行口径公告》)、《关于印花税法实施后有关优惠政策衔接问题的公告》(财政部税务总局公告 2022 年第 23 号)(以下简称《优惠政策衔接公告》)。同时,国家税务总局制发《关于实施〈中华人民共和国印花税法〉等有关事项的公告》(国家税务总局公告 2022 年第 14 号)(以下简称《实施印花税法公告》)。

二、印花税的纳税人和扣缴义务人

(一)纳税人

印花税的纳税人包括以下两种:

(1) 在我国境内书立应税凭证、进行证券交易的单位和个人。单位是指企业、行政单位、事业单位、军事单位、社会团体及其他单位;个人是指个体工商户和其他个人。

(2) 在我国境外书立在境内使用的应税凭证的单位和个人。依据应税凭证标的不同,具体规定如下:①应税凭证的标的为不动产的,该不动产在境内。②应税凭证的标的为股权的,该股权为中国居民企业的股权。③应税凭证的标的为动产或者商标专用权、著作权、专利权、专有技术使用权的,其销售方或者购买方在境内,但不包括境外单位或者个人向境内单位或者个人销售完全在境外使用的动产或者商标专用权、著作权、专利权、专有技术使用权。④应税凭证的标的为服务的,其提供方或者接受方在境内,但不包括境外单位或者个人向境内单位或者个人提供完全在境外发生的服务。

根据书立、使用应税凭证的不同,纳税人可分为立合同人、立账簿人、立据人和使用人等。①立合同人是指合同的当事人,即对凭证有直接权利义务关系的单位和个人,但不包括合同的担保人、证人和鉴定人。采用委托贷款方式书立的借款合同纳税人,为受托人和借款人,不包括委托人。当事人的代理人有代理纳税义务。②立账簿人是指开立并使用营业账簿的单位和个人,如某企业因生产需要,设立了若干营业账簿,该企业即印花税的纳税人。③立据人是指书立产权转移书据的单位和个人。按买卖合同或者产权转移书据税目缴纳印花税的拍卖成交确认书纳税人,为拍卖标的的产权人和买受人,不包括拍卖人。④使用人是指在国外书立、领受,但在国内使用应税凭证的单位和个人。

需要特别说明的是,如果一份合同或应税凭证由两方或两方以上当事人共同签订,其当事人各方都是纳税人,应由各方就其所持合同或应税凭证的计税金额履行纳税义务。

(二) 扣缴义务人

纳税人为境外单位或者个人,在境内有代理人的,以其境内代理人为扣缴义务人;在境内没有代理人的,由纳税人自行申报缴纳印花税,具体办法由国务院税务主管部门规定。

证券登记结算机构为证券交易印花税的扣缴义务人,应当向其机构所在地的主管税务机关申报解缴税款以及银行结算的利息。

【学以致用7-7　多选题】　根据印花税法律制度的规定,下列关于印花税纳税人的表述中,正确的有(　　)。

A. 会计账簿以立账簿人为纳税人　　　　B. 产权转移书据以立据人为纳税人

C. 建筑合同以立合同人为纳税人　　　　D. 借款合同以担保人为纳税人

【学以致用7-7解析】　答案为 ABC。合同的当事人是印花税的纳税人,不包括合同的担保人、证人和鉴定人。所以 D 是错误的。

三、印花税的征税范围

《印花税法》采取正列举形式,只对法律规定中列举的凭证征税,没有列举的凭证不征税。列举的凭证分为四类,即合同类、产权转移书据类、营业账簿类和证券交易类。具体范围如下所述。

(一) 合同类

印花税税目中的合同是指根据《民法典》的规定订立的各类合同,包括以下 11 类合同:

(1) 买卖合同,特指动产买卖合同。不动产转让书据不属于本税目;个人书立的动产买卖合同不缴纳印花税。

(2) 借款合同,包括银行及其他金融组织和借款人所签订的借款合同。同业拆借合同不缴纳印花税。

(3) 融资租赁合同。

(4) 租赁合同,包括租赁房屋、船舶、飞机、机动车辆、机械、器具、设备等合同还包括企业、个人出租门店、柜台等所签订的合同,但不包括企业与主管部门签订的租赁承包合同。

(5) 承揽合同,包括加工、定做、修缮、修理、印刷、广告、测绘和测试等合同。

(6) 建设工程合同,包括勘察、设计、建筑、安装工程合同的总包合同、分包合同和转包合同。

(7) 运输合同,包括民用航空运输、铁路运输、海上运输、内河运输、公路运输和联运合同。客运合同和管道运输合同不缴纳印花税。

(8) 技术合同,包括技术开发、转让、咨询和服务等合同。

(9) 保管合同,包括保管合同或作为合同使用的仓单、栈单(入库单)。对某些使用不规范的凭证不便计税的,可就其结算单据作为计税贴花的凭证。

(10) 仓储合同。

(11) 财产保险合同,包括财产、责任、保证、信用等保险合同。再保险合同不缴纳印花税。

(二) 产权转移书据类

产权转移书据是指单位和个人产权的买卖(出售)、继承、赠与、交换、分割等所立的书据,征收印花税的产权转移书据包括下列 4 类:

(1) 土地使用权出让书据,由政府土地管理部门与申请受让土地使用权者签订。

(2) 土地使用权、房屋等建筑物和构筑物所有权转让书据,单位和个人依法将土地使用权、房屋等建筑物和构筑物所有权采用买卖(出售)、继承、赠与、交换、分割等方式转移给他人所立的书据,应当缴纳印花税;土地承包经营权和土地经营权转移不缴纳印花税。

(3) 股权转让书据,除了按照证券交易税目缴纳印花税的股票交易,一般企业之间转让非上市公司股权,按股权转让书据税目缴纳印花税。

(4) 商标专用权、著作权、专利权、专有技术使用权转让书据,单位和个人转让商标专用权、著作权、专利权和专有技术使用权时所立的书据,按本税目缴纳印花税。

(三) 营业账簿类

营业账簿特指记载资金的账簿,即反映生产经营单位"实收资本(股本)"和"资本公积"金额增减变化的账簿。按照营业账簿反映的内容不同,分为记载资金的账簿(以下简称资金账簿)和其他营业账簿两类,对记载资金的营业账簿征收印花税,对其他营业账簿不征收印花税。

(四) 证券交易类

证券交易是指转让在依法设立的证券交易所、国务院批准的其他全国性证券交易场所交易的股票和以股票为基础的存托凭证。证券交易印花税对证券交易的出让方征收,不对受让方征收。

目前,我国境内有 3 家依法设立的证券交易所,分别是上海证券交易所、深圳证券交易所和北京证券交易所。国务院批准的其他全国性证券交易场所主要是指全国中小企业股份转让系统。

存托凭证以境外股票为基础在我国境内发行,并在境内证券交易所上市交易,将其纳入印花税征收范围,适用与证券交易相同的政策。

四、印花税的税率

印花税实行比例税率,税目、税率如表 7-3 所示。

表 7-3　　　　　　　　　　印花税税目税率表

税目		税率	备注
合同(指书面合同)	借款合同	借款金额的 0.5‰	指银行业金融机构、经国务院银行业监督管理机构批准设立的其他金融机构与借款人(不包括同业拆借)的借款合同
	融资租赁合同	租金的 0.5‰	
	买卖合同	价款的 3‰	指动产买卖合同(不包括个人书立的动产买卖合同)

（续表）

税目		税率	备注
合同(指书面合同)	承揽合同	报酬的3‰	
	建设工程合同	价款的3‰	
	运输合同	运输费用的3‰	指货运合同和多式联运合同(不包括管道运输合同)
	技术合同	价款、报酬或者使用费的3‰	不包括专利权、专有技术使用权转让书据
	租赁合同	租金的1‰	
	保管合同	保管费的1‰	
	仓储合同	仓储费的1‰	
	财产保险合同	保险费的1‰	不包括再保险合同
产权转移书据	土地使用权出让书据	价款的5‰	转让包括买卖(出让)、继承、赠与、互换、分割
	土地使用权、房屋等建筑物和构筑物所有权转让书据(不包括土地承包经营权和土地经营权转移)	价款的5‰	
	股权转让书据(不包括应缴纳证券交易印花税的)	价款的5‰	
	商标专用权,著作权、专利权、专有技术使用权转让书据	价款的3‰	
营业账簿		实收资本(股本)、资本公积合计金额的2.5‰	
证券交易		成交金额的1‰	

五、印花税的计税依据

（一）应税合同的计税依据

应税合同的计税依据为合同所列的金额,不包括列明的增值税税款;合同中价款或者报酬与增值税税款未分开列明的,按照合计金额确定。

应税合同未列明金额的,按照实际结算的金额确定计税依据;按照上述规定仍不能确定的,按照书立合同时的市场价格确定;依法应当执行政府定价或者政府指导价的,按照国家有关规定确定。

（二）应税产权转移书据的计税依据

应税产权转移书据的计税依据,为产权转移书据所列的金额,不包括列明的增值税税款;产权转移书据中价款与增值税税款未分开列明的,按照合计金额确定。

应税产权转移书据未列明金额的,按照实际结算的金额确定计税依据;按照上述规定仍不能确定的,按照书立产权转移书据时的市场价格确定;依法应当执行政府定价或者政府指导价的,按照国家有关规定确定。

（三）应税营业账簿的计税依据

应税营业账簿的计税依据,为账簿记载的实收资本（股本）、资本公积合计金额。

（四）证券交易的计税依据

证券交易的计税依据,为成交金额。证券交易无转让价格的,按照办理过户登记手续时该证券前一个交易日收盘价计算确定计税依据;无收盘价的,按照证券面值计算确定计税依据。

六、印花税应纳税额的计算

印花税的应纳税额按照计税依据乘以适用税率计算。其具体计算公式如下所述。

（一）应税合同

应税合同的计算公式如下:

$$应纳税额＝价款或者报酬×适用税率$$

（二）应税产权转移书据

应税产权转移书据的计算公式如下:

$$应纳税额＝价款×适用税率$$

（三）应税营业账簿

应税营业账簿的计算公式如下:

$$应纳税额＝实收资本（股本）、资本公积合计金额×适用税率$$

（四）证券交易

证券交易的计算公式如下:

$$应纳税额＝成交金额或者依法确定的计税依据×适用税率$$

同一应税凭证载有两个以上税目事项并分别列明金额的,按照各自适用的税目税率分别计算应纳税额;未分别列明金额的,从高适用税率。

同一应税凭证由两方以上当事人书立的,按照各自涉及的金额分别计算应纳税额。

已缴纳印花税的营业账簿,以后年度记载的实收资本（股本）、资本公积合计金额比已缴纳印花税的实收资本（股本）、资本公积合计金额增加的,按照增加部分计算应纳税额。

【学以致用 7-8 计算题】 郭营煤矿与顺达运输公司签订了两份运输保管合同:第一份合同载明的金额合计 50 万元（运费和保管费并未分别记载）;第二份合同中注明运费 30 万元、保管费 10 万元。请分别计算该煤矿第一和第二份合同应缴纳的印花税税额。

【学以致用 7-8 解析】

（1）第一份合同应缴纳印花税税额＝500 000 ×1‰＝500（元）

（2）第二份合同应缴纳印花税税额＝300 000×0.3‰＋100 000×1‰＝190（元）

七、印花税的税收优惠

(一) 法定免税情形

法定免税情形如下:

(1) 应税凭证的副本或者抄本。

(2) 依照法律规定应当予以免税的外国驻华使馆、领事馆和国际组织驻华代表机构为获得馆舍书立的应税凭证。

(3) 中国人民解放军、中国人民武装警察部队书立的应税凭证。

(4) 农民、家庭农场、农民专业合作社、农村集体经济组织、村民委员会购买农业生产资料或者销售农产品书立的买卖合同和农业保险合同。

(5) 无息或者贴息借款合同、国际金融组织向中国提供优惠贷款书立的借款合同。

(6) 财产所有权人将财产赠与政府、学校、社会福利机构、慈善组织书立的产权转移书据。

(7) 非营利性医疗卫生机构采购药品或者卫生材料书立的买卖合同。

(8) 个人与电子商务经营者订立的电子订单。

根据国民经济和社会发展的需要,国务院对居民住房需求保障、企业改制重组、破产、支持小型微型企业发展等情形可以规定减征或者免征印花税,报全国人大常委会备案。

(二) 特定免税情形

特定免税情形如下:

(1) 对商店、门市部的零星加工修理业务开具的修理单,不贴印花。

(2) 对铁路、公路、航运、水路承运快件行李、包裹开具的托运单据,暂免贴花。

(3) 对企业车间、门市部、仓库设置的不属于会计核算范围或虽属会计核算范围,但不记载金额的登记簿、统计簿、台账等的账簿,不贴印花。

(4) 单据免税。对运输、仓储、保管、财产保险、银行借款等,办理一项业务,既书立合同,又开立单据的,只就合同贴花。凡不书立合同,只开立单据,以单据作为合同使用的,应按照规定贴花。

(5) 企业兼并并入资金免税。对企业兼并的并入资金,凡已按资金总额贴花的,接收单位对并入的资金,不再补贴印花。

(6) 租赁承包经营合同免税。企业与主管部门等签订的租赁承包经营合同,不属于租赁合同,不征收印花税。

(7) 特殊情形免税。纳税人已履行并贴花的合同,发现实际结算金额与合同所载金额不一致的,一般不再补贴印花。

(8) 书、报、刊合同免税。书、报、刊发行单位之间,发行单位与订阅单位或个人之间书立的征订凭证,免征印花税。

(9) 外国运输企业免税。由外国运输企业运输进口货物的,外国运输企业所持有的一份结算凭证,免征印花税。

(10) 特殊货运凭证免税:①抢险救灾物资运输结算凭证。②军事物资运输。

(11) 铁路企业特定凭证免税:①国铁集团层层下达的基建计划。②企业内部签订的有关铁路生产经营设施基建、更新改造、大修、维修的协议或责任书。③在铁路内部无偿调拨固定资产的调拨单据。

八、印花税的征收管理

(一) 纳税义务发生时间

印花税的纳税义务发生时间为纳税人书立应税凭证或者完成证券交易的当日。

证券交易印花税扣缴义务发生时间为证券交易完成的当日。

(二) 纳税期限

印花税按季、按年或者按次计征。实行按季、按年计征的,纳税人应当自季度、年度终了之日 15 日内申报缴纳税款;实行按次计征的,纳税人应当自纳税义务发生之日起 15 日内申报缴纳税款。

证券交易印花税按周解缴。证券交易印花税扣缴义务人应当自每周终了之日起 5 日内申报解缴税款以及银行结算的利息。

(三) 纳税地点

纳税人为单位的,应当向其机构所在地的主管税务机关申报缴纳印花税;纳税人为个人的,应当向应税凭证书立地或者纳税人居住地的主管税务机关申报缴纳印花税。

不动产产权发生转移的,纳税人应当向不动产所在地的主管税务机关申报缴纳印花税。

纳税人为境外单位或者个人,在境内有代理人的,以其境内代理人为扣缴义务人;在境内没有代理人的,由纳税人自行申报缴纳印花税,具体办法由国务院税务主管部门规定。

证券交易印花税由证券登记结算机构向其机构所在地的主管税务机关申报解缴税款以及银行结算的利息。

(四) 缴纳方式

印花税可以采用粘贴印花税票或者由税务机关依法开具其他完税凭证的方式缴纳。

印花税票粘贴在应税凭证上的,由纳税人在每枚税票的骑缝处盖戳注销或者画销。

印花税票由国务院税务主管部门监制。

● 任务实施

计算十里香酒业有限公司 2022 年度应缴纳的印花税。

● 任务评价

评价项目	掌握情况	完成情况	未掌握情况
任务指导			
任务实施			

任务拓展

鹏程科技有限公司 2020 年成立时账载实收资本 300 万元,申报缴纳了资金账簿印花税750 元。2021 年减资,年末实收资本账载金额为 200 万元;2022 年增资,年末实收资本账载金额为 280 万元;2023 年增资,年末实收资本账载金额为 400 万元。假设该公司资本公积一直无变化,且不考虑其他因素。按照现行政策规定,计算该公司 2021 年、2022 年和 2023 年应缴纳的印花税额。

任务五 | 资 源 税

任务背景

甲煤矿为煤炭开采企业,其开采的原煤通过汽运从坑口运至港口,再由海运运至客户指定地点。其中,汽运部分由运输公司按期与煤矿结算,并向煤矿开具发票;海运部分由海运方与购货方结算,并向购货方开具发票。假设该煤矿 2023 年 2 月开采并销售原煤 10 000 吨,取得含税收入 3 390 万元;同时,向购买方收取仓储费 5.65 万元,延期付款利息 3.39 万元,整体运费(包括汽运及海运)9.81 万元,其中,汽运部分实际发生额为 5.45 万元,取得销售方抬头的足额增值税专用发票,同时取得海运方开具的 4.36 万元发票(抬头为购货方)后转交给购货方。假设该煤矿所在地原煤资源税税率为 4%。试计算该煤矿 2 月份应缴纳的资源税。

任务要求

1. 理解资源税的概念、纳税人、征税范围和税率
2. 理解资源税应纳税额的计算

任务指导

一、资源税的概念

资源税是指对在中华人民共和国领域和中华人民共和国管辖的其他海域开发应税资源的单位和个人征收的一种税。2019 年 8 月 26 日,第十三届全国人大常委会通过《中华人民共和国资源税法》,自 2020 年 9 月 1 日起施行。

二、资源税的纳税人

资源税的纳税人,是指在中华人民共和国领域和中华人民共和国管辖的其他海域开发

应税资源的单位和个人。单位是指国有企业、集体企业、私营企业、股份制企业、其他企业和行政单位、事业单位、军事单位、社会团体及其他单位;个人是指个体经营者和其他个人。

中外合作开采陆上、海上石油资源的企业依法缴纳资源税。

2011年11月1日前已依法订立中外合作开采陆上、海上石油资源合同的,在该合同有效期内,继续依照国家有关规定缴纳矿区使用费,不缴纳资源税;合同期满后,依法缴纳资源税。

三、资源税的征税范围

资源税的征税范围包括能源矿产、金属矿产、非金属矿产、水气矿产、盐,共计五大类。

纳税人开采或者生产应税产品自用的,视同销售,应当按规定缴纳资源税,但是自用于连续生产应税产品的,不缴纳资源税。纳税人自用应税产品应当缴纳资源税的情形,包括纳税人以应税产品用于非货币性资产交换、捐赠、偿债、赞助、集资、投资、广告、样品、职工福利、利润分配或者连续生产非应税产品等。

对取用地表水或者地下水的单位和个人试点征收水资源税。征收水资源税的,停止征收水资源费。水资源税试点实施办法由国务院规定,报全国人大常委会备案。

【学以致用7-9 多选题】 下列各项中,应征收资源税的有( )。

A. 进口的天然气　　　　　　　　B. 专门开采的天然气

C. 煤层(成)气　　　　　　　　　D. 与原油同时开采的天然气

【学以致用7-9解析】 答案BCD。煤矿生产的天然气即煤层(成)气已列入能源矿产征收资源税。煤炭开采企业因安全生产需要抽采的煤成(层)气,免征资源税。

四、资源税的税目、税率

资源税采用比例税率或者定额税率两种形式。

《税目税率表》中规定实行幅度税率的,其具体适用税率由省、自治区、直辖市人民政府统筹考虑该应税资源的品位、开采条件以及对生态环境的影响等情况,在《税目税率表》规定的税率幅度内提出,报同级人民代表大会常务委员会决定,并报全国人大常委会和国务院备案。《税目税率表》中规定征税对象为原矿或者选矿的,应当分别确定具体适用税率。水资源税根据当地水资源状况、取用水类型和经济发展等情况实行差别税率。资源税税目税率表,如表7-4所示。

表7-4　　　　　　　　　资源税税目税率表

税目		征税对象	税率
能源矿产	原油	原矿	6%
	天然气、页岩气、天然气水合物	原矿	6%
	煤	原矿或者选矿	2%~10%
	煤成(层)气	原矿	1%~2%
	铀、钍	原矿	4%

（续表）

税目			征税对象	税率
能源矿产	油页岩、油砂、天然沥青、石煤		原矿或者选矿	1%～4%
	地热		原矿	1%～20%或者 每立方米1～30元
金属矿产	黑色金属	铁、锰、铬、钒、钛	原矿或者选矿	1%～9%
	有色金属	铜、铅、锌、锡、镍、锑、镁、钴、铋、汞	原矿或者选矿	2%～10%
		铝土矿	原矿或者选矿	2%～9%
		钨	选矿	6.5%
		钼	选矿	8%
		金、银	原矿或者选矿	2%～6%
		铂、钯、钌、锇、铱、铑	原矿或者选矿	5%～10%
		轻稀土	选矿	7%～12%
		中重稀土	选矿	20%
		铍、锂、锆、锶、铷、铯、铌、钽、锗、镓、铟、铊、铪、铼、镉、硒、碲	原矿或者选矿	2%～10%
非金属矿产	矿物类	高岭土	原矿或者选矿	1%～6%
		石灰岩	原矿或者选矿	1%～6%或者每吨 （或者每立方米） 1～10元
		磷	原矿或者选矿	3%～8%
		石墨	原矿或者选矿	3%～12%
		萤石、硫铁矿、自然硫	原矿或者选矿	1%～8%
非金属矿产	矿物类	天然石英砂、脉石英、粉石英、水晶、工业用金刚石、冰洲石、蓝晶石、硅线石(矽线石)、长石、滑石、刚玉、菱镁矿、颜料矿物、天然碱、芒硝、钠硝石、明矾石、砷、硼、碘、溴、膨润土、硅藻土、陶瓷土、耐火粘土、铁矾土、凹凸棒石粘土、海泡石粘土、伊利石粘土、累托石粘土	原矿或者选矿	1%～12%
		叶蜡石、硅灰石、透辉石、珍珠岩、云母、沸石、重晶石、毒重石、方解石、蛭石、透闪石、工业用电气石、白垩、石棉、蓝石棉、红柱石、石榴子石、石膏	原矿或者选矿	2%～12%
		其他粘土(铸型用粘土、砖瓦用粘土、陶粒用粘土、水泥配料用粘土、水泥配料用红土、水泥配料用黄土、水泥配料用泥岩、保温材料用粘土)	原矿或者选矿	1%～5%或者每吨 （或者每立方米） 0.1～5元

（续表）

税目			征税对象	税率
非金属矿产	岩石类	大理岩、花岗岩、白云岩、石英岩、砂岩、辉绿岩、安山岩、闪长岩、板岩、玄武岩、片麻岩、角闪岩、页岩、浮石、凝灰岩、黑曜岩、霞石正长岩、蛇纹岩、麦饭石、泥灰岩、含钾岩石、含钾砂页岩、天然油石、橄榄岩、松脂岩、粗面岩、辉长岩、辉石岩、正长岩、火山灰、火山渣、泥炭	原矿或者选矿	1%～10%
		砂石	原矿或者选矿	1%～5%或者每吨（或者每立方米）0.1～5元
	宝玉石类	宝石、玉石、宝石级金刚石、玛瑙、黄玉、碧玺		
水气矿产		二氧化碳气、硫化氢气、氦气、氡气	原矿	2%～5%
		矿泉水	原矿	1%～20%或者每立方米130元
盐		钠盐、钾盐、镁盐、锂盐	原矿	3%～15%
		天然卤水	原矿	3%～15%或者每吨（或者每立方米）1～10元
		海盐	原矿	2%～5%

五、资源税的计税依据

（一）资源税计税依据的一般规定

资源税按照《税目税率表》实行从价计征或者从量计征。实行从价计征的，以纳税人开发应税资源产品的销售额为计税依据；实行从量计征的，以纳税人开发应税资源产品的销售数量为计税依据。

《税目税率表》中规定可以选择实行从价计征或者从量计征的，具体计征方式由省、自治区、直辖市人民政府提出，报同级人民代表大会常务委员会决定，并报全国人大常委会和国务院备案。

应税产品为矿产品的，包括原矿和选矿产品。

纳税人开采或者生产不同税目应税产品的，应当分别核算不同税目应税产品的销售额或者销售数量；未分别核算或者不能准确提供不同税目应税产品的销售额或者销售数量的，从高适用税率。

1. 销售额

1）销售额的一般含义

资源税应税产品销售额是指纳税人销售应税产品向购买方收取的全部价款，但不包括收取的增值税税款。计入销售额中的相关运杂费用,凡取得增值税发票或者其他合法有效凭据的,准予从销售额中扣除。相关运杂费用是指应税产品从坑口或者洗选(加工)地到车站、码头或者购买方指定地点的运输费用、建设基金以及随运销产生的装卸、仓储、港杂费用。

2)销售额的特殊规定

纳税人申报的应税产品销售额明显偏低且无正当理由的,或者有自用应税产品行为而无销售额的,主管税务机关可以按下列方法和顺序确定其应税产品销售额:

(1)按纳税人最近时期同类产品的平均销售价格确定。

(2)按其他纳税人最近时期同类产品的平均销售价格确定。

(3)按后续加工非应税产品销售价格,减去后续加工环节的成本利润后确定。

(4)按应税产品组成计税价格确定。

$$组成计税价格=成本×(1+成本利润率)÷(1-资源税税率)$$

上述公式中的成本利润率由省、自治区、直辖市税务机关确定。

(5)按其他合理方法确定。

2. 销售数量

应税产品的销售数量,包括纳税人开采或者生产应税产品的实际销售数量和自用于应当缴纳资源税情形的应税产品数量。

(二)资源税计税依据的特殊规定

(1)纳税人外购应税产品与自采应税产品混合销售或者混合加工为应税产品销售的,在计算应税产品销售额或者销售数量时,准予扣减外购应税产品的购进金额或者购进数量;当期不足扣减的,可结转下期扣减。纳税人应当准确核算外购应税产品的购进金额或者购进数量,未准确核算的,一并计算缴纳资源税。

纳税人核算并扣减当期外购应税产品购进金额、购进数量,应当依据外购应税产品的增值税发票、海关进口增值税专用缴款书或者其他合法有效凭据。

(2)纳税人以外购原矿与自采原矿混合为原矿销售,或者以外购选矿产品与自产选矿产品混合为选矿产品销售的,在计算应税产品销售额或者销售数量时,直接扣减外购原矿或者外购选矿产品的购进金额或者购进数量。

纳税人以外购原矿与自采原矿混合洗选加工为选矿产品销售的,在计算应税产品销售额或者销售数量时,按照下列方法进行扣减:

$$准予扣减的外购应税产品购进金额(数量)=外购原矿购进金额(数量)×(本地区原矿适用税率÷本地区选矿产品适用税率)$$

不能按照上述方法计算扣减的,按照主管税务机关确定的其他合理方法进行扣减。

(3)纳税人开采或者生产同一税目下适用不同税率应税产品的,应当分别核算不同税率应税产品的销售额或者销售数量;未分别核算或者不能准确提供不同税率应税产品的销售额或者销售数量的,从高适用税率。

(4)纳税人以自采原矿(经过采矿过程采出后未进行选矿或者加工的矿石)直接销售,或者自用于应当缴纳资源税情形的,按照原矿计征资源税。

　　纳税人以自采原矿洗选加工为选矿产品(通过破碎、切割、洗选、筛分、磨矿、分级、提纯、脱水、干燥等过程形成的产品,包括富集的精矿和研磨成粉、粒级成型、切割成型的原矿加工品)销售,或者将选矿产品自用于应当缴纳资源税情形的,按照选矿产品计征资源税,在原矿移送环节不缴纳资源税。对于无法区分原生岩石矿种的粒级成型砂石颗粒,按照砂石税目征收资源税。

　　(5)纳税人开采或者生产同一应税产品,其中既有享受减免税政策的,又有不享受减免税政策的,按照免税、减税项目的产量占比等方法分别核算确定免税、减税项目的销售额或者销售数量。

六、资源税应纳税额的计算

(一)从价定率计征

从价定率计征资源税应纳税额的计算公式如下:

$$应纳税额＝应税产品的销售额×适用的比例税率$$

(二)从量定额计征

从量定额计征资源税应纳税额的计算公式如下:

$$应纳税额＝应税产品的销售数量×适用的定额税率$$

(三)代扣代缴

代扣代缴资源税应纳税额的计算公式如下:

$$代扣代缴应纳税额＝收购未税产品的数量×适用的定额税率$$

　　【学以致用7-10　计算题】　安东铜矿企业2022年12月销售铜矿石原矿收取价款合计800万元,其中,从坑口到车站的运输费用20万元,随运销产生的装卸、仓储费用10万元,均取得增值税发票。已知该矿山铜矿石原矿适用的资源税税率为6%。请计算该铜矿12月份应纳资源税税额。

　　【学以致用7-10解析】　铜矿征税对象为原矿或选矿,本题计税依据应为原矿销售额,减除运输费用和装卸、仓储费用。

　　(1)该铜矿当月应税产品销售额＝800－(20＋10)＝770(万元)

　　(2)该铜矿12月份应纳资源税税额＝770×6%＝46.2(万元)

七、资源税的税收优惠

(一)免征资源税的情形

免征资源税的情形包括:开采原油以及在油田范围内运输原油过程中用于加热的原油、天然气;煤炭开采企业因安全生产需要抽采的煤成(层)气。

(二)减征资源税的情形

减征资源税的情形包括:

（1）从低丰度油气田开采的原油、天然气，减征 20％资源税。

（2）高含硫天然气、三次采油和从深水油气田开采的原油、天然气，减征 30％资源税。

（3）稠油、高凝油减征 40％资源税。

（4）从衰竭期矿山开采的矿产品，减征 30％资源税。

（5）自 2018 年 4 月 1 日至 2023 年 12 月 31 日，对页岩气资源税（按 6％的规定税率）减征 30％。

（6）自 2022 年 1 月 1 日至 2024 年 12 月 31 日，由省、自治区、直辖市人民政府根据本地区实际情况，以及宏观调控需要确定，对增值税小规模纳税人、小型微利企业和个体工商户可以在 50％的税额幅度内减征资源税。

（7）自 2014 年 12 月 1 日至 2023 年 8 月 31 日，对充填开采置换出来的煤炭，资源税减征 50％。

根据国民经济和社会发展需要，国务院对有利于促进资源节约集约利用、保护环境等情形可以规定免征或者减征资源税，报全国人大常委会备案。

（三）地方减免资源税的情形

有下列情形之一的，省、自治区、直辖市可以决定免征或者减征资源税：①纳税人开采或者生产应税产品过程中，因意外事故或者自然灾害等原因遭受重大损失。②纳税人开采共伴生矿、低品位矿、尾矿。

纳税人开采或者生产同一应税产品同时符合两项或者两项以上减征资源税优惠政策的，除另有规定，只能选择其中一项执行。

纳税人的免税、减税项目，应当单独核算销售额或者销售数量；未单独核算或者不能准确提供销售额或者销售数量的，不予免税或者减税。

八、资源税的征收管理

（一）纳税义务发生时间

纳税人销售应税产品，纳税义务发生时间为收讫销售款或者取得索取销售款凭据的当日；自用应税产品的，纳税义务发生时间为移送应税产品的当日。

资源税由税务机关征收管理。海上开采的原油和天然气资源税由海洋石油税务管理机构征收管理。

（二）纳税期限

资源税按月或者按季申报缴纳；不能按固定期限计算缴纳的，可以按次申报缴纳。

纳税人按月或者按季申报缴纳的，应当自月度或者季度终了之日起 15 日内，向税务机关办理纳税申报并缴纳税款；按次申报缴纳的，应当自纳税义务发生之日起 15 日内，向税务机关办理纳税申报并缴纳税款。

（三）纳税地点

纳税人应当在矿产品的开采地或者生产地缴纳资源税。

● 任务实施

计算甲煤矿应缴纳的资源税。

● 任务评价

评价项目	掌握情况	完成情况	未掌握情况
任务指导			
任务实施			

● 任务拓展

请同学们通过书籍或网络等渠道,了解我国资源分布及储藏量情况,体会国家开征资源税的意义,以增强节约集约利用资源意识。

任务六 / 土 地 增 值 税

● 任务背景

十里香酒业有限公司 2022 年利用库房空地进行住宅商品房开发,取得不含增值税销售收入 10 000 万元。按照国家有关规定补交土地出让金 3 000 万元,缴纳相关税费 180 万元;住宅开发成本 3 000 万元,房地产开发费用中的利息支出为 350 万元(能够按房地产项目计算分摊并能够提供金融机构证明);缴纳城市维护建设税和教育费附加 50 万元;缴纳印花税 5 万元;该公司所在省人民政府规定的房地产开发费用的计算扣除比例为 5%。请问该公司是否需要缴纳土地增值税? 如果缴纳土地增值税,请计算应纳税额。

● 任务要求

1. 理解土地增值税的概念、纳税人、征税范围和税率
2. 理解土地增值税应纳税额的计算
3. 遵从税法规定

一、土地增值税的概念

土地增值税是对转让国有土地使用权、地上建筑物及其附着物（以下简称转让房地产）并取得收入的单位和个人，就其转让房地产所取得的增值额征收的一种税。1993 年 12 月 13 日国务院颁布《中华人民共和国土地增值税暂行条例》（2011 年 1 月 8 日国务院修订，以下简称《土地增值税暂行条例》），1995 年 1 月 27 日财政部印发《中华人民共和国土地增值税暂行条例实施细则》。之后，财政部、国家税务总局又陆续发布了一些有关土地增值税的规定和办法。

二、土地增值税的纳税人

土地增值税的纳税人为转让国有土地使用权、地上建筑物及其附着物并取得收入的单位和个人。单位包括各类企业单位、事业单位、国家机关和社会团体及其他组织，包括外商投资企业、外国企业和外国驻华机构。个人包括个体经营者、外国公民、华侨及港澳台同胞。

三、土地增值税的征税范围

（一）征税范围的一般规定

土地增值税的征税范围包括有偿转让国有土地使用权、地上的建筑物及其附着物并取得收入的所有行为。

1. 转让国有土地使用权

转让国有土地使用权是指纳税人在取得按国家法律规定属于国家所有的土地的使用权之后，再次转让的行为。出让国有土地使用权不征税。

2. 转让地上建筑物及其他附着物

地上建筑物是指建于土地上的一切建筑物，包括地上地下的各种附属设施，如厂房、仓库、商店、医院、住宅、地下室、围墙、烟囱、电梯、中央空调和管道等。附着物是指附着于土地上、不能移动，一经移动即遭损坏的物品。

3. 对转让房地产并取得收入的行为征税

土地增值税只对有偿转让的房地产征税。

（二）征税范围的特殊规定

1. 房地产转为自用或出租

房地产开发企业将开发的部分房地产转为企业自用或用于出租等商业用途时，如果产权未发生转移，不征收土地增值税。

2. 房地产交换

房地产交换行为既发生了房产产权、土地使用权的转移，交换双方又取得了实物形态的收入，属于土地增值税的征税范围，但对个人之间互换自有居住用房地产的，经当地税务机关核实，可以免征土地增值税。

3. 合作建房

对于一方出地,另一方出资金,双方合作建房,建成后按比例分房自用的,暂免征收土地增值税;建成后转让的,应征收土地增值税。

4. 房地产出租

房地产出租,出租人虽取得了收入,但没有发生房产产权、土地使用权的转让,因此,不属于土地增值税的征税范围。

5. 房地产抵押

房产的产权、土地使用权在抵押期间并没有发生权属的变更,因此,对房地产的抵押,在抵押期间不征收土地增值税。待抵押期满后,视该房地产是否转移来确定是否征收土地增值税。对于以房地产抵债而发生房地产权属转让的,应征收土地增值税。

6. 房地产代建行为

房地产代建行为,是指房地产开发企业代客户进行房地产的开发,开发完成后向客户收取代建收入的行为。对于房地产开发企业而言,虽然取得了收入,但没有发生房地产权属的转移,其收入属于劳务收入性质,故不属于土地增值税的征税范围。

7. 房地产的重新评估

国有企业在清产核资时对房地产进行重新评估而产生的评估增值,因其既没有发生房地产权属的转移,又未取得收入,不属于土地增值税的征税范围。

8. 土地使用者处置土地使用权

土地使用者转让、抵押或置换土地,无论其是否取得该土地的使用权属证书,也无论其在转让、抵押或置换土地过程中是否与对方当事人办理了土地使用权属证书变更登记手续,只要土地使用者享有占有、使用、收益或处分该土地的权利,且有合同等证据表明其实质转让、抵押或置换了土地并取得了相应的经济利益,土地使用者及其对方当事人就应当依照税法规定缴纳增值税、土地增值税和契税等。

9. 房地产的继承、赠与

以继承、赠与等方式无偿转让的房地产不予征税。

【学以致用7-11 多选题】 下列单位或个人中,土地增值税纳税人的包括( )。
A. 以房抵债的甲工业企业
B. 出租写字楼的乙外资房地产开发企业
C. 转让住房的赵某
D. 转让国有土地使用权的丙高等学校

【学以致用7-11解析】 答案为ACD。土地增值税法律制度规定,出租房地产,未发生房产产权、土地使用权的转让行为,不属于土地增值税征税范围,所以,出租写字楼的乙外资房地产开发企业不是土地增值税的纳税人。

四、土地增值税的税率

土地增值税实行四级超率累进税率,如表7-5所示。

表 7-5

土地增值税税率表

级数	增值额与扣除项目金额的比率	税率	速算扣除系数
1	不超过 50% 的部分	30%	0
2	超过 50% 至 100% 的部分	40%	5%
3	超过 100% 至 200% 的部分	50%	15%
4	超过 200% 的部分	60%	35%

上述所列四级超率累进税率,每级"增值额未超过扣除项目金额"的比例,均包括本比例数。

五、土地增值税的计税依据

土地增值税的计税依据是纳税人转让房地产所取得的增值额。转让房地产的增值额,是纳税人转让房地产的收入减除税法规定的扣除项目金额后的余额。其计算公式如下:

$$土地增值额＝转让房地产收入－扣除项目金额合计$$

(一)应税收入的确定

纳税人转让房地产取得的应税收入,应包括转让房地产的全部价款及有关的经济收益,包括货币收入、实物收入和其他收入。纳税人转让房地产取得的收入为不含增值税收入。

1. 货币收入

货币收入是指纳税人转让房地产而取得的现金、银行存款和国库券、金融债券、企业债券、股票等有价证券。

2. 实物收入

实物收入是指纳税人转让房地产而取得的各种实物形态的收入,一般按照公允价值确认应税收入。

3. 其他收入

其他收入是指纳税人转让房地产而取得的无形资产收入或具有财产价值的权利,一般要进行专门的评估,按照评估价确认应税收入。

(二)扣除项目及其金额

1. 取得土地使用权所支付的金额

取得土地使用权所支付的金额包括以下两方面的内容:

(1)纳税人为取得土地使用权所支付的地价款,具体包括:①以协议、招标、拍卖等出让方式取得土地使用权的,为支付的土地出让金。②以行政划拨方式取得土地使用权的,为转让土地使用权时按规定补交的出让金。③以转让方式取得土地使用权的,为支付的地价款。

(2)纳税人在取得土地使用权时按国家统一规定缴纳的有关费用和税金。

2. 房地产开发成本

房地产开发成本是指纳税人开发房地产项目实际发生的成本,包括土地征用及拆迁补偿费、前期工程费、建筑安装工程费、基础设施费、公共配套设施费和开发间接费用等。

(1)土地征用及拆迁补偿费,包括土地征用费、耕地占用税、劳动力安置费及有关地上、地下附着物拆迁补偿的净支出、安置动迁用房支出等。

（2）前期工程费，包括规划、设计、项目可行性研究和水文、地质、勘察、测绘、"三通一平"等支出。

（3）建筑安装工程费，是指以出包方式支付给承包单位的建筑安装工程费和以自营方式发生的建筑安装工程费。

（4）基础设施费，包括开发小区内道路、供水、供电、供气、排污、排洪、通信、照明、环卫、绿化等工程发生的支出。

（5）公共配套设施费，包括不能有偿转让的开发小区内公共配套设施发生的支出。

（6）开发间接费用，是指直接组织、管理开发项目发生的费用，包括工资、职工福利费、折旧费、修理费、办公费、水电费、劳动保护费、周转房摊销等。

3. 房地产开发费用

房地产开发费用是指与房地产开发项目有关的销售费用、管理费用和财务费用。根据现行财务会计制度的规定，这三项费用作为期间费用，按照实际发生额直接计入当期损益。但是，在计算土地增值税时，房地产开发费用并不是按照纳税人实际发生额进行扣除，应分别按以下两种情况进行扣除：

（1）财务费用中的利息支出，凡能够按转让房地产项目计算分摊并提供金融机构证明的，允许据实扣除，但最高不能超过按商业银行同类同期贷款利率计算的金额。其他房地产开发费用，按规定计算金额（取得土地使用权所支付的金额及房地产开发成本之和，下同）的5%以内计算扣除。其计算公式如下：

允许扣除的房地产开发费用＝利息＋（取得土地使用权所支付的金额＋房地产开发成本）×规定扣除比例

（2）财务费用中的利息支出，凡不能按转让房地产项目计算分摊利息支出或提供金融机构证明的，利息不单独扣除，房地产开发费用的扣除按规定计算金额的10%以内计算扣除。其计算公式如下：

允许扣除的房地产开发费用＝（取得土地使用权所支付的金额＋房地产开发成本）×规定扣除比例

上述计算扣除的具体比例，由各省、自治区、直辖市人民政府规定。

此外，利息的上浮幅度按国家的有关规定执行，超过上浮幅度的部分不允许扣除；对于超过贷款期限的利息部分和加罚的利息不允许扣除。

4. 与转让房地产有关的税金

与转让房地产有关的税金，是指在转让房地产时缴纳的城市维护建设税、印花税。因转让房地产缴纳的教育费附加，也可视同税金予以扣除。土地增值税扣除项目涉及的增值税进项税额，允许在销项税额中计算抵扣的，不计入扣除项目，不允许在销项税额中计算抵扣的，可以计入扣除项目。

5. 旧房及建筑物的评估价格

旧房及建筑物的评估价格包括以下2种情况：

（1）按评估价格扣除。旧房及建筑物的评估价格是指在转让已使用的房屋及建筑物时，由政府批准设立的房地产评估机构评定的重置成本价乘以成新度折扣率后的价格。评估价格须经当地税务机关确认。旧房及建筑物的评估价格的计算公式如下：

旧房及建筑物的评估价格＝重置成本价×成新度折扣率

重置成本价是指对旧房及建筑物,按转让时的建材价格及人工费用计算建造同样面积、同样层次、同样结构、同样建设标准的新房及建筑物所须花费的成本费用。成新度折扣率是指按旧房的新旧程度作一定比例的折扣。

因此,转让旧房应按房屋及建筑物的评估价格、取得土地使用权所支付的地价款和按国家统一规定缴纳的有关费用,以及在转让环节缴纳的税金作为扣除项目金额计征土地增值税。

（2）按购房发票金额计算扣除。纳税人转让旧房及建筑物,凡不能取得评估价格,但能提供购房发票的,增值税普通发票按照发票所载价税合计金额从购买年度起至转让年度止每年加计 5％计算;增值税专用发票按照发票所载不含增值税金额加上不允许抵扣的增值税进项税额之和,并从购买年度起至转让年度止每年加计 5％计算。

对于纳税人购房时缴纳的契税,凡能够提供契税完税凭证的,准予作为"与转让房地产有关的税金"予以扣除,但不作为加计 5％的基数。

对于转让旧房及建筑物,既没有评估价格,又不能提供购房发票的,由地方税务机关核定征收。

6. 财政部确定的其他扣除项目

对从事房地产开发的纳税人,可按取得土地使用权所支付的金额与房地产开发成本之和加计 20％扣除。

六、土地增值税应纳税额的计算

土地增值税应纳税额的计算有以下两种方法。

（一）分步计算法

分步计算法是指按照每一级距的土地增值额乘以该级距相应的税率,分别计算各级土地增值税税额,然后将其相加汇总,求得应纳税额的方法。其计算公式如下:

$$应纳税额 = \sum（每级距的增值额 \times 适用税率）$$

由于分步计算比较繁琐,一般采用速算扣除法计算。

（二）速算扣除法

速算扣除法是指按照增值额乘以适用的税率减去扣除项目金额乘以速算扣除系数的方法。其计算公式如下:

（1）增值额未超过扣除项目金额 50％的:

$$土地增值税应纳税额＝增值额 \times 30％$$

（2）增值额超过扣除项目金额 50％,未超过 100％的:

$$土地增值税应纳税额＝增值额 \times 40％－扣除项目金额 \times 5％$$

（3）增值额超过扣除项目金额 100％,未超过 200％的:

$$土地增值税应纳税额＝增值额 \times 50％－扣除项目金额 \times 15％$$

（4）增值额超过扣除项目金额 200% 的：

$$土地增值税应纳税额＝增值额×60\%－扣除项目金额×35\%$$

土地增值税以人民币为计算单位。转让房地产所取得的收入为外国货币的，以取得收入当天或当月 1 日国家公布的市场汇价折合成人民币，据以计算应纳土地增值税税额。

【学以致用 7-12 计算题】 2022 年鑫发商业有限公司利用库房空地进行住宅商品房开发，按照国家有关规定补交土地出让金 2 840 万元，缴纳相关税费 160 万元；住宅开发成本 2 800 万元，其中，含装修费用 500 万元；房地产开发费用中的利息支出为 300 万元（不能提供金融机构证明）；当年住宅全部销售完毕，取得不含增值税销售收入共计 9 000 万元；缴纳城市维护建设税和教育费附加 45 万元；缴纳印花税 4.5 万元。该公司所在省人民政府规定的房地产开发费用的计算扣除比例为 10%。请计算该企业销售住宅应缴纳的土地增值税税额。

【学以致用 7-12 解析】 非房地产开发企业缴纳的印花税允许作为税金扣除；非房地产开发企业不允许按照取得土地使用权所支付金额和房地产开发成本合计数的 20% 加计扣除。

（1）住宅销售收入为 9 000 万元。

（2）确定转让房地产的扣除项目金额包括：

① 取得土地使用权所支付的金额＝2 840＋160＝3 000（万元）；

② 住宅开发成本为 2 800 万元；

③ 房地产开发费用＝（3 000＋2 800）×10%＝580（万元）；

④ 与转让房地产有关的税金＝45＋4.5＝49.5（万元）；

⑤ 转让房地产的扣除项目金额＝2 840＋160＋2 800＋（2 840＋160 ＋2 800）×10%＋49.5＝6 429.5（万元）。

（3）转让房地产的增值额＝9 000－6 429.5＝2 570.5（万元）。

（4）增值额与扣除项目金额的比率＝2 570.5÷6 429.5×100%≈39.98%。

增值额与扣除项目金额的比率未超过 50%，适用税率为 30%。

（5）应纳土地增值税税额＝2 570.5×30%＝771.15（万元）。

七、土地增值税的税收优惠

（一）纳税人建造普通标准住宅出售

纳税人建造普通标准住宅出售，增值额未超过扣除项目金额 20% 的，予以免税；超过 20% 的，应按全部增值额缴纳土地增值税。

普通标准住宅是指按所在地一般民用住宅标准建造的居住用住宅。高级公寓、别墅、度假村等不属于普通标准住宅。自 2005 年 6 月 1 日起，普通标准住宅应同时满足：①住宅小区建筑容积率在 1.0 以上。②单套建筑面积在 120 平方米以下。③实际成交价格低于同级别土地上住房平均交易价格 1.2 倍以下。各省、自治区、直辖市根据实际情况，制定本地区享受优惠政策普通住房具体标准，允许单套建筑面积和价格标准适当浮动，但向上浮动的比例不得超过上述标准的 20%。

对于纳税人既建普通标准住宅又进行其他房地产开发的,应分别核算增值额。不分别核算增值额或不能准确核算增值额的,其建造的普通标准住宅不能适用免税规定。

(二) 因国家建设需要依法征收、收回的房地产

因国家建设需要依法征收、收回的房地产,免征土地增值税。

因城市实施规划、国家建设的需要而搬迁,由纳税人自行转让原房地产的,免征土地增值税。

(三) 个人转让住房

自 2008 年 11 月 1 日起,对个人转让住房暂免征收土地增值税。

八、土地增值税的征收管理

(一) 纳税期限

纳税人应在转让房地产合同签订后 7 日内,到房地产所在地主管税务机关办理纳税申报,并向税务机关提交房屋及建筑物产权、土地使用权证书,土地使用权转让、房产买卖合同、房地产评估报告及其他与转让房地产有关的资料,然后在税务机关规定的期限内缴纳土地增值税。

纳税人因经常发生房地产转让而难以在每次转让后申报,土地增值税可按月或按各省、自治区、直辖市和计划单列市税务局规定的期限申报缴纳。

纳税人选择定期申报方式的,应向纳税所在地的税务机关备案。定期申报方式确定后,1 年之内不得变更。

纳税人采取预售方式销售房地产的,对在项目全部竣工结算前转让房地产取得的收入,税务机关可以预征土地增值税。纳税人应当到主管税务机关办理纳税申报,并按规定比例预交,待办理完纳税清算后,多退少补。

(二) 纳税地点

土地增值税纳税人发生应税行为应向房地产所在地主管税务机关缴纳税款。

房地产所在地是指房地产的坐落地。纳税人转让的房地产坐落在两个或两个以上地区的,应按房地产所在地分别申报纳税。

● 任务实施

计算十里香酒业有限公司应缴纳的土地增值税。

● 任务评价

评价项目	掌握情况	完成情况	未掌握情况
任务指导			
任务实施			

● 任务拓展

请同学们上网查阅什么是土地增值税清算？土地增值税清算的条件有哪些？

任务七 / 契　税

● 任务背景

十里香酒业有限公司职工刘芳首次购买 1 套 160 平方米的房子，交易价格为 100 万元，她认为应按 3％的税率缴纳契税，但办税服务厅的工作人员告诉她只需要按 1.5％的税率缴纳契税就可以了，可以节省 15 000 元。刘芳激动之余，请教办税服务厅工作人员为何优惠，工作人员告诉他，这是国家释放的税收政策红利，让每一个纳税人享受到税收优惠，这也是税务部门应尽的义务。请问刘芳买房为什么可以按 1.5％的税率缴纳契税？

● 任务要求

1. 了解契税的概念、纳税人、征税范围和税率
2. 了解契税应纳税额的计算
3. 遵从税法规定

● 任务指导

一、契税的概念

契税是指以我国境内转移土地、房屋权属为征税对象，向权属承受人征收的一种税。2020 年 8 月 11 日第十三届全国人大常委会通过《中华人民共和国契税法》，自 2021 年 9 月 1 日起施行。2021 年 6 月 30 日，财政部、国家税务总局联合发布《关于贯彻实施契税法若干事项执行口径的公告》（财政部、国家税务总局公告 2021 年第 23 号）；2021 年 8 月 26 日，国家税务总局发布《关于契税纳税服务与征收管理若干事项的公告》（国家税务总局公告 2021 年第 25 号）。

二、契税的纳税人

契税的纳税人是指在我国境内承受土地、房屋权属转移的单位和个人。

承受是指以受让、购买、受赠、互换等方式取得土地、房屋权属的行为。土地、房屋权属是指土地使用权和房屋所有权；单位是指企业单位、事业单位、国家机关、军事单位和社会团

体以及其他组织;个人是指个体经营者和其他个人。

三、契税的征税范围

契税以在我国境内转移土地、房屋权属的行为作为征税对象。土地、房屋权属未发生转移的,不征收契税。契税的征税范围包括以下内容。

(一)土地使用权出让

土地使用权出让是指土地使用者向国家交付土地使用权出让费用,国家将土地使用权在一定年限内让与土地使用者的行为。出让费用包括出让金等。

(二)土地使用权转让

土地使用权转让是指土地使用者以出售、赠与、互换或者其他方式将土地使用权转移给其他单位和个人的行为。土地使用权的转让不包括土地承包经营权和土地经营权的转移。

(三)房屋买卖

房屋买卖是指房屋所有者将其房屋出售,由承受者交付货币、实物、无形资产或其他经济利益的行为。

(四)房屋赠与

房屋赠与是指房屋所有者将其房屋无偿转让给受赠者的行为。

(五)房屋互换

房屋互换是指房屋所有者之间相互交换房屋的行为。

(六)以其他方式转移土地、房屋权属的征税规定

(1)以作价投资(入股)、偿还债务、划转、奖励等方式转移土地、房屋权属的,应当依照税法规定征收契税,可以分别参照土地使用权出让、出售、赠与或房屋买卖、赠与征收契税。

(2)下列情形发生土地、房屋权属转移的,承受方应当依法缴纳契税:①因共有不动产份额变化的。②因共有人增加或者减少的。③因人民法院、仲裁委员会的生效法律文书或者监察机关出具的监察文书等因素,发生土地、房屋权属转移的。

需要说明的是,土地、房屋典当、分拆(分割)、抵押以及出租等行为,不属于契税的征税范围。

【学以致用 7-13　单选题】　根据契税法律制度的规定,下列行为中,应征收契税的是(　　)。

A. 张某将住房抵押　　　　　　B. 乙公司受让国有土地使用权

C. 绿城公司出租办公用房　　　D. 李某继承商铺 1 间

【学以致用 7-13 解析】　土地、房屋典当、分拆(分割)、抵押以及出租等行为,不属于契税的征税范围。法定继承人通过继承承受土地、房屋权属免征契税。所以正确答案为 B。

四、契税税率

契税采用 3%～5% 的幅度比例税率。其具体适用税率由各省、自治区、直辖市人民政府

在幅度税率规定范围内,按照本地区的实际情况提出,报同级人民代表大会常务委员会决定,并报全国人大常委会和国务院备案。

对个人购买家庭唯一住房,面积为 90 平方米及以下的,减按 1% 的税率征收契税;面积为 90 平方米以上的,减按 1.5% 的税率征收契税。除了北京、上海、广州和深圳,对个人购买家庭第二套改善性住房,面积为 90 平方米及以下的,减按 1% 的税率征收契税;面积为 90 平方米以上的,减按 2% 的税率征收契税。

五、契税的计税依据

按照土地、房屋权属转移形式和定价方法的不同,契税的计税依据确定如下所述。

(一) 成交价格

(1) 土地使用权出让、出售,房屋买卖,以土地、房屋权属转移合同确定的成交价格作为计税依据,成交价格包括承受者应交付的货币、实物及其他经济利益对应的价款。

(2) 土地使用权及所附建筑物、构筑物等(包括在建的房屋、其他建筑物、构筑物和其他附着物)转让的,计税依据为承受方应交付的总价款。

(3) 土地使用权出让的,计税依据包括土地出让金、土地补偿费、安置补助费、地上附着物和青苗补偿费、征收补偿费、城市基础设施配套费、实物配建房屋等应交付的货币、实物以及其他经济利益对应的价款。

(4) 房屋附属设施(包括停车位、机动车库、非机动车库、顶层阁楼、储藏室及其他房屋附属设施)与房屋为同一不动产单元的,计税依据为承受方应交付的总价款,并适用与房屋相同的税率;房屋附属设施与房屋为不同不动产单元的,计税依据为转移合同确定的成交价格,并按当地确定的适用税率计税。

(5) 承受已装修房屋的,应将包括装修费用在内的费用计入承受方应交付的总价款。

(二) 互换价格差额

土地使用权互换、房屋互换,以所互换的土地使用权、房屋价格的差额为计税依据。互换价格相等的,互换双方计税依据为零;互换价格不相等的,以其差额为计税依据,由支付差额的一方缴纳契税。土地使用权与房屋所有权之间相互交换,也应按照上述办法确定计税依据。

(三) 核定价格

土地使用权赠与、房屋赠与以及其他没有价格的转移土地、房屋权属行为,为税务机关参照土地使用权出售、房屋买卖的市场价格依法核定的价格。

(四) 土地出让价款与成交价格

土地出让价款与成交价格包括以下 3 种情况:

(1) 以划拨方式取得的土地使用权,经批准改为出让方式重新取得该土地使用权的,应由该土地使用权人以补缴的土地出让价款为计税依据缴纳契税。

(2) 先以划拨方式取得土地使用权,后经批准转让房地产,划拨土地性质改为出让的,承受方应分别以补缴的土地出让价款和房地产权属转移合同确定的成交价格为计税依据缴纳契税。

（3）先以划拨方式取得土地使用权，后经批准转让房地产，划拨土地性质未发生改变的，承受方应以房地产权属转移合同确定的成交价格为计税依据缴纳契税。

以上纳税人申报的成交价格、互换价格差额明显偏低且无正当理由的，由税务机关依法核定计税价格。

契税的计税依据均不包含增值税。

> **【学以致用7-14 单选题】** 2022年5月，某一般纳税人A公司销售其自建的房屋于B，含税价为327万元，并适用一般计税方法，A公司向纳税人B开具发票，注明的增值税额为27万元、不含税价格为300万元。B申报契税的计税依据是（　　　）万元。
>
> A. 327　　　　　　　B. 300　　　　　　　C. 297.3　　　　　　　D. 294.6
>
> **【学以致用7-14解析】** 土地使用权出售、房屋买卖，承受方计征契税的成交价格不含增值税；实际取得增值税发票的，成交价格以发票上注明的不含税价格确定。所以正确答案为B，申报契税的计税依据＝300（万元）。
>
> **【学以致用7-15 分析题】** 自然人张某与自然人王某互换房屋，张某的房屋不含税销售价格为145万元，王某的房屋不含税销售价格为100万元。请分别计算张某与王某申报契税的计税依据。
>
> **【学以致用7-15解析】** 土地使用权互换、房屋互换，以所互换的土地使用权、房屋价格的差额为计税依据，由支付差额的一方缴纳契税。所以张某申报契税的计税依据为0；王某申报契税的计税依据＝145－100＝45（万元）。

六、契税应纳税额的计算

契税应纳税额依照省、自治区、直辖市人民政府确定的适用税率和税法规定的计税依据计算征收。其计算公式如下：

$$应纳税额＝计税依据×税率$$

七、契税税收优惠

（一）法定免税情形

有下列情形之一的，免征契税：

（1）国家机关、事业单位、社会团体、军事单位承受土地、房屋权属用于办公、教学、医疗、科研、军事设施。

（2）非营利性的学校、医疗机构、社会福利机构承受土地、房屋权属用于办公、教学、医疗、科研、养老、救助。

（3）承受荒山、荒地、荒滩土地使用权用于农、林、牧、渔业生产。

（4）婚姻关系存续期间夫妻之间变更土地、房屋权属。

（5）法定继承人通过继承承受土地、房屋权属。

（6）依照法律规定应当予以免税的外国驻华使馆、领事馆和国际组织驻华代表机构承受土地、房屋权属。

根据国民经济和社会发展的需要,国务院对居民住房需求保障、企业改制重组、灾后重建等情形可以规定免征或者减征契税,报全国人大常委会备案。

(二) 地方酌定减免税情形

省、自治区、直辖市可以决定对下列情形免征或者减征契税:

(1) 因土地、房屋被县级以上人民政府征收、征用,重新承受土地、房屋权属。

(2) 因不可抗力灭失住房,重新承受住房权属。

上述规定的免征或者减征契税的具体办法,由省、自治区、直辖市人民政府提出,报同级人民代表大会常务委员会决定,并报全国人大常委会和国务院备案。

经批准减征、免征契税的纳税人,改变有关土地、房屋的用途,或者有其他不再属于税法规定的减征、免征契税情形的,就不再属于减征、免征契税范围,并且应当补缴已经减征、免征的税款。

纳税人符合减征或者免征契税规定的,应当按照规定进行申报。

八、契税的征收管理

(一) 纳税义务发生时间

契税的纳税义务发生时间是纳税人签订土地、房屋权属转移合同的当日,或者纳税人取得其他具有土地、房屋权属转移合同性质凭证的当日。具有土地、房屋权属转移合同性质的凭证包括契约、协议、合约、单据、确认书以及其他凭证。

此外,还包括以下具体情形:

(1) 因人民法院、仲裁委员会的生效法律文书或者监察机关出具的监察文书等发生土地、房屋权属转移的,纳税义务发生时间为法律文书等生效当日。

(2) 因改变土地、房屋用途等情形应当缴纳已经减征、免征契税的,纳税义务发生时间为改变有关土地、房屋用途等情形的当日。

(3) 因改变土地性质、容积率等土地使用条件须补缴土地出让价款,应当缴纳契税的,纳税义务发生时间为改变土地使用条件当日。

发生上述情形,按规定不再需要办理土地、房屋权属登记的,纳税人应自纳税义务发生之日起 90 日内申报缴纳契税。

(二) 纳税地点

契税实行属地征收管理。纳税人发生契税纳税义务时,应向土地、房屋所在地的税务机关申报纳税。

纳税人办理纳税事宜后,税务机关应当开具契税完税凭证。纳税人办理土地、房屋权属登记,不动产登记机构应当查验契税完税、减免税凭证或者有关信息。未按照规定缴纳契税的,不动产登记机构不予办理土地、房屋权属登记。

(三) 纳税申报

契税纳税人依法纳税申报时,应填报《财产和行为税税源明细表》(《契税税源明细表》部分),并根据具体情形提交下列资料:

（1）纳税人身份证件。纳税人身份证件包括：①单位纳税人为营业执照，或者统一社会信用代码证书或者其他有效登记证书。②个人纳税人中，自然人为居民身份证，或者居民户口簿或者入境的身份证件；个体工商户为营业执照。

（2）土地、房屋权属转移合同或其他具有土地、房屋权属转移合同性质的凭证。

（3）交付经济利益方式转移土地、房屋权属的，提交土地、房屋权属转移相关价款支付凭证。其中，土地使用权出让为财政票据，土地使用权出售、互换和房屋买卖、互换为增值税发票。

（4）因人民法院、仲裁委员会的生效法律文书或者监察机关出具的监察文书等因素发生土地、房屋权属转移的，提交生效法律文书或监察文书等。

符合减免税条件的，应按规定附送有关资料或将资料留存备查。

(四) 契税的退还

纳税人缴纳契税后发生下列情形，可依照有关法律法规申请退税：

（1）因人民法院判决或者仲裁委员会裁决导致土地、房屋权属转移行为无效、被撤销或者被解除，且土地、房屋权属变更至原权利人的。

（2）在出让土地使用权交付时，因容积率调整或实际交付面积小于合同约定面积须退还土地出让价款的。

（3）在新建商品房交付时，因实际交付面积小于合同约定面积须返还房价款的。纳税人依照上述规定向税务机关申请退还已缴纳契税的，应提供纳税人身份证件，完税凭证复印件，并根据不同情形提交相关资料。

● 任务实施

计算分析十里香酒业有限公司职工刘芳买房应缴的契税。

● 任务评价

评价项目	掌握情况	完成情况	未掌握情况
任务指导			
任务实施			

● 任务拓展

请同学们向父母了解自家住房的取得方式和契税缴纳情况，有无缴税？ 如有，执行何种税率？ 为什么？

任务八 / 耕地占用税

● 任务背景

十里香酒业有限公司因新建厂房需占用耕地 5 亩,于是向县政府申请 A 地块的土地使用权,县政府逐级上报省政府,申请办理 A 地块农用地转建设用地手续。在此期间,十里香酒业有限公司未经批准占用了 A 地块修建厂房,并向税务机关申报缴纳了耕地占用税。请问十里香酒业有限公司的做法符合法律规定吗?

● 任务要求

1. 了解耕地占用税的概念、纳税人、征税范围和税率
2. 了解耕地占用税应纳税额的计算
3. 遵从税法规定

● 任务指导

一、耕地占用税的概念

耕地占用税是指对占用耕地建设建筑物、构筑物或者从事非农业建设的单位和个人征收的一种税。2018 年 12 月 29 日,第十三届全国人大常委会通过《中华人民共和国耕地占用税法》,2019 年 8 月 29 日,财政部、税务总局、自然资源部、农业农村部、生态环境部制定了《中华人民共和国耕地占用税法实施办法》,均自 2019 年 9 月 1 日起施行。

二、耕地占用税的纳税人

耕地占用税的纳税人为在我国境内占用耕地建设建筑物、构筑物或者从事非农业建设的单位和个人。单位包括企业、事业单位、社会团体、国家机关、部队以及其他单位;个人包括个体工商户、农村承包经营户以及其他个人。

经申请批准占用耕地的,纳税人为农用地转用审批文件中标明的建设用地人;农用地转用审批文件中未标明建设用地人的,纳税人为用地申请人,其中,用地申请人为各级人民政府的,由同级土地储备中心、自然资源主管部门或政府委托的其他部门、单位履行耕地占用税申报纳税义务。未经批准占用耕地的,纳税人为实际用地人。

三、耕地占用税的征税范围

耕地占用税的征税范围包括纳税人为建设建筑物、构筑物或从事其他非农业建设而占

用的国家所有和集体所有的耕地、园地、林地、草地、农田水利用地、养殖水面、渔业水域滩涂以及其他农用地。

因挖损、采矿塌陷、压占、污染等损毁耕地属于税法所称的非农业建设,应依照税法规定缴纳耕地占用税。

建设直接为农业生产服务的生产设施占用上述农用地的,不缴纳耕地占用税。

四、耕地占用税的税率

耕地占用税实行定额税率。根据不同地区的人均耕地面积和经济发展情况实行有地区差别的幅度税额标准,税率具体标准以县级行政区域(县、自治县、不设区的市、市辖区)为单位,按人均耕地面积分为四档,如表7-6所示。

表 7-6　　　　　　　　　　　　耕地占用税税率

人均耕地面积	定额税率 (元/平方米)	人均耕地面积	定额税率 (元/平方米)
不超过1亩	10~50	超过2亩不超过3亩	6~60
超过1亩不超过2亩	8~40	超过3亩	5~25

注:1亩=666.67平方米。

各地区耕地占用税的适用税额,由省、自治区、直辖市人民政府根据人均耕地面积和经济发展等情况,在规定的税额幅度内提出,报同级人民代表大会常务委员会决定,并报全国人大常委会和国务院备案。各省、自治区、直辖市耕地占用税适用税额的平均水平,不得低于"各省、自治区、直辖市耕地占用税平均税额表"规定的平均税额,如表7-7所示。

表 7-7　　　　　　　　各省、自治区、直辖市耕地占用税平均税额表

省、自治区、直辖市	平均税额 (元/平方米)	省、自治区、直辖市	平均税额 (元/平方米)
上海	45	河北、安徽、江西、山东、河南、重庆、四川	22.5
北京	40		
天津	35	广西、海南、贵州、云南、陕西	20
江苏、浙江、福建、广东	30	山西、吉林、黑龙江	17.5
辽宁、湖北、湖南	25	内蒙古、西藏、甘肃、青海、宁夏、新疆	12.5

在人均耕地低于0.5亩的地区,省、自治区、直辖市可以根据当地经济发展情况,适当提高耕地占用税的适用税额,但提高的部分不得超过确定的适用税额的50%。

占用基本农田的,应当按照当地适用税额,加按150%征收。

占用园地、林地、草地、农田水利用地、养殖水面、渔业水域滩涂以及其他农用地建设建筑物、构筑物或者从事非农业建设的,适用税额可以适当低于本地区确定的适用税额,但降低的部分不得超过50%。

五、耕地占用税的计税依据

耕地占用税以纳税人实际占用的耕地面积为计税依据,按照规定的适用税额一次性征收。实际占用的耕地面积,包括经批准占用的耕地面积和未经批准占用的耕地面积。

纳税人实际占用耕地面积的核定以农用地转用审批文件为主要依据,必要的时候应当实地勘测。

六、耕地占用税应纳税额的计算

耕地占用税应纳税额的计算公式如下:

$$应纳税额＝实际占用耕地面积(平方米)×适用税率$$

七、耕地占用税税收优惠

耕地占用税税收优惠如下:

(1) 军事设施、学校、幼儿园、社会福利机构、医疗机构占用耕地,免征耕地占用税。

(2) 农村居民在规定用地标准以内占用耕地新建自用住宅,按照当地适用税额减半征收耕地占用税。其中,农村居民经批准搬迁,新建自用住宅占用耕地不超过原宅基地面积的部分,免征耕地占用税。

(3) 农村烈士遗属、因公牺牲军人遗属、残疾军人以及符合农村最低生活保障条件的农村居民,在规定用地标准以内新建自用住宅,免征耕地占用税。

(4) 铁路线路、公路线路、飞机场跑道、停机坪、港口、航道、水利工程占用耕地,减按每平方米2元的税额征收耕地占用税。

(5) 根据国民经济和社会发展的需要,国务院可以规定免征或者减征耕地占用税的其他情形,报全国人大常委会备案。

按规定免征或者减征耕地占用税后,纳税人改变原占地用途,不再属于免征或者减征耕地占用税情形的,应当按照当地适用税额补缴耕地占用税。

八、耕地占用的税征收管理

(一) 纳税义务发生时间

耕地占用税的纳税义务发生时间为纳税人收到自然资源主管部门办理占用耕地手续的书面通知的当日。纳税人应当自纳税义务发生之日起30日内申报缴纳耕地占用税。

未经批准占用耕地的,耕地占用税纳税义务发生时间为自然资源主管部门认定的纳税人实际占用耕地的当日。

因挖损、采矿塌陷、压占、污染等损毁耕地的纳税义务发生时间为自然资源、农业农村等相关部门认定损毁耕地的当日。

纳税人改变原占地用途,不再属于免征或减征情形的,应自改变用途之日起30日内申报补缴税款,补缴税款按改变用途的实际占用耕地面积和改变用途时当地适用税额计算。

(二) 纳税地点

纳税人占用耕地应当在耕地所在地申报纳税。

（三）纳税申报与退税

纳税人因建设项目施工或者地质勘查临时占用耕地，应当按照规定缴纳耕地占用税。纳税人在批准临时占用耕地期满之日起1年内依法复垦，恢复种植条件的，全额退还已经缴纳的耕地占用税。临时占用耕地是指经自然资源主管部门批准，在一般不超过2年内临时使用耕地并且没有修建永久性建筑物的行为。

因挖损、采矿塌陷、压占、污染等损毁耕地，属于税法所称的非农业建设，应依照税法规定缴纳耕地占用税；自自然资源、农业农村等相关部门认定损毁耕地之日起3年内依法复垦或修复，恢复种植条件的，按规定办理退税。

纳税人占地类型、占地面积和占地时间等纳税申报数据材料以自然资源等相关部门提供的相关材料为准；未提供相关材料或者材料信息不完整的，经主管税务机关提出申请，由自然资源等相关部门自收到申请之日起30日内出具认定意见。

任务实施

计算分析十里香酒业有限公司新建厂房应缴纳的耕地占用税。

任务评价

评价项目	掌握情况	完成情况	未掌握情况
任务指导			
任务实施			

任务拓展

近年来，许多农民在自家的耕地上随意进行非农业建设，如建房、发展休闲庄园等。请同学们分析他们占用耕地的行为是否需要缴纳耕地占用税？是不是只要缴纳了耕地占用税就一定合规？

任务九 环境保护税

任务背景

近日，十里香酒业有限公司收到当地主管税务机关关于施工扬尘环境保护税的催报催缴通知。对此，公司相关负责人一头雾水，不知道为何需要申报缴纳环境保护税。据了解，该公司于 2022 年 11 月在园区内新建食堂,由于未按照规定就其新建行为计算缴纳环境保护税,引发涉税风险。

⊙ 任务要求

1. 了解环境保护税的概念、纳税人、征税范围和税率
2. 了解环境保护税应纳税额的计算
3. 遵从税法规定

⊙ 任务指导

一、环境保护税的概念

环境保护税是指为了保护和改善环境,减少污染物排放,推进生态文明建设而征收的一种税。我国自 2018 年 1 月 1 日起实施《中华人民共和国环境保护税法》(以下简称《环境保护税法》)和《中华人民共和国环境保护税法实施条例》。

二、环境保护税的纳税人

在中华人民共和国领域和中华人民共和国管辖的其他海域,直接向环境排放应税污染物的企业事业单位和其他生产经营者为环境保护税的纳税人。

三、环境保护税的征税范围

环境保护税的征税范围是《环境保护税法》所附环境保护税税目税额表和应税污染物和当量值表规定的大气污染物、水污染物、固体废物和噪声等应税污染物。

四、环境保护税的税率

环境保护税实行定额税率。其税目、税额,如表 7-8 所示。

表 7-8　　　　　　　　　　　环境保护税税目税额表

税目		计税单位	税额	备注
大气污染物		每污染当量	1.2～12 元	
水污染物		每污染当量	1.4～14 元	
固体废物	煤矸石	每吨	5 元	
	尾矿	每吨	15 元	
	危险废物	每吨	1 000 元	
	冶炼渣、粉煤灰、炉渣、其他固体废物(含半固态、液态废物)	每吨	25 元	

（续表）

税目		计税单位	税额	备注
噪声	工业噪声	超标 1～3 分贝	每月 350 元	1. 一个单位边界上有多处噪声超标,根据最高一处超标声级计算应纳税额;当沿边界长度超过 100 米有两处以上噪声超标,按照两个单位计算应纳税额。 2. 一个单位有不同地点作业场所的,应当分别计算应纳税额,合并计征。 3. 昼、夜均超标的环境噪声,昼、夜分别计算应纳税额,累计计征。 4. 声源一个月内超标不足 15 天的,减半计算应纳税额。 5. 夜间频繁突发和夜间偶然突发厂界超标噪声,按等效声级和峰值噪声两种指标中超标分贝值高的一项计算应纳税额。
		超标 4～6 分贝	每月 700 元	
		超标 7～9 分贝	每月 1 400 元	
		超标 10～12 分贝	每月 2 800 元	
		超标 13～15 分贝	每月 5 600 元	
		超标 16 分贝以上	每月 11 200 元	

应税大气污染物和水污染物的具体适用税额的确定和调整,由省、自治区、直辖市人民政府统筹考虑本地区环境承载能力、污染物排放现状和经济社会生态发展目标要求,在环境保护税税目税额表规定的税额幅度内提出,报同级人民代表大会常务委员会决定,并报全国人大常委会和国务院备案。

五、环境保护税计税依据

应税污染物的计税依据,按照下列方法确定。

(一)应税大气污染物、水污染物

应税大气污染物、水污染物按照污染物排放量折合的污染当量数确定。

污染当量数以该污染物的排放量除以该污染物的污染当量值计算;每种应税大气污染物、水污染物的具体污染当量值,依照应税污染物和当量值表执行。

纳税人有下列情形之一的,以其当期应税大气污染物、水污染物的产生量作为污染物的排放量:

(1)未依法安装使用污染物自动监测设备或者未将污染物自动监测设备与环境保护主管部门的监控设备联网。

(2)损毁或者擅自移动、改变污染物自动监测设备。

(3)篡改、伪造污染物监测数据。

(4)通过暗管、渗井、渗坑、灌注或者稀释排放以及不正常运行防治污染设施等方式违

法排放应税污染物。

（5）进行虚假纳税申报。

（二）应税固体废物

应税固体废物按照固体废物的排放量确定；固体废物的排放量为当期应税固体废物的产生量减去当期应税固体废物的贮存量、处置量、综合利用量的余额。

纳税人有下列情形之一的，以其当期应税固体废物的产生量作为固体废物的排放量：

（1）非法倾倒应税固体废物。

（2）进行虚假纳税申报。

（三）应税噪声

应税噪声按照超过国家规定标准的分贝数确定。

应税大气污染物、水污染物、固体废物的排放量和噪声的分贝数，按照下列方法和顺序计算：

（1）纳税人安装使用符合国家规定和监测规范的污染物自动监测设备的，按照污染物自动监测数据计算。

（2）纳税人未安装使用污染物自动监测设备的，按照监测机构出具的符合国家有关规定和监测规范的监测数据计算。

（3）因排放污染物种类多等原因不具备监测条件的，按照国务院环境保护主管部门规定的排污系数、物料衡算方法计算。

（4）不能按上述第（1）至第（3）项规定的方法计算的，按照省、自治区、直辖市人民政府环境保护主管部门规定的抽样测算的方法核定计算。

省、自治区、直辖市人民政府根据本地区污染物减排的特殊需要，可以增加同一排放口征收环境保护税的应税污染物项目数，报同级人民代表大会常务委员会决定，并报全国人民代表大会常务委员会和国务院备案。

六、环境保护税应纳税额的计算

环境保护税应纳税额按照下列方法计算：

$$应税大气污染物的应纳税额＝污染当量数×具体适用税额$$

$$应税水污染物的应纳税额＝污染当量数×具体适用税额$$

$$应税固体废物的应纳税额＝固体废物排放量×具体适用税额$$

$$应税噪声的应纳税额＝超过国家规定标准的分贝数对应的具体适用税额$$

【学以致用 7-16　计算题】 2022 年，某餐饮公司通过安装水流量计测得 2018 年 2 月污水排放量为 80 吨，已知饮食娱乐服务业污染当量值为 0.5 吨污水。假设当地水污染物适用税额为每污染当量 2.8 元。请计算当月应纳环境保护税。

【学以致用 7-16 解析】

污染当量数＝污染物排放量÷污染当量值

水污染物污染当量数＝80÷0.5＝160

应纳税额＝160×2.8＝448（元）

七、环境保护税税收优惠

（一）暂予免征环境保护税的情形

下列情形中，暂予免征环境保护税：

（1）农业生产（不包括规模化养殖）排放应税污染物的。

（2）机动车、铁路机车、非道路移动机械、船舶和航空器等流动污染源排放应税污染物的。

（3）依法设立的城乡污水集中处理、生活垃圾集中处理场所排放相应应税污染物，不超过国家和地方规定的排放标准的。

（4）纳税人综合利用的固体废物，符合国家和地方环境保护标准的。

（5）国务院批准免税的其他情形。

（二）减征环境保护税的情形

减征环境保护税的情形如下：

（1）纳税人排放应税大气污染物或者水污染物的浓度值低于国家和地方规定的污染物排放标准30%的，减按75%征收环境保护税。

（2）纳税人排放应税大气污染物或者水污染物的浓度值低于国家和地方规定的污染物排放标准50%的，减按50%征收环境保护税。

八、环境保护税征收管理

（一）纳税义务发生时间

环境保护税纳税义务发生时间为纳税人排放应税污染物的当日。

（二）纳税期限

环境保护税按月计算，按季申报缴纳，不能按固定期限计算缴纳的，可以按次申报缴纳。

纳税人按季申报缴纳的，应当自季度终了之日起15日内，向税务机关办理纳税申报并缴纳税款。纳税人按次申报缴纳的，应当自纳税义务发生之日起15日内，向税务机关办理纳税申报并缴纳税款。

纳税人申报缴纳时，应当向税务机关报送所排放应税污染物的种类、数量，大气污染物、水污染物的浓度值以及税务机关根据实际需要要求纳税人报送的其他纳税资料。

（三）纳税地点

纳税人应当向应税污染物排放地的税务机关申报缴纳环境保护税。应税污染物排放地是指应税大气污染物、水污染物排放口所在地；应税固体废物产生地；应税噪声产生地。

纳税人跨区域排放应税污染物，税务机关对税收征收管辖有争议的，由争议各方按照有利于征收管理的原则协商解决；不能协商一致的，报请共同的上级税务机关决定。

 任务实施

分析十里香酒业有限公司是否应该缴纳环境保护税。

任务评价

评价项目	掌握情况	完成情况	未掌握情况
任务指导			
任务实施			

任务拓展

　　甲企业是一家污水处理厂,主要处理工业园区内企业排放的工业污水,少量处理生活污水,对化学需氧量、氨氮、总磷、总氮等安装了连续在线监测设备,同时通过委托监测的方式,对其余应税大气和水污染物每月、每季度或者每半年检测一次,所有检测污染物指标均不超标。甲企业认为,根据生态环境部 2020 年 11 月 17 日发布的《全国污水集中处理设施清单》(第二批),其属于城镇污水集中处理设施清单中,并且按照《环境保护税法》第十二条第三款规定,依法设立的城乡污水集中处理、生活垃圾集中处理场所排放相应应税污染物,不超过国家和地方规定的排放标准的,暂予免征环境保护税。因此,甲企业在进行环境保护税信息采集时,按照城乡污水集中处理场所免税优惠,进行了申报。请问:甲企业的做法是否正确?

任务十 / 烟 叶 税

任务背景

　　甲烟叶收购单位于 2023 年 1 月向烟农收购晾晒烟叶,当月全部领用加工烟丝,在收购发票上注明收购价款 100 万元,同时,在发票中注明另支付价外补贴 8 万元,请问甲烟叶收购单位应缴的烟叶税是多少?

任务要求

1. 了解烟叶税的概念、纳税人、征税范围和税率
2. 了解资源税应纳税额的计算
3. 遵从税法规定

一、烟叶税的概念

烟叶税是指向收购烟叶的单位征收的一种税。《中华人民共和国烟叶税法》自 2018 年 7 月 1 日起施行。

二、烟叶税的纳税人

烟叶税的纳税人为在中华人民共和国境内收购烟叶的单位。我国实行烟草专卖制度，因此，烟叶税的纳税人具有特定性，一般是有权收购烟叶的烟草公司或者受其委托收购烟叶的单位。

三、烟叶税的征税范围

烟叶税的征税范围包括晾晒烟叶、烤烟叶。

四、烟叶税的税率

烟叶税实行比例税率，税率为 20%。

五、烟叶税的计税依据

烟叶税的计税依据是纳税人收购烟叶实际支付的价款总额，包括纳税人支付给烟叶生产销售单位和个人的烟叶收购价款和价外补贴。其中，价外补贴统一按烟叶收购价款的 10%计算。

价款总额的计算公式如下：

$$价款总额＝收购价款×(1+10\%)$$

六、烟叶税应纳税额的计算

烟叶税应纳税额的计算公式如下：

$$应纳税额＝价款总额×税率＝收购价款×(1+10\%)×税率$$

七、烟叶税的征收管理

烟叶税的纳税义务发生时间为纳税人收购烟叶的当日。烟叶税在烟叶收购环节征收。纳税人收购烟叶即发生纳税义务。

烟叶税按月计征，纳税人应当于纳税义务发生月终了之日起 15 日内申报并缴纳税款。

纳税人收购烟叶，应当向烟叶收购地的主管税务机关申报纳税。

● **任务实施**

计算任务背景中的甲烟叶收购单位应缴纳的烟叶税。

● **任务评价**

评价项目	掌握情况	完成情况	未掌握情况
任务指导			
任务实施			

● **任务拓展**

任务背景中甲烟叶收购单位向烟农收购晾晒烟叶的增值税进项税怎样计算？

任务十一／车 辆 购 置 税

● **任务背景**

十里香酒业有限公司发生如下应税业务：

（1）2023 年 1 月，在 4S 店购买了 1 台国产自用小轿车，机动车统一销售发票注明的含税金额为 56.5 万元；此外，4S 店代收保险费 1.8 万元，由保险公司开具发票。

（2）2020 年 1 月 1 日，购置 1 辆市场价为 30 万元的国产车自用，购置时因符合免税条件而未缴纳车辆购置税，购置使用 3 年后免税条件消失，该车辆初次办理纳税申报时确定的计税价格是 30 万元。

（3）2022 年 1 月，购置 1 辆小汽车并缴纳车辆购置税 3 万元。使用 1 年后，因出现质量问题将车辆退回销售企业。

请分析该公司上述每笔业务的车辆购置税。

● **任务要求**

1. 理解车辆购置税的概念、纳税人、征税范围和税率
2. 了解资源税应纳税额的计算
3. 遵从税法规定

一、车辆购置税的概念

车辆购置税是指对在我国境内购置应税车辆的单位和个人征收的一种税。它由车辆购置附加费演变而来。车辆购置税为中央税,专用于国道、省道干线公路建设和支持地方道路建设。2000年10月22日,国务院颁布《中华人民共和国车辆购置税暂行条例》。2001年1月1日起开征车辆购置税。2018年12月29日,第十三届全国人大常委会通过《中华人民共和国车辆购置税法》,自2019年7月1日起施行。

二、车辆购置税的纳税人

在我国境内购置汽车、有轨电车、汽车挂车、排气量超过150毫升的摩托车(以下统称应税车辆)的单位和个人,为车辆购置税的纳税人。

购置是指以购买、进口、自产、受赠、获奖或者其他方式取得并自用应税车辆的行为。

三、车辆购置税的征收范围

车辆购置税的征收范围包括汽车、有轨电车、汽车挂车、排气量超过150毫升的摩托车。

四、车辆购置税的税率

车辆购置税采用比例税率,税率为10%。

五、车辆购置税的计税依据

车辆购置税的计税依据为应税车辆的计税价格。计税价格根据不同情况,按照下列规定确定。

(一) 购买自用应税车辆的计税价格

纳税人购买自用应税车辆的计税价格,为纳税人实际支付给销售者的全部价款,不包括增值税税款。自2020年6月1日起,纳税人购置应税车辆,以电子发票信息中的不含增值税价作为计税价格。纳税人依据相关规定提供其他有效价格凭证的情形除外。

(二) 进口自用应税车辆的计税价格

纳税人进口自用应税车辆的计税价格,为关税完税价格加上关税和消费税。其计算公式如下:

$$计税价格＝关税完税价格＋关税＋消费税$$

(三) 自产自用应税车辆的计税价格

纳税人自产自用应税车辆的计税价格,按照纳税人生产的同类应税车辆的销售价格确定,不包括增值税税款;没有同类应税车辆销售价格的,按照组成计税价格确定。其计算公式如下:

$$组成计税价格＝成本×（1＋成本利润率）$$

属于应征消费税的应税车辆，其组成计税价格中包括消费税税额。

$$组成计税价格＝成本×（1＋成本利润率）÷（1－消费税税率）$$

（四）以其他方式取得自用应税车辆的计税价格

纳税人以受赠、获奖或者其他方式取得自用应税车辆的计税价格，按照购置应税车辆时相关凭证载明的价格确定，不包括增值税税款。

（五）核定应税车辆计税价格

纳税人申报的应税车辆计税价格明显偏低，又无正当理由的，由税务机关依照《税收征收管理法》的规定核定其应纳税额。

纳税人以外汇结算应税车辆价款的，按照申报纳税之日的人民币汇率中间价折合成人民币计算缴纳税款。

六、车辆购置税应纳税额的计算

车辆购置税实行从价定率的方法计算应纳税额。其计算公式如下：

$$应纳税额＝计税依据×税率$$

【学以致用7-17　计算题】　王亮于2022年12月从上海大众汽车销售有限公司购买1辆越野车自用，支付价款327 700元，取得机动车销售统一发票注明的不含税价290 000元，增值税税额37 700元。车辆购置税税率为10％。请计算张某应纳车辆购置税税额。

【学以致用7-17解析】

张某应纳车辆购置税＝290 000×10％＝29 000（元）。

七、车辆购置税的税收优惠

下列车辆免征车辆购置税：

（1）依照法律规定应当予以免税的外国驻华使馆、领事馆和国际组织驻华机构及其有关人员自用的车辆。

（2）中国人民解放军和中国人民武装警察部队列入装备订货计划的车辆。

（3）悬挂应急救援专用号牌的国家综合性消防救援车辆。

（4）设有固定装置的非运输专用作业车辆。

（5）城市公交企业购置的公共汽电车辆。

根据国民经济和社会发展的需要，国务院可以规定减征或者其他免征车辆购置税的情形，报全国人民代表大会常务委员会备案。

八、车辆购置税的征收管理

（一）纳税义务发生时间和纳税期限

车辆购置税实行一次性征收。车辆购置税的纳税义务发生时间为纳税人购置应税车辆的当日。纳税人应当自纳税义务发生之日起 60 日内申报缴纳车辆购置税。购置已征车辆购置税的车辆,不再征收车辆购置税。车辆购置税由税务机关负责征收。

(二) 纳税环节

纳税人应当在向公安机关车辆管理机构办理车辆注册登记前,缴纳车辆购置税。纳税人应当持主管税务机关出具的完税证明或者免税证明,向公安机关车辆管理机构办理车辆登记注册手续;没有完税证明或者免税证明的,公安机关车辆管理机构不得办理车辆登记注册手续。

免税、减税车辆因转让、改变用途等原因不再属于免税、减税范围的,纳税人应当在办理车辆转移登记或者变更登记前缴纳车辆购置税。计税价格以免税、减税车辆初次办理纳税申报时确定的计税价格为基准,每满 1 年扣减 10%。

纳税人将已征车辆购置税的车辆退回车辆生产企业或者销售企业的,可以向主管税务机关申请退还车辆购置税。退税额以已缴税款为基准,自缴纳税款之日至申请退税之日,每满 1 年扣减 10%。

(三) 纳税地点

纳税人购置应税车辆,应当向车辆登记地的主管税务机关申报缴纳车辆购置税;购置不需要办理车辆登记的应税车辆的,应当向纳税人所在地的主管税务机关申报缴纳车辆购置税。

● 任务实施

计算分析十里香酒业有限公司应缴纳的车辆购置税。

● 任务评价

评价项目	掌握情况	完成情况	未掌握情况
任务指导			
任务实施			

● 任务拓展

请同学们了解自家车辆的车辆购置税缴纳情况,有没有享受车辆购置税优惠政策。

附:

十税种合并申报

根据《国家税务总局关于简并税费申报有关事项的公告》(国家税务总局公告 2021 年第

9号),自2021年6月1日起,纳税人申报缴纳城镇土地使用税、房产税、车船税、印花税、耕地占用税、资源税、土地增值税、契税、环境保护税、烟叶税中一个或多个税种时,使用新的《财产和行为税纳税申报表》。财产行为税合并申报,通俗讲就是"简并申报表,一表报多税",申报多个税种时,不再单独使用分税种申报表,而是在一张纳税申报表上同时申报多个税种。

财产和行为税合并纳税申报表共11张,包括1张主表、1张减免税附表和9张税源明细表。主表为纳税情况,附表为申报享受的各类减免税情况。

合并申报不强制要求一次性申报全部税种,纳税人可以自由选择一次性或分别申报当期税种。

纳税申报流程的操作过程为:纳税人登录电子税务局"我要办税—税费申报及缴纳—综合申报—财产和行为税合并纳税申报"模块,一次性完成多个税种的申报。如需新增或变更税源,应先填报或修改《财产和行为税税源信息报告》,再进行纳税申报。

一、财产和行为税合并税源信息报告

在进行财产和行为税纳税申报前,需先完成填报《财产和行为税税源信息报告》采集。纳税人可以自由选择维护税源信息的时间,既可以在申报期之前,也可以在申报期内。对于城镇土地使用税、房产税、车船税等稳定税源,可以"一次填报,长期有效",如某企业按季缴纳城镇土地使用税、房产税,2022年8月15日购入厂房,假设当季申报期为10月1日至10月20日,那么企业可在7月15日至10月20日之间的任意时刻,填写城镇土地使用税、房产税税源明细表,然后申报,只要厂房不发生转让、毁损等变化情况,就可以一直使用该税源明细表。对于耕地占用税、印花税、契税、资源税等一次性税源,纳税人可以在发生纳税义务后立即填写税源明细表,也可以在申报时填报所有税源信息。

下面以"印花税"为例介绍财产和行为税税源信息报告的新增、修改及删除操作。

纳税人登录电子税务局,点击"我要办税—综合信息报告—税源信息报告—财产和行为税税源信息报告",点击税种为"印花税"右侧对应的"税源采集"操作按钮,进入印花税税源采集界面。

(一)新增税源

点击"新增税源"按钮进入印花税纳税采集表界面,纳税人根据实际情况选择本次申报的"纳税期限",如纳税人印花税税费种认定为按月,则纳税期限选择"按月",选择税款所属期起,系统自动带出税款所属期止且不可修改。在"按期申报"中系统自动带出已认定的征收品目。

申报数据填写完成,点击右上角"保存"按钮,点击"确认"按钮,系统提示:保存税源信息成功!

(二)修改税源

如纳税人需修改已采集的税源信息,则在印花税税源采集界面,选择需要修改税源的税款所属期起止时间、申报标志,点击"查询税源"按钮,系统显示已采集的税源信息,点击"查看"按钮可查看本条印花税采集的税源信息。

点击"修改"按钮进入印花税纳税采集表界面,填写修改后的数据,点击右上角"保存"按钮,系统提示:保存税源信息成功,完成税源信息修改。

(三)作废税源

在印花税税源采集界面,勾选需要作废的税源信息,点击"作废税源"按钮,可作废已采

集的税源信息(备注:已申报的税源信息无法作废)。

其他税费种税源信息的新增、修改及删除操作流程参考以上说明,不再赘述。

二、财产和行为税合并纳税申报

纳税人登录电子税务局,点击"我要办税—税费申报及缴纳—综合申报—财产和行为税合并纳税申报",纳税人根据实际情况选择申报的纳税期限,勾选需要申报的税种(可单个税种申报也可同时勾选多个税种进行申报),点击"下一步"按钮进入申报表界面,系统显示需要申报税种的申报信息,点击右上角"申报"按钮提交申报表,系统回执页面展示各税种的申报结果。

财产和行为税纳税申报表,如表7-9至表7-11所示。

表 7-9 财产和行为税纳税申报表

纳税人识别号(统一社会信用代码):□□□□□□□□□□□□□□□□□□

纳税人名称： 金额单位:人民币元(列至角分)

序号	税种	税目	税款所属期起	税款所属期止	计税依据	税率	应纳税额	减免税额	已缴税额	应补(退)税额
1										
2										
3										
4										
5										
6										
7										
8										
9										
10										
11	合计	—	—	—	—	—				

声明:此表是根据国家税收法律法规及相关规定填写的,本人(单位)对填报内容(及附带资料)的真实性、可靠性、完整性负责。

纳税人(签章): 年 月 日

经办人：
经办人身份证号：
代理机构签章：
代理机构统一社会信用代码：

受理人：
受理税务机关(章)：
受理日期： 年 月 日

表 7-10

财产和行为税减免税明细申报附表

纳税人识别号(统一社会信用代码):□□□□□□□□□□□□□□□□□□

纳税人名称:　　　　　　　　　　　　　　　　　　　金额单位:人民币元(列至角分)

本期是否适用增值税小规模纳税人减征政策	□是 □否			
本期适用增值税小规模纳税人减征政策起始时间				年　　月
本期适用增值税小规模纳税人减征政策终止时间				年　　月
合计减免税额				

城镇土地使用税

序号	土地编号	税款所属期起	税款所属期止	减免性质代码和项目名称	减免税额
1					
2					
小计	—			—	

房产税

序号	房产编号	税款所属期起	税款所属期止	减免性质代码和项目名称	减免税额
1					
2					
小计	—			—	

车船税

序号	车辆识别代码/船舶识别码	税款所属期起	税款所属期止	减免性质代码和项目名称	减免税额
1					
2					
小计	—			—	

印花税

序号	税目	税款所属期起	税款所属期止	减免性质代码和项目名称	减免税额
1					
2					
小计	—			—	

资源税

序号	子目	税款所属期起	税款所属期止	减免性质代码和项目名称	减免额
1					
2					
小计	—			—	

耕地占用税

序号	税源编号	税款所属期起	税款所属期止	减免性质代码和项目名称	减免税额
1					
2					
小计	—			—	

契税

序号	税源编号	税款所属期起	税款所属期止	减免性质代码和项目名称	减免税额
1					
2					
小计	—			—	

（续表）

土地增值税

序号	项目编号	税款所属期起	税款所属期止	减免性质代码和项目名称	减免税额
1					
2					
小计	—				

环境保护税

序号	税源编号	污染物类别	污染物名称	税款所属期起	税款所属期止	减免性质代码和项目名称	减免税额
1							
2							
小计	—	—	—				

声明：此表是根据国家税收法律法规及相关规定填写的，本人（单位）对填报内容（及附带资料）的真实性、可靠性、完整性负责。

纳税人（签章）：
年 月 日

经办人：
经办人身份证号：
代理机构签章：
代理机构统一社会信用代码：

受理人：
受理税务机关（章）：
受理日期： 年 月 日

表7-11

纳税人识别号（统一社会信用代码）：□□□□□□□□□□□□□□□□□□
纳税人名称：

城镇土地使用税、房产税税源明细表

金额单位：人民币元（列至角分）；面积单位：平方米

一、城镇土地使用税税源明细

*纳税人类型	土地使用权人□ 集体土地使用人□ 无偿使用人□ 实际使用人□（必选）	土地使用权人纳税人识别号（统一社会信用代码）		土地使用权人名称
*土地编号		土地名称		不动产权证号
不动产单元代码		宗地号		*土地性质 国有□ 集体□（必选）
*土地取得方式	划拨□ 出让□ 转让□ 租赁□ 其他□（必选）	*土地用途	工业□ 商业□ 居住□ 综合□ 其他□（必选）	房地产开发企业的开发用地□
*土地坐落地址（详细地址）	省（自治区、直辖市）市（区）县（区）乡镇（街道）（必填）			
*土地所属主管税务所（科、分局）		纳税义务终止（权属转移□ 其他□）信息项变更（土地面积变更□ 土地等级变更□ 其他□）减免税变更□		*变更类型 年 月
*土地取得时间 年 月		地价	*土地等级	税额标准
*占用土地面积		减免税土地面积		月减免税金额

减免税部分	序号	减免性质代码和项目名称	减免起止时间		减免终止月份
			减免起始月份 年 月	年 月	
	1				
	2				
	3				

（续表）

二、房产税税源明细

（一）从价计征房产税明细

*纳税人类型	产权所有人□　经营管理人□　承典人□　房屋代管人□　房屋(使用)人□　融资租赁承租人□（必选）
所有权人纳税人识别号（统一社会信用代码）	
所有权人名称	（必填）
*房产编号	
房产名称	
不动产权证号	
不动产单元代码	
*房屋坐落地址（详细地址）	省（自治区、直辖市）　市（区）　县（区）　乡镇（街道）
*房产所属主管税务所（科、分局）	
房屋所在土地编号	
*房产用途	工业□　商业及办公□　住房□　其他□（必选）
变更类型	纳税义务终止（权属转移□　其他□） 信息项变更（房产原值变更□　出租房产原值变更□　申报租金收入变更□　其他□） 减免项变更（房产税变更□　其他□）（必选）
变更时间	年　月
*房产取得时间	年　月
*建筑面积	
其中：出租房产面积	
*房产原值	
其中：出租房产原值	
计税比例	
减免税房产原值	

减免税部分	序号	减免性质代码和项目名称	减免起止时间		减免税房产原值	计税比例	月减免税额
			减免起始月份	减免终止月份			
			年　月	年　月			
	1						
	2						
	3						

（续表）

（二）从租计征房产税明细

* 房产编号		房产名称	
* 房产所属主管税务所（科、分局）		承租方名称	
承租方纳税人识别号（统一社会信用代码）		* 申报租金收入	
* 出租面积		* 申报租金所属租赁期止	
* 申报租金所属租赁期起			

减免税部分	序号	减免性质代码和项目名称	减免起止时间		减免税租金收入	月减免税金额
			减免起始月份	减免终止月份		
			年　　月	年　　月		
	1					
	2					
	3